高等职业院校理实一体化校企双元特色教材（交通运营类）
"扬华书苑"智慧教学服务与数字教材开放平台支持

城市公共交通运营管理（新形态活页式）

主　编　○　李俊辉　郑　锂
副主编　○　夏　宇　武香林

西南交通大学出版社
·成都·

图书在版编目（CIP）数据

城市公共交通运营管理：新形态活页式 / 李俊辉，郑锂主编. -- 成都：西南交通大学出版社，2024.11.
ISBN 978-7-5774-0232-1

Ⅰ. U491

中国国家版本馆 CIP 数据核字第 2024RK9852 号

Chengshi Gonggong Jiaotong Yunying Guanli（Xinxingtai Huoyeshi）
城市公共交通运营管理（新形态活页式）

主　编 / 李俊辉　郑　锂	策划编辑 / 李晓辉
	责任编辑 / 宋浩田
	封面设计 / 何东琳设计工作室

西南交通大学出版社出版发行

（四川省成都市金牛区二环路北一段 111 号西南交通大学创新大厦 21 楼　610031）
营销部电话：028-87600564　　028-87600533
网址：http://www.xnjdcbs.com
印刷：四川森林印务有限责任公司

成品尺寸　185 mm×260 mm
印张　19.5　　字数　462 千
版次　2024 年 11 月第 1 版　　印次　2024 年 11 月第 1 次

书号　ISBN 978-7-5774-0232-1
定价　58.00 元

课件咨询电话：028-81435775
图书如有印装质量问题　本社负责退换
版权所有　盗版必究　举报电话：028-87600562

前言

在交通强国战略的支撑和公交优先的城市交通发展理念下，近年来我国城市公共交通取得了快速发展。为适应行业对高素质技术技能人才的需求，国内职业院校对接区域城市公共交通行业、企业，开设了智能交通技术、道路运输管理、交通运营管理、城市轨道交通运营管理等专业，而城市公共交通运营管理则是以上各专业普遍会开设的一门专业核心课程，主要目的是培养城市公共交通企业调度员、站场管理员等岗位的业务素质和技能。

为实现课程培养目标，本教材在内容选择和教学设计方面，是通过双元合作，在大量企业调研工作、校企深度合作项目的基础上完成的。教材编写过程中，深入贯彻"职教 20 条"、《高等学校课程思政建设指导纲要》《职业院校教材管理办法》等教育、教学和教材开发理念，将课证融通和课程思政理念有机融入教材对应学习项目和工作任务中。本书的编写主要有以下特点。

（1）教材的教学设计体现项目式、任务式和模块化学习理念。遵循技术技能人才成长规律和学生认知特点，在对城市公共交通相关企业规划设计、线路管理、行车调度、站场管理等岗位群进行职业能力分析的基础上，对接企业岗位工作标准和技能鉴定标准，以真实生产项目、典型工作任务、案例等为载体组织教学单元。全书设计了城市公共交通系统认知、城市公共交通规划与建设管理、城市公共交通运行监管与评价、城市公交客流调查、城市常规公交运营调度、快速公交 BRT 运营、城市出租车客运管理、城市轨道交通的运营管理等九大工作项目。根据每个项目的职业能力要求，全书设计了 24 个典型工作任务，采用任务驱动式设计，以活页的方式排版装订，方便开展教学实施和评价。

（2）教材的内容选择实现课证融通，融入了新知识、新工艺、新规范。将人工智能、物联网和大数据等新知识，公交智能调度等新工艺，《网络预约出租汽车经营服务管理暂行办法》等新规范融入教材，对接汽车客运服务员、汽车运输调度员等相关职业技能标准。

（3）教材中渗透了课程思政元素，注重拓展学生专业视野。结合项目任务特点，在教材中灵活设置了"专业历史""人物故事""技术前沿""典型案例""政策法规"等小栏目，为教师开展课程思政教学提供了良好的素材，将安全意识、法治意识、弘扬精益求精的专业精神、职业精神、工匠精神和劳模精神的培养融入这些栏目中，拓展学生对课程的认识深度和广度。

（4）适应"互联网+职业教育"发展需求，推动线上线下混合式教学的应用，教材配套在线课程学习网站，建设了丰富的数字化资源，为学习者提供丰富的素材和多样的学习模式，形成了以课程动画、微课视频为主，课程标准、教案、案例分析、习题、实训工单、网络课程等为辅的多样化教学资源库，为学习者构建立体化学习空间。

本书的编写分工如下：广东交通职业技术学院李俊辉、武香林编写项目五至项目七，夏宇编写了项目三和项目八，贵州交通职业技术学院郑锂编写了项目一和项目九，广州公交集团郭小辉编写项目四。全书由李俊辉、郑锂任主编，夏宇、武香林任副主编。

本书在编写过程中参考引用了许多专家、学者发表、出版的关于城市公共交通运营管理的文献，吸收了北京、上海、广州、深圳等城市公共交通企业的运营资料内容，在此表示衷心的感谢。

由于编者水平有限，不足之处，敬请读者批评指正。

编　者
2024 年 5 月

Contents 目 录

项目一　城市公共交通系统认知 ·· 001
    任务 1　城市公共交通系统探索 ··· 001
    任务 2　城市公共交通发展趋势及数字化转型 ··· 011

项目二　城市公共交通规划与建设管理 ··· 021
    任务 1　城市公共交通总体规划方案编制 ··· 021
    任务 2　城市常规公交线路网规划 ·· 030
    任务 3　城市常规公交场站规划和建设管理 ·· 038

项目三　城市公共交通运行监管与评价 ··· 055
    任务 1　城市公共交通运行监管 ··· 055
    任务 2　城市公共交通运营评价 ··· 068

项目四　城市公交客流调查 ··· 084
    任务 1　公交客流分析 ·· 084
    任务 2　公交客流调查组织 ·· 094
    任务 3　公交客流调查资料的整理与统计 ··· 105

项目五　城市公交行车作业计划编制 ··· 111
    任务 1　行车作业计划编制 ·· 111
    任务 2　编制资料的汇总与处理 ··· 121
    任务 3　编排行车时刻表 ·· 127

项目六　城市常规公交运营调度 ·· 133
    任务 1　城市公交调度方法运用 ··· 133
    任务 2　调度工作及组织 ·· 152

项目七 快速公交 BRT 运营 ·················· 165
  任务1 BRT 的应用及发展形势探究 ·················· 165
  任务2 BRT 系统规划 ·················· 176
  任务3 BRT 专用道（路）设置与设计 ·················· 196

项目八 城市出租车客运管理 ·················· 220
  任务1 城市出租车客运的行业管理 ·················· 220
  任务2 城市出租车运营组织 ·················· 230
  任务3 城市出租车企业经营管理 ·················· 237

项目九 城市轨道交通的运营管理 ·················· 254
  任务1 城市轨道交通车站现场客流组织 ·················· 254
  任务2 城市轨道交通行车组织与运营管理 ·················· 272
  任务3 城市轨道交通人力资源管理 ·················· 290

参考文献 ·················· 305

项目一
城市公共交通系统认知

任务 1　城市公共交通系统探索

学习目标

1. 素质目标
- 提升数字化素养，掌握分析方法。
- 提升系统优化意识。

2. 知识目标
- 认识客运交通与城市发展的关系。
- 了解城市公共交通系统的构成和类型。

3. 技能目标
- 能根据城市的规模、特点，分析评价城市公共交通系统的适应性。
- 能根据目前城市公共交通系统的现状提出相应的优化建议和措施。

发布任务

城市公共交通系统的结构和类型与城市规划、规模、布局有着密切的联系，本次任务是以学生家乡所在城市（县级以上）为调查对象，分析该城市现有公共交通系统的现状，并分析现有公共交通系统与该城市发展、布局是否适应。请学生独立完成任务工单的填写，并以小组为单位制作成果展示PPT，并分享小组的探索结果。

任务实施

1. 知识准备

（1）城市的四大功能是：

城市公共交通运营管理

（2）城市公共交通系统主要影响因素有哪些？

（3）填写城市布局形态类型表。

城市布局类型	细分类型	特点（查阅资料）

（4）城市土地利用结构一般分为哪些类型？

（5）城市公共交通系统主要由哪些部分组成？

（6）填写城市公共交通的分类表。

大类	小类
示例：城市水上公共交通	示例：城市客渡、城市车渡

2. 调研探究

（1）你家乡所在的城市是（　　）。

（2）查阅资料，在下表中如实填写该城市的情况。

城市发展规模（人口、土地面积）	
城市经济发展情况（GDP、人均收入）	
城市布局形态类型	
主要的城市公共交通类型	

（3）该城市有哪些支持公共交通发展的政策或措施？

（4）你认为该城市目前的公共交通系统与城市发展是否适应？理由是什么？

3. 成果展示

请各小组根据调查情况，进一步查阅资料，制作成果展示PPT并在课堂上演讲，组长需要说明小组分工情况。

4. 个人总结

评价反馈

评分项目	分值	自我评价得分	教师评价得分
工作页已完成（全部完成为20分，其余情况为0分）	20		
知识掌握程度（任务工单准确率）	30		
能力获得程度（任务参与情况）	30		
素质目标实现程度（个人表现情况）	10		
个人体会和思考（个人总结）	10		
本次任务总体评价	100		

知识要点

视频：客运交通与城市发展

一、客运交通与城市发展

根据《雅典宪章》对城市功能的描述，城市的四大功能是：居住、工作、游憩和交通。

城市的交通功能依靠交通运输系统来实现，交通运输系统的最主要组成部分是客运交通系统。城市客运交通，根据人们自发的意愿大致可分为步行交通、单独使用私人交通工具的自行车交通、摩托车交通、小汽车交通以及使用公共交通系统的公共交通。公共交通系统作为城市客运交通的主要载体，与城市的形成、发展和兴衰紧密相连。同时，其也受到以下因素的影响。

1. 城市规模

决定城市规模的主要因素首先是人口数量，其次是城市建设用地。而城市人口的数量、空间分布和密度是确定城市客运交通设施规模与结构的重要依据。

在城市化进程中，大城市由于社会经济发展的吸引力，城市人口除了自然增长外，人口的机械增长率大大高于中小城市，因而大城市人口规模增长和用地规模增长的不平衡性表现得十分突出，即大城市人口的增长总是高于城市用地面积的增长。城市规模两种形态增长的不一致，不仅导致城市人口密度上升，更是产生城市问题特别是城市交通问题的根源。

城市人口的膨胀要求城市用地向外拓展，交通的可达性决定了客流的分布。各国大城市的发展历史证明，交通特别是快速公共交通系统的采用，对城市用地的扩展及人口的疏散起着重要的促进作用。

2. 城市布局形态

城市布局是指城市的物质（环境）实体在地域空间上的投影，纵观各国大城市的城市布局演化，波兰著名的城市规划专家萨伦巴教授将其概括为11种城市布局模式（见表1-1）。

表1-1 城市布局形态综合划分一览表

单中心布局	卫星式布局	多中心布局
单中心团状密集发展	卫星式均匀分布发展	多中心轴线发展
单中心辐射密集发展	卫星式辐射分布发展	多中心半环线状发展
单中心沿轴线带状发展	卫星式切线分布发展	多中心环状线形发展
卫星式轴线分布发展		多中心紧凑发展（含卫星体系）

城市布局形态对城市客运交通系统有着重要的影响，不同的城市布局形态需要不同的交通系统与之相适应。我国多数大城市的布局形态采用单中心结构，即只有一个城市中心，而且大都位于市区的地理中心位置，城市则以"摊大饼"的方式扩张。

市中心建筑密集、商业繁华、岗位集中，导致公共交通负荷极大。实践证明，调整和采取新的城市布局形态是缓解城市中心交通紧张状况的一条重要途径，同时，新的城市布局形态的形成又依赖于城市交通的发展。城市形态向多中心结构发展是现代城市发展的一个重要方向。法国巴黎曾是一个高度集中的大城市，20世纪五六十年代，巴黎市人口密集、用地不足、交通紧张等城市病十分严重。1965年巴黎区域内部的城市与区域规划研究所编制了巴黎地区规划，让巴黎市沿塞纳河平行的两条轴线进行发展，建立5个新城，形成多中心的城市形态，而新城的发展用地沿着由巴黎伸出的区域快速地铁（RER）发展，从而有效地促进了新城的开发。

3. 城市土地利用结构

城市土地利用既决定了城市不同社会经济活动在不同区域的集聚程度和分布特性，也决定了城市客运交通发生、吸引源的分布特性，对城市客运交通需求、客运交通网络布局具有决定性的影响。合理的用地结构有利于客运交通系统的发展，而客运交通系统的发展又将促进用地结构的调整。

在城市用地比例结构中，生活居住用地、工业用地、对外交通运输用地、仓储用地、公用事业用地及其他用地应有一个合理的比例，这都需要在前期城市规划中做好安排。

4. 城市经济发展

城市经济的繁荣发展，加快了城市化的进程，使城市辐射力上升，商品经济交流速度加快，带来人流、物流量的大幅度上升，从而产生大量的交通需求。一般来说，城市经济的增长与城市就业岗位呈线性关系，大批就业人员上下班的交通出行，使城市客运交通成为扩大社会生产的必要条件，是社会生产、分配、交换和消费的纽带。同时，随着城市经济的发展，生活水平的提高，人们对交通出行的要求越来越高，倾向于选择更迅速、便捷、舒适的交通工具，因此，城市客运交通的结构、形态、方式和水平必须与客运量的增长和人民的生活水平相适应，而且要不断以更加先进的交通为城市的进一步发展创造条件。

5. 城市土地资源

土地资源是城市发展和客运交通发展的基础。社会发展理论上是无限的，而土地资源却是有限的。为缓解这一矛盾，最行之有效的方法便是提高单位土地资源的使用效率，即优化城市布局和交通结构。在交通设施供应和使用上，充分发挥每种交通设施的优势，以最少的土地资源占用满足尽可能多的交通需求。同时优化组合城市布局与客运交通土地占用的级配。显然，在一定的土地资源条件下，用于安排各产业部门与居民居住的土地越多，给予交通设施的建设空间就越小，但客观上又需要更多土地来建设交通设施，以保障城市的社会生产与生活。这样，城市土地资源和客运交通系统就成为供应和需求矛盾的双方，土地资源就成了客运交通发展的制约条件。

综上所述，城市客运交通与城市发展中的人口密度、布局形态、用地结构、经济水平和土地资源等要素有着密切的关系。城市发展中的各个因素促进或制约着城市客运交通的发展；同时，客运交通也有能动的反作用，它必须在城市各种环境中不断变革和进步，从而促进城市的可持续发展。

二、城市公共交通系统组成

城市公共交通是社会化的短程客运方式，为了使更多的居民能够就近上下车，缩短出行两端的步行距离，在人们的出行距离区域延长的条件下，必须建立合理的公共交通系统等级结构，为人们不同层次的交通需求提供多选择的交通方式。从系统规划、建设和管理角度分析，城市公共交通系统可分为公共交通工具（车辆）、线路网、场站及公共交通运营管理系统等主要组成部分。

(一）公共交通的分类

根据建设部建标〔2003〕104号文件的通知，《城市公共交通分类标准》的编制被列入2003年度工程建设行业标准制订计划中，历经4年多时间，于2007年6月13日经住房和城乡建设部批准为"中华人民共和国行业标准"，编号为CJJ/T 114—2007，并要求自2007年10月1日起实施。该标准中城市公共交通首先按照客运系统的运行线路环境条件被分为"城市道路公共交通""城市轨道公共交通""城市水上公共交通"和"城市其他公共交通"四大基本类型；然后又按照系统运营特点分成若干个种类（如图1-1所示）；最后按照载客工具类型分成小类。按大、中、小原则进行层次归类，以达到简洁明了和容易区分的目标。

各种交通方式有着不同的客运量、车速、运营成本、收益、运行特征及适用范围特性。良好的城市公共交通系统应是多种方式的灵活组合，并形成多层次的立体网络。

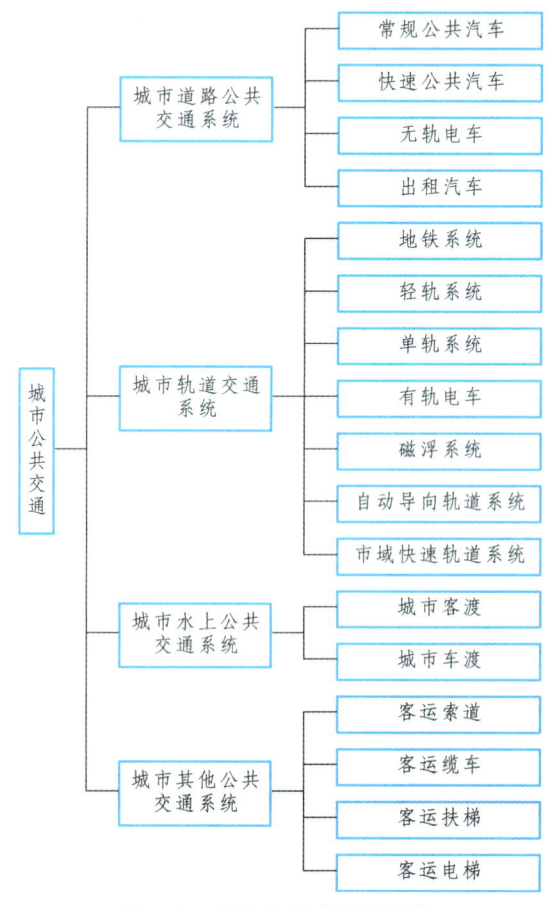

图 1-1　城市公共交通的分类

1. 城市道路公共交通

城市道路公共交通系统根据动力类型一般分为常规公共汽车、快速公共汽车、无轨电车、出租汽车四种。

1）常规公共汽车

常规公共汽车是目前世界各国使用最广泛的公共交通工具，主要利用燃油、燃气或者电力为动力，平均运行速度为 15~25 km/h。它起始于 20 世纪初期，当时用公共汽车代替原有的公共马车，直到 20 世纪 30 年代得到迅速的发展。公共汽车之所以被广泛采用，是由于它具有固定的行车线路和车站，按班次运行，有通达地区多、载客量大、对道路条件要求不高、线路开设投资不大、票价便宜、较为机动灵活等特点，并且公共汽车运行所需的附属设施的投资较其他现代化公共交通工具也较少。常规公共汽车的车辆类型包括小型公共汽车、中型公共汽车、大型公共汽车、特大型公共汽车（铰接）、双层公共汽车等，有效地适应了不同乘客不同层次的需要。

2）快速公共系统

快速公共系统是由公共汽车专用线或通道、服务设施较完善的车站、高新技术设备和各种智能交通技术措施组成的客运系统。它是优化提升地面公共交通，充分与道路新建和改建相结合，保持轨道交通特性且具备常规公交灵活性的一种便利、快速的公共交通方式。美国于 20 世纪 30 年代首先提出快速公交系统（BRT）的有关概念，BRT 具有低造价、低维修、占地少、建设周期短、车速较快、车辆运行不受其他交通干扰、运量大、可靠服务、灵活和环保、易形成网络等特点，能有效地缓解交通压力，降低居民出行成本，提高运输质量和效率。快速公共系统的车辆类型包括大型公共汽车、特大型（铰接）公共汽车、超大型（双铰接）公共汽车。

2. 城市轨道交通

城市轨道交通是采用了轨道结构进行承重和导向的车辆运输系统，是一种路权基本隔离的公共交通方式。与常规公共汽（电）车相比，轨道交通具有运量大、快速、正点、低能耗、少污染、乘坐舒适方便等优点，能保持居民的出行时耗控制在某一规定的范围内，其建设也有利于城市土地的开发。但因为它是一种与地面交通分离的独立系统，技术要求高，建设费用大，维护也较昂贵，城市财力不足是难以修建和运营的。所以，只有在大城市客流量很大的线路上才值得使用。

轨道交通系统包括线路网、车站、车辆段、停车场及其他运营设备。按其技术特性、运量、区域服务功能等不同，分为地铁系统、轻轨系统、单轨系统、有轨电车、磁浮系统、自动导向轨道系统及市域快速轨道系统，详见第十章。

3. 城市水上公共交通系统

城市水上公共交通是航行在城市及周边地区范围水域上的公共交通方式，其主要运行方式有三种：连接被水域阻断的两岸接驳交通；与两岸平行航行，有固定站点码头的客运交通；旅游观光交通。该公共交通系统包括城市客渡系统、城市车渡系统，其存在对没有桥梁、隧道或过江通道能力短缺的城市显得十分重要。轮渡具有固定线路，其线路规划依赖于城市道路系统的规划、越江隧道及地铁的规划，主要用于弥补越江（海）交通的不足。轮渡两岸应有规范的客运码头和相应的公共交通线路终点站或过境站，两岸公交、轮渡形成联运枢纽站，以保持城市公共交通的连续性。城市客渡的渡轮包括常规渡轮、快速渡轮、旅游观光轮。

4. 城市其他公共交通系统

城市其他公共交通系统是由于一些特殊类型客运交通工具的存在，以及今后交通的发展需要而存在，属于城市公共交通系统的补充，用于满足乘客不同的出行需求，包括客运索道、客运缆车、客运扶梯、客运电梯。

1）客运索道

客运索道是由驱动电机和钢索牵引吊厢，以架空钢索为轨道运行的客运方式。客运索道是用于山地城市、跨水域城市克服天然障碍的短途客运，一般不大于 2 km。除了车站外，一般在中途每隔一段距离建造承托钢索的支架。部分索道采用吊挂在钢索之下的吊车，也有一些索道是没有吊车的，乘客坐在开放在半空的吊椅上进行运输。常用的索道形式如下。

（1）双往复式索道：两个吊厢分别沿线路两侧的钢索交替运行。其吊厢是封闭式，吊厢定员为 4～200 人，索道最大坡度不大于 55°，客运能力不大于 4 000 人次/h，运行速度不大于 12 m/s。

（2）循环式索道：吊厢（吊椅、吊篮）沿线路两侧的钢索循环运行，吊厢定员为 4～24 人，吊椅定员为 2～8 人，索道最大坡度不大于 45°，客运能力不大于 4 800 人次/h，运行速度不大于 6 m/s。

2）客运缆车

山区城市的不同高度之间，沿坡面铺设钢轨和牵引钢索，车厢通过钢轨承重和导向，被钢索牵引运行的客运方式称为客运缆车交通。该交通方式适用于需要克服地域高差较大难题的短途客运交通线路以及山区旅游线路等。

缆车系统的载人车辆为无动力轨道车辆，车辆定员为 48～120 人，客运能力不大于 2 400 人次/h，运行速度不大于 5 m/s，线路坡度不大于 45°。缆车线路按运输量、地形和运距等不同，可设计成单轨、双轨以及单轨中间加错车道或换乘站等多种形式。为使乘客乘坐舒适，便于其上下车，车厢内座椅应与水平面平行并呈阶梯式。为保证乘客安全，缆车配有一系列安全设施。

3）客运扶梯

在山地或建筑物的不同高度之间，由驱动电机和齿链牵引梯级和扶手带，并沿坡面连续运行的客运系统称为客运扶梯。一条线路有两部扶梯并列相向运行。乘客在扶梯的一端站上自行移动的梯级，便会被自动带到扶梯的另一端，这期间梯级会一路保持水平。扶梯在两旁设有与梯级同步移动的扶手，供使用者扶握，如图 1-2 所示。扶梯一般不会永远向一个方向移动，而是会根据时间、人流等需要，由管理人员控制其移动方向。另一种和电动扶梯十分类似的乘客运输工具便是自动人行道。两者的分别主要是自动人行道是没有梯级的，多数只会在平地

图 1-2 扶　梯

上移动，或是稍微倾斜，线路坡度不大于30°，客运能力不大于12 000人次/h，运行速度不大于0.75 m/s。

4）客运电梯

在山地或建筑物的不同高度之间，由驱动电机和钢索牵引轿厢，沿垂直导轨往复运行的客运系统称为客运电梯。线路一般为直达，轿厢尺寸与结构形式应便于乘客出入。客运电梯多服务于多层建筑的乘客，作为建筑物内的垂直交通运输工具。定员为12~48人，客运能力不大于2 000人次/h，运行速度不大于10 m/s。

（二）城市公共交通线路网

为了大力发展城市公共交通网络，发挥城市道路网的最大通行能力，在进行城市公共交通线路网规划时，必须遵循如下原则。

（1）尽量满足乘客的需要。公交线路的规划应使线路走向与主流向一致，使主要人流集散点之间尽可能有直接的公交线路相连或开辟直达线路，以减少居民出行的换乘次数，尤其要使高峰小时客流特别集中时职工上下班乘车的需求得到保证。

（2）尽量适应城市的发展。城市的发展和再开发，市区面积逐步扩大，人口逐年增加，要求公共交通的服务范围和质量上一个新的台阶，公交线路，尤其是轨道交通线路的布局要适应城市的建设和发展。

（3）尽可能选择最佳的方案。公交线路网是根据城市道路系统的具体情况进行规划的，它可以有多种方案，但又会受到公交企业本身发展水平的制约。为了满足乘客的需求和城市的发展，安排公交线路时，要对多方案进行比较，找出符合当地实际情况及适应今后发展的最佳方案，使各线路的运载能力与客流量尽可能协调，运用计算机技术对客流调查和预测进行分析处理，也是选择最佳线路规划方案的重要途径。

"城市道路交通规划设计规范"中规定，公共交通线路的非直线系数不宜过大，一般不应超过1.4。线路曲折，虽可扩大线路服务面，但会使不少乘客增加额外的行程和出行时耗。市区公共汽车与电车主要线路的长度宜为8~12 km；快速轨道交通线路的行程不宜大于40 min。市区公共汽车、电车线路的单程长度用线路长度控制，主要原因是考虑到城市道路交通状况欠佳，在缺乏公共交通车辆优先通行措施保障情况下，公共交通线路过长，车速不易稳定，行车难以准点，正常的行车间隔也难以控制。而郊区线和快速轨道交通线站距大，车速较高，所以用运送时间来控制。

（三）城市公共交通车站与场站设施

城市公共交通车站分为终点站、枢纽站和中间停靠站。各种车站的功能和用地要求是不同的。公共交通中间停靠站的站距受交叉口间距和沿线客流集散点分布的影响，在整条线路上是不等的。城市中心区客流密集、乘客乘距短，上下站频繁，站距宜小；城市边缘区，站距可大些；郊区线，乘客乘距长，站距则应更大。快速轨道交通最小站距是由设计车速决定的。公共交通停靠站的设置原则是方便乘客乘车并节省乘客总的出行时间。

"城市道路交通规划设计规范"中对公共交通车站服务面积的规定是：以300 m半径计

算，不得小于城市用地面积的50%；以500 m半径计算，不得小于城市用地面积的90%，城市出租车采用营业站点服务时，营业站点的服务半径不宜大于1 km。

公共交通停车场、车辆保养场、整流场、公共交通车辆调度中心等场站设施是城市公共交通系统的重要组成部分，应与城市公共交通发展规模相匹配，使用地得到保证。公共交通站场布局，主要根据公共交通的类型、车种、车辆数、服务半径和所在地区的用地条件设置。公共交通停车场宜大、中、小相结合，分散设置；采取的车辆保养场布局应使高级保养集中、低级保养分散，并与公共交通停车场相结合。

（四）城市公共交通运营管理系统

城市公共交通是定时、定线行驶并按客流流量、流向时空分布变化而不断调节的有机服务系统。这个系统能否正常和有效运行，不仅取决于道路和车辆、场站等物质技术设施条件，而且依赖于科学有效的运营管理系统。

公共交通企业的运营调度管理主要包括两个内容，一是运营调度计划的制定，二是运营调度计划的执行和监控。近年来，调度通信和车辆自动监控等先进的运营管理信息系统的投入使用，可以实现公共交通运营的实时控制和现代化公共交通运营管理。

【拓展阅读】

专栏：城市公共交通车辆自动监控系统介绍

城市公共交通车辆自动监控系统（Automatic Vehicle Monitoring System for Urban Public Transport），国际上将其统称为AVM系统，是对公共交通车辆的运营数据进行自动监测和实时处理的调度系统，由自动监测设备、通信设备和计算机组成。

AVM系统的功能主要包括以下8项：

① 监测车辆的动态位置：通过自动采集、传输和处理被监测车辆的位置信号，判定运行车辆在线路上任意时刻所在的位置。

② 监测车辆的载客量：掌握公共交通运营车辆上装载乘客的数量及其变化情况。

③ 监测车辆的运行时刻偏离量：所谓运行时刻偏移量，是指在计时点（位置）上，车辆实际运行时刻与时刻表上规定的时刻之差。

④ 根据车辆运营数据和运行计划，辅助选择最佳调度方案：车辆运营数据主要包括运营车辆的线路号、车号、司机号、动态位置、行驶方向、车速、里程、载客量报警等信息。

⑤ 编制并显示各线路的运营图像、运营报表和统计曲线：运营报表是指车辆运营数据的统计报表，运营图像则是以图示法在彩色监视器上实时显示的运营线路或区段内各车辆的运营数据。

⑥ 调度室向运营车辆下达调度指令：线路调度室是对一条线路的运营车辆进行综合调度的控制中心，调度中心则是对系统内各线路进行综合调度的控制中心。所谓调度指令是指以符号或标记表达调度意图的指挥命令，例如：注意时刻表、隔站停车、直达、快车、区段运行、返回、改线行驶等。

⑦ 建立数据库：为预测客流、编制和修改运行计划、线网优化等提供依据。

⑧ 与城市道路交通控制系统交换信息：城市道路交通控制系统是指自动采集、传输和处理各交叉路口的车流信息，用信号灯管理和控制车流的系统。可实现两个系统间的信息交换，为道路交通管理优化特别是公共交通车辆优先通行创造条件。

任务 2　城市公共交通发展趋势及数字化转型

学习目标

1. 素质目标
- 树立绿色低碳的城市公共交通发展理念。
- 加深自身对行业的了解。

2. 知识目标
- 认识公交优先的政策。
- 了解城市公共交通的发展趋势。
- 了解城市公共交通数字化应用的情况。

3. 技能目标
- 总结和归纳公交优先的政策和措施。
- 分析城市公共交通发展趋势。
- 运用数字化思维，提出公交数字化转型的对策。

发布任务

随着当前数字化技术的进步，各行各业都在进行数字化转型，城市公共交通作为一个传统的服务行业，未来又该何去何从是每一个从业人员需要思考的问题，通过本次任务的学习，使学生从数字化转型的角度掌握城市公共交通的发展趋势并提出相应的运营策略。

任务实施

1. 知识准备
（1）城市公共交通优先发展的政策有哪些？

（2）未来城市公共交通的发展趋势有哪些？

（3）你认为城市公共交通领域哪些产品与数字化有关？

（4）城市公共交通有哪些环节会产生大数据？

2. 调研探究

（1）你调研的城市公共交通企业名称是＿＿＿＿＿＿＿＿＿＿

（2）你的调研方式是（　　　）

A. 问卷调研　　B. 实地走访　　C. 网络检索　　D. 其他＿＿＿＿＿＿＿＿＿＿

（3）请填写调研对象的基本信息。

调研企业经营规模	拥有车辆数	
	员工人数	
	经营线路数	
	自由场站面积	
	民营企业还是国有企业	
企业信息化程度	服务信息化方面	
	调度信息化方面	
	监控信息化方面	
	管理信息化方面	
	其他信息化内容或产品	

（4）调研对象有哪些经营管理方面的亮点和特色？

3. 成果展示

请各小组根据调查情况，进一步查阅资料，制作成果展示 PPT 并在课堂上演讲，组长需要说明小组分工情况。

4. 个人总结

_____
_____
_____
_____
_____
_____
_____

评价反馈

评分项目	分值	自我评价得分	教师评价得分
工作页已完成（全部完成为20分，其余为0分）	20		
知识掌握程度（任务工单准确率）	30		
能力获得程度（任务参与情况）	30		
素质目标实现程度（个人表现情况）	10		
个人体会和思考（个人总结）	10		
本次任务总体评价	100		

知识要点

一、城市公共交通发展政策

视频：公交优先政策

当前我国大多数城市的道路交通紧张状况日趋严重，已在某种程度上影响了城市经济的发展和居民生活水平的提高。受资金和土地空间资源的制约，目前道路的增长速度仍远远落后于机动车交通需求的增长速度，并且这种局面在相当长的时期内是难以改变的。因此，最大限度提高现有交通资源的利用效率是现如今缓解交通供求矛盾的根本出路。由于公共交通对交通资源的高效利用，使得大力发展公共交通、实行公共交通优先成为缓解道路交通紧张状况的必然选择。

国家科委蓝皮书"中国技术政策"中明确提出："大力发展城市公共交通，目前以公共汽车、无轨电车为主，发展出租汽车。特大城市应逐步发展快速有轨电车、高架及地下铁道。逐步形成多样化、立体化的综合交通体系，吸引更多居民使用公共交通。特大城市中限制发展私人摩托车，不鼓励发展其他私人交通工具"。同时还提出："要重视解决市区与郊区的交通联系。采用公共汽车与铁路联运，将铁路、航空、水运、地铁、快速有轨电车、市内公共交通及长途汽车站等有机地组织起来。城市铁路等客运站的设计和建设，要采用立体的综合建筑体系"。

城市公共交通是城市综合交通体系的重要组成部分，具有集约高效、绿色低碳等特点。优先发展城市公共交通，对于保障人民群众基本出行、缓解城市交通拥堵、推进以人为核心的新型城镇化、实现碳达峰碳中和等具有重要意义。党中央、国务院高度重视城市公共交通发展。为推进城市公共交通健康可持续发展，2023年交通运输部、国家发展和改革委员会等部门和单位共同印发《关于推进城市公共交通健康可持续发展的若干意见》（交运发〔2023〕144号，以下简称《意见》），提出了5方面共计15项的政策举措。《意见》的印发实施，对于进一步加强对城市公共交通发展的政策支持，促进城市公共交通服务提质增效，保障从业人员合法权益，推进城市公共交通健康可持续发展，更好满足人民群众美好出行需要等具有重要意义。其主要内容如下。

1. 完善城市公共交通支持政策

落实运营补贴补偿政策，包括要求各地合理确定城市公共汽电车服务标准，落实城市公共交通作为市县级财政事权的支出责任，因地制宜建立并实施成本核算和补贴补偿制度等。

完善价格机制，包括要求各地建立城市公共交通价格动态调整机制，对城市公共交通现有价格水平开展评估并及时优化调整，对定制公交等线路实行政府指导价或市场调节价，对长距离公共汽电车线路探索采用按里程计价方式的可能性等。

加强政策支持，包括要求各地在保障新能源城市公交车辆夜间充电执行低谷电价的基础上，在日间设置部分时段执行低谷电价，以及用好城市交通发展奖励资金和农村客运补贴资金等政策，利用地方政府专项债券等工具支持城市公共汽电车场站充换电基础设施建设等。

保障公交优先通行，包括促进公交专用道连续成网、强化公交专用道使用监管等。

合理引导公众出行，包括加强绿色出行和公交出行的宣传力度，鼓励各地制定差异化停车收费政策、建立绿色出行奖励和错峰出行制度等。

2. 夯实城市公共交通发展基础

加强规划引领和用地保障，包括要求各地科学制定城市公共交通专项规划，涉及空间利用的相关内容统筹落实到国土空间规划"一张图"实施管控，在国土空间规划中统筹落实城市公共交通场站用地需求并优先纳入土地利用年度计划等。

改善设施条件，包括鼓励地方支持城市公共交通场站建设与改造、车辆购置，严格落实城市公共汽电车场站配置标准，支持建设完善新能源城市公交车辆充电设施等。

促进公交服务提质增效，包括优化城市公共交通线网，促进城市公共汽电车和城市轨道交通衔接融合，鼓励发展微循环公交，支持开通定制公交，优化定制公交管理流程，支持发展"公交+旅游"服务模式，支持围绕主业拓展多元化经营，鼓励提升适老化和无障碍出行服务，保障运营安全等。

3. 加快落实城市公共交通用地综合开发政策

积极推动新增用地综合开发，包括允许符合条件的新增场站配套一定比例的附属商业面积、根据设施功能分层设定地上地下空间建设用地使用权等。

因地制宜实施既有用地综合开发，包括支持利用场站内部分闲置设施开展社会化商业服务，鼓励有条件的存量场站实施综合开发并分层设定地上地下空间建设用地使用权，允许符合条件的场站适当提高容积率等。

建立用地综合开发收益反哺机制。

4. 加强从业人员权益保障

保障从业人员工资待遇，督促城市公共交通企业按时足额发放工资、缴纳社会保险，鼓励各地因地制宜地将城市公共汽电车驾驶员列入紧缺职业（工种）目录并给予相应岗位津贴。

关心关爱从业人员，包括改善从业人员生产环境，加强从业人员劳动保护，关心从业人员身心健康，组织开展"最美公交司机""最美地铁人"推选宣传活动，加大对困难从业人员的帮扶力度等。

5. 加强组织实施保障

建立城市公共交通发展绩效评价制度，推动落实城市人民政府发展城市公共交通的主体责任。

推动政策落实，加强部门协同配合，明确对存在欠薪欠保等情况的城市的处罚措施，如不得参与国家公交都市创建申报，其中已属于国家公交都市创建城市、示范城市的，取消其创建资格或已被授予的"国家公交都市建设示范城市"称号。

二、未来发展趋势

伴随着技术政策的执行，城市公共交通车辆技术性能得到逐步提高，各项新技术陆续得到推广应用，城市公共交通的运作方式也在不断改革，其最终目的都是改善城市公交行业的社会形象，提高行业整体服务水平。

1. 公共交通结构多元化，在满足不同层次的需求，提升公共交通系统整体服务水平中发挥重要作用

在经济比较发达的大城市，正逐步建立起以大中运量快速轨道交通、地面常规公共交通系统为主，辅以其他客运交通方式的多层次的符合生态及环保要求的城市客运交通体系，保证了公共交通覆盖率，方便了市民的出行。

2. 大中运量快速轨道交通系统建设速度加快，系统规划与建设的前期准备工作日益受到重视

城市快速轨道交通特别是地铁经过多年来的不断完善，已发展成为一种运量大、速度快、准时、节能、安全、可靠、舒适、污染小的现代化立体交通系统，不仅能有效地满足大城市不断增长的城市客运交通需要，还为城市带来多方面的间接经济效益和社会、环境效益。实

际上，现代快速轨道交通也代表了一种新的城市生产力。

一方面，快速轨道交通建设前期准备工作的深入、周密与否，将直接关系到投资规模、施工周期、质量水平和未来可持续发展水平，因此，近年来关于城市快速轨道交通系统规划理论与方法的研究日益受到重视。另一方面，快速轨道交通造价高，建设资金问题一直是制约我国城市快速轨道交通发展的关键因素，而快速轨道交通的建设规模、标准以及轨道交通建设所采用的设备，又直接影响工程造价。因此，在规划建设中，将充分考虑国情和财政实际承受能力，在交通功能上，明确供求适度平衡；在设备采用上，坚持立足国内，在引进国外先进设备的同时引进技术，实现合作生产和促进国产化；在资金筹措上，探索多种模式的筹资渠道。

3. 有计划地建设综合客运交通枢纽设施，方便换乘，促进客运交通方式结构优化

随着多方式、多层次客运交通网络的建立，综合客运交通枢纽设施的配套建设也将有计划地展开。合理规划、设计综合客运交通枢纽，是改善公交系统、方便出行换乘、提高公交服务质量和运营效益的重要环节。

通过对衔接城市对外交通与市内交通间的客运枢纽的合理布设，可节省乘客进、出城时间，保证交通的持续性；便捷地连接城市各功能分区的客运枢纽，可合理地组织城市交通、均衡客流分布；将各种公共交通线路连接起来的城市综合客运交通枢纽，既有利于公交线路优化调整、增加公交运营线路的应变能力、提高公交运营效率，更方便乘客换乘，减少换乘次数，缩短出行时间，从而提高公共交通的竞争力，吸引客流，对充分发挥各种交通方式的优点、改善城市客运交通结构有重要的引导作用。此外，客运枢纽可以充分利用地面和地下空间，实现土地综合利用，为节约城市用地创造条件。

4. 高新技术逐步应用于城市公共交通中，将有力地推动城市公交规划及运营调度管理水平的提高

伴随着科学技术的进步和城市经济的发展，高新技术在城市公共交通系统规划、建设及运营管理中得到大力推广。如通过公交运营管理上广泛应用 GPS（全球卫星定位系统）、AVM（车辆自动监控系统）与 PIS（乘客信息系统）等新技术，建立起公交运营调度部门、公交驾驶员（或公交车辆）与乘客之间的密切联系；GIS（地理信息系统）将被广泛应用于公交线网规划、公交运营计划及乘客信息系统的建立中。其中，GIS 在公交线网规划方面的主要应用包括公交客运走廊分析、公交线路方案评价、公交服务可达性分析等。而基于 GIS 的乘客信息系统具有计算速度快、数据更新方便、结果表现直观等诸多优点。

三、城市公共交通数字化转型的路径

根据交通运输部科学研究院、北京公共交通控股集团有限公司、中国道路运输协会城市客运分会共同编制的城市公交行业数字化转型指南，未来城市公共交通数字化转型的路径有以下两种。

视频：城市公共交通的信息化

1. 公交业务数据化

1）公交业务对象数字化

针对公交业务目标场景，梳理出相关的实体对象，对其物理主体、属性、状态等，进行数据定义和标准化，转换成系统中的对象数据、属性数据和状态数据等。相应的，对数字化感知体系进行规划和建设，夯实基础，形成支撑目标场景业务的数据要素。

2）公交业务知识结构化

针对公交业务目标场景，总结出其规范的业务流程、业务规则，以及业务人员的经验等，进行业务知识的结构化转换，变成系统中可以结构化计算和线上化操作的标准化业务流程与逻辑。相应的，要加强业务应用体系规划，精准速建形成公交业务应用设计。

3）公交业务数据模型化

针对特定的公交业务场景和目标，将业务逻辑转化成数据模型，从数据的视角洞察业务。一方面，把蕴含在数据背后的隐性价值显性化，通过数据评价和优化公交业务；另一方面，用数据打破部门、应用之间的"藩篱"，实现基于数据的业务资源和业务链条的互联互通、组织协作。相应的，要加强数字治理能力建设、业务协同，实现公交业务的数字化赋能。

4）公交数据资产价值化

基于数据集成共享和数据资产化运营，厘清资产和经营状况，通过数据驱动业务流程自动化，不断沉淀数据资产，深化数字化技术应用，提升公交服务的潜力和效能。一方面要通过数据赋能创新公交服务模式，快速响应和满足公众出行服务新需求；另一方面要通过数据价值化利用培育发展数字新业务，构建开放合作的价值生态。相应的，要加强数据要素的市场化开发，提升公交企业的数字化经营收益和社会效益。

2. 公交业务数字化应用

公交业务数字化应用主要包括数据资产管理、运营生产、安全保障、经营管理和出行服务等五个方面的内容。

1）公交数据资产管理

（1）数据资产定义与建仓：主要应用包括各类公交数据指标等的定义和接入管理等，实现从公交实体资产到数据资产的构建，并针对数据来源、计算方式、数据质量等进行治理，形成数据仓库。

（2）数据资产监控与可视化：主要应用包括对数据资产健康状况的监视和管控等，通过数据资产管理实现数据资产在完整生命周期的台账清晰，其中涉及对主数据资产、事务数据资产、物联感知数据资产、分析报告数据资产等的管理，并对数据资产的生产过程、处理过程、共享消费过程以及价值提升过程进行监控与可视化管理。

（3）数据资产开放与共享：主要是实现定义和管理数据资产开放与共享标准接口、面向数字化生态合作能力等的应用服务。

（4）数据资产安全授权和消费管理：主要应用包括建立统一门户，实现统一账户管理、统一身份认证、统一授权管理、统一应用管理、统一审计管理等。

2）公交运营生产数字化

（1）数字化公交系统运营监控：主要应用包括对车辆运行客流动态、场站状态等的监测。能够实现对车辆实时位置、运行速度、车辆关键设备状态、车内环境、车外安全环境、车辆能源状态等的数字化精准监控；对车辆、站间、线路级客流的实时监控与统计；对场站基础设施、运行状态的实时监控与数字化仿真等。

（2）数字化调度计划与动态排班：主要应用包括调度计划自动生成和动态排班等。能够根据配车数量、保养计划和历史客流大数据、车辆能源状态等实现行车计划自动编制；能够根据线路行车计划、驾驶员出勤、交通路况、能耗约束和线路客流等数据，实现基于大数据的仿真优化动态排班。

（3）数字化多模式智能调度管理：主要应用包括常规的发车调度、实时调度、应急调度等。能够通过数字化基础设施能力支持集中调度、跨线调度等模式；通过车辆、客流数据资产支持快速构建定制公交、需求响应型公交等调度模式；通过数据要素合作，支持与其他交通方式和生态价值合作的运力调度等。

3）公交运行保障数字化

（1）公交运营安全管理：主要应用包括对车辆行驶安全、场站运行安全和驾驶员适岗安全等的管理。能够基于智能网联、车路协同、自动驾驶等数字化装备与基础设施技术，实现对车辆行驶安全状态的管理；基于物联网、数字孪生仿真技术等，实现对公交场站运行安全的监控管理；基于驾驶员的生理、心理健康数据，实现对驾驶员适岗安全性的管理等。

（2）公交车辆维修保养：主要应用包括对车辆运营生命周期的维修、保养等机务管理。从车辆的生产制造、上线运营，到运营中维修保养物料集中采购、库存管理、维保作业、作业质量监控、费用结算、成本分析，再到开展维修保养综合分析，实现全程数字化管理。

4）公交经营管理数字化

（1）城市公交企业经营业务助手：主要实现基于 PC、移动终端的公交企业办公、经营和业务管理应用。充分利用数字化技术和移动互联网技术，分析公交客流需求和优化公交线网，面向公交企业不同的业务角色，实现管理决策、智能调度、司机乘务、维修保养机务、系统运行维护等业务管理的数字化辅助。

（2）公交企业综合经营效益分析：主要实现对公交企业运营投入与产出、财务收支、经济效益等的分析应用，包括运营计划公里数、客运量、维修保养、燃料能源等投入的统计，对多渠道票款收入以及辅业经营收入的统计，对公交企业进行精确的成本规制分析，基于大数据综合分析公交企业成本效益情况等。

（3）公交数据资产价值分析：主要实现对数据资产的统计分析和价值分析应用，能够厘清公交企业资产和经营状况台账，针对公交数字化服务业务、创新服务模式以及连接旅游消费、娱乐等社商业业态合作进行公交数据要素价值分析。

5）公交出行服务数字化

（1）数字化乘客服务设施与平台：主要为乘客提供数字化接入应用。包括 IC 卡、二维码以及账户式数字票务服务与接入，App、小程序等乘客建议投诉、服务监督和信息公开的数字化平台。

（2）数字化出行信息服务：主要包括公交出行的静态信息以及时刻表/到站时间、车厢拥挤度、线路畅通度等动态信息服务应用，提供及时、精准的公交出行信息。

（3）数字化公交出行模式服务：主要包括基于乘客需求在线的定制型、响应型等公交服务模式的数字化服务，以及其他如旅游、消费、娱乐等社商网络的数字化平台服务等。

【拓展阅读】

公交服务越来越智慧，深圳巴士集团数字化转型获国家级大奖

数字化转型为公共交通提升插上腾飞翅膀，助力深圳智慧城市建设按下"快进键"。深圳巴士集团自2017年起加速数字化转型，利用大数据、5G、人工智能、物联网等新型技术搭建公交数字化平台，加快建设国际一流智慧交通综合服务先行示范企业，为市民提供更加安全、高效、精准、优质的出行服务。运营调度智能化、安全管理可视化、公交服务精准化的脚步，传统公交服务变得越来越智慧。

深圳巴士集团探索建立了公交行业数字化转型先行示范模板，国内外同行则纷纷借鉴学习深圳公交服务数字化转型实践经验。根据国务院国资委公布的2020年国有企业数字化转型奠定案例征集活动终审结果，深圳巴士集团组织申报的"基于创新驱动的公交企业全面数字化转型实践"荣获最高奖项——优秀案例，成为全国唯一获此殊荣的公交企业，示范引领全国乃至全球公共交通高质量发展。

近年来，顺应深圳智慧城市建设需求，深圳巴士集团主动拥抱数字化转型，以"科技引领、协同共赢、业态创新"为总体思路，联合华为开展公交企业"163"数字化转型体系设计，打造国际一流智慧交通综合服务先行示范企业，探索建立公交行业数字化转型先行示范模板。

即应用大数据、5G、人工智能、物联网等新型技术，搭建一个公交数字化平台；与鹏城实验室等企业开展深度合作创新，打造安全预防、协同运输、精准服务、数字管理、智慧决策和业态创新六大数字化能力；建立"网络安全、智慧运维、数字化治理"三方面保障，实现企业管理精益化、客户服务精准化和数字业态创新化，在安全、营运、服务和成本管控等方面均取得明显业绩提升，为公交行业数字化转型提供了先行示范模板。

在明确总体愿景、思路、蓝图和目标的前提下，深圳巴士集团成立数字化推进组织，建立数字化建设资金管理机制，高标准设计技术架构、解决方案及实施路径。在基础设施建设方面，推动数字物联化智能设施应用，打造企业智能数据中心，全面感知人、车、场、站、桩等生产状态，安装车载智能化设备、智能充电桩、场站智能设备、智能调度系统等基础设施应用，实现全生产要素数字化设备全覆盖。同时，建设公有云、私有云相结合的混合云架构公交云平台，实现各类业务分类上云。

在平台和系统建设方面，深圳巴士集团基于统一数据标准，打造各类智慧应用系统，构建数字化应用基础平台。围绕核心业务构建了智能调度系统、服务质量管理系统和安全查控等19个生产运输类应用系统；围绕办公管理、人力资源、财务管理、其他领域建立了21个管理业务系统；围绕企业决策和可视化构建了2个应用系统；实现了公交企业业务数字化全覆盖。

在数据开发利用方面，建立以"公交数据模型"为核心的数据治理体系，整合集团运营台账、车辆综合信息、客流数据等数据资源，对接交通局出行数据、互联网出行数据等数据资源，充分应用大数据分析技术，实现公交运营多维度动态分析与综合管理。

在一系列的系统建设和数据应用下，深圳巴士集团持续推进"技术创新、模式创新、服务创新"的场景应用，为市民提供更加安全、高效、精准的服务。全国首台5G公交车辆、首条5G公交线路和首座5G公交总站在深圳率先建成，深圳市民不仅能实时查询公共交通到站时间，公交线路还可以通过大数据分析感知市民出行需求，为市民提供网络定制线路、随需而至巴士，通过改善公交服务提升城市运行效率和居民幸福指数。

深圳巴士集团数字化转型经验已经受到国内外广泛关注和好评，全球超过100家公交企业到深圳巴士集团来访问调研和学习。深圳巴士集团也先后受邀参加15个国际性峰会，分享基于数字化转型下的公交现代化服务情况。

【公交服务数字化转型四大亮点】

1. 科技强安，安全管理向主动预防转型

深圳巴士集团依托数字化转型，构建全链条智能安全管控平台，实现管控模式转变。在行车前，以岗前报班智能系统为抓手，对驾驶员血液酒精含量、血压、身体精神状态进行检测；在行车中，采用智能AI识别技术，自动对驾驶员疲劳驾驶与不良驾驶行为、行车重点风险点进行实时预警、重点监控及闭环管理。这实现了公交运营领域全天候智能监管，上述安全智能化查控体系荣获了第十七届全国交通企业管理现代化创新成果一等奖。

2. 智能调度，运输管理向智能协同转型

深圳巴士集团依托数字化转型，打造智能调度平台，使得营运效率大幅提升。这实现了对车辆位置、路线等数据的实时采集，并通过感知乘客出行需求，协同车辆剩余电量、充电桩位置，基于AI智能算法自动生成行车时刻表，大大提升了车辆利用率和客运量。

3. 智能分析，乘客服务向精准体验转型

深圳巴士集团依托数字化转型，打造精准公交，提升乘客体验。深圳巴士集团与华为公司合作率先推出全国首个"5G智慧公交车队"、首个"5G智慧场站"、首个"5G智慧线路"，日均覆盖1.2万乘客。2020年，深圳巴士集团深化5G公交场景应用，上线5G科技旅游巴士、5G北斗精准巴士、5G驾驶员健康管理等项目，利用5G技术实现全链条精准管理，助力公交运营管理的全面提升。同时，推动车上三牌、电子站牌、语音预测播报联动，推出"乘客乘车舒适度"查询系统，实现公交车动态信息查询、车辆拥挤度查询、乘车跟踪、换乘建议等功能。

4. 拓展新业态，提升数字业务占比

深圳巴士集团依托数字化转型，推出"互联网+"随需而至定制巴士，打造"MaaS"智慧出行新业态，实现公交与轨道无缝对接。拓展"新能源"智慧充维新服务，构建充电桩生态开放的App——"充电在手"，解决新能源车辆司机充电痛点。

积极建设智慧交通生态圈。联合华为、鹏城实验室、云天励飞等公司，携手创新智慧交通产业。全国首推智能无人驾驶，试验人脸识别支付、大湾区一体化支付、客流采集系统等一批创新项目。

项目二
城市公共交通规划与建设管理

任务 1　城市公共交通总体规划方案编制

学习目标

1. 素质目标
- 树立集约发展的意识。
- 坚持以人为本的规划理念。

2. 知识目标
- 了解城市公共交通规划的功能定位。
- 了解城市公共交通规划的编制内容。

3. 技能目标
- 熟悉城市公共交通规划的编制流程。
- 掌握城市公共交通规划前期的基础资料整理和现状调研方法。

发布任务

城市公共交通规划方案的编制是对一个城市的城市公共交通系统进行系统设计，要结合城市的特点、发展定位，基于现状调查，合理预测，提出一套可行的实施方案。假设你是一名交通规划设计师，请以一个城市新区或县城为例编制一个城市公共交通总体规划方案。

任务实施

1. 知识准备

（1）现行的城市规划编制体系大致分为哪三个层次？

_____
_____

城市公共交通运营管理

（2）（　　　　）是对城市未来的一种安排和谋划。

（3）城市总体规划包括哪些方面的内容？

（4）（　　　　）、（　　　　）和（　　　　），是城市公共交通规划编制的依据。

（5）城市公共交通规划的编制内容有哪些？

（6）如何开展公共交通发展需求分析？

（7）公共交通发展现状分析应包括哪几个方面的内容？

2. 合作探究

公共交通发展需求分析是编制城市公共交通总体规划方案过程中的一项重要内容，请以小组为单位，选择一个城市的新区或者县城为研究对象，形成公共交通发展需求分析报告。

3. 成果展示

以小组为单位，根据编制的报告制作成果展示 PPT，展示调查分析过程，并形成关键性结论。

4. 个人总结

评价反馈

评分项目	分值	自我评价得分	教师评价得分
工作页已完成（全部完成为20分，其余为0分）	20		
知识掌握程度（任务工单填写准确率）	30		
能力获得程度（任务参与情况）	30		
素质目标实现程度（个人表现情况）	10		
个人体会和思考（个人总结）	10		
本次任务总体评价	100		

知识要点

城市公共交通规划是根据城市社会经济发展、用地布局和道路网布局等，并参考其他相关规划，确定不同类型公共交通方式的适用条件、功能定位、服务对象和服务水平，统筹安排各层次、各类型的城市公共交通方式在城市空间的布局和合理衔接。城市公共交通规划是保障城市公共交通科学发展的重要前提，城市公共交通规划对于优化城市公共交通系统结构与功能，提高城市公共交通系统效率、促进城市土地利用与交通的协调发展、整合城市功能、提升城市品位和整体形象具有重要意义，城市公共交通规划的重要性将随着城市扩建扩张和城市化率提高而变得更加明显。

视频：城市公共交通规划

一、城市公共交通规划功能定位

我国现行的城市规划编制体系大致分为三个层次：城镇体系规划——全国、省（自治区、直辖市）、跨行政区域、市域、县域五个类型；城市总体规划——总体规划纲要、总体规划，分区规划，专项规划；详细规划——控制性、修建性详细规划。对于城市公共交通规划而言，只有城市总体规划和详细规划与之关系最为密切，而城镇体系规划与之相关性较小。

1. 城市总体规划

城市规划是对城市未来的一种安排和谋划，具有较强的综合性、政策性与前瞻性，是城市建设与发展的"龙头"。城市规划是对一定时期内城市的经济和社会发展、土地利用、空间布局以及各项建设的综合部署、具体安排和实施管理。城市规划按照运作次序分为规划编制与规划实施。根据"中华人民共和国城乡规划法"，城市总体规划、镇总体规划的内容应当包括：城市、镇的发展布局，功能分区，用地布局，综合交通体系，禁止、限制和适宜建设的地域范围，各类专项规划等。城市总体规划包含城市综合交通规划和城市公共交通规划。

2. 控制性详细规划

控制性详细规划是依据城市总体规划划定的交通分区及相关的控制引导要求，在贯彻总体规划的前提下，按照公共交通优先的原则，细化、深化相关指标，并进一步落实至具体地块的控制指标中。控制性详细规划确定了规划范围内不同性质用地的界限、各类用地内适建和不适建或者有条件允许建设的建筑类型、建筑高度、建筑密度、容积率和绿地率等控制指标。规划主管部门在组织编制控制性详细规划时，应当与城市公共交通规划相衔接，并优先保障城市公共交通设施用地。在控制性详细规划中，对公共交通走廊、枢纽及周边布局等规划需要特别明确公共交通基础设施的配置标准和配置要求，划定公共交通设施的用地界线。

3. 城市公共交通规划

城市综合交通规划主要用于确定城市综合交通发展战略、主要交通方式和设施的布局规模、不同交通系统之间的衔接原则，支撑城市科学、可持续发展，实现城市交通与土地、经济的协调，构建高效、通达、安全的交通发展环境，体现交通系统促进和引导城市发展的作用，协调长远发展和近期建设之间的关系，并在资源约束条件下，突出建设集约化城市和节约型社会的指导思想。

城市公共交通规划的基本内容主要有城市公共交通系统构成和客运系统总体布局框架，统筹规划公共交通系统设施安排和网络布局，具体包括以下内容：

（1）确定城市轨道交通网络和车辆基地的布局原则及控制要求。

（2）确定快速公交（BRT）网络，提出线位控制原则及控制要求，以及停车场、保养场规划布局和用地规模控制标准。

（3）确定公共汽（电）车停车场、保养场规划布局和用地控制规模标准，进出首末站规划布局原则。

（4）确定公交专用道设置原则和技术要求，规划公交专用道网络布局方案，提出港湾式公共交通站点的设置原则和规划建议。

城市公共交通规划作为城市规划和城市综合交通规划的重要组成部分，不仅是解决交通拥堵、能源浪费、环境污染等交通问题的一种行之有效的手段，而且可以引导城市的健康发展，对新城的健康发展尤其重要。

城市公共交通规划应该与土地利用规划、城市规划等同时同步进行，在明确城市发展方向、用地规模与用地布局的基础上，科学安排城市重大交通基础设施布局，使交通网络与城市相关功能相吻合，从而对缓解城市交通问题起到积极的作用。

城市总体规划、详细规划和其他相关规划（例如土地利用规划等），是城市公共交通规划编制的依据，为了保障城市公共交通优先的适应性，城市总体规划提出城市发展控制及引导要求时，应围绕公共交通优先发展统筹城市空间发展，并指导下层次规划的编制，建立以公共交通为导向的城市开发模式，以城市发展目标为导向的城市交通发展战略，以发展公共交通与城市土地使用协调为核心，辅以交通需求管理，同时优化城市道路建设。具体关系如图2-1所示。

城市公共交通各相关规划之间是相互协调、互为支撑的关系，应作为一个整体来研究和运作，城市公共交通规划对城市总体规划、城市综合交通规划等上位规划方案适时提出反馈和修正，并建立有效的反馈机制，各层次的公共交通规划应与相应层次的城市总体规划、城市综合交通规划同步编制。

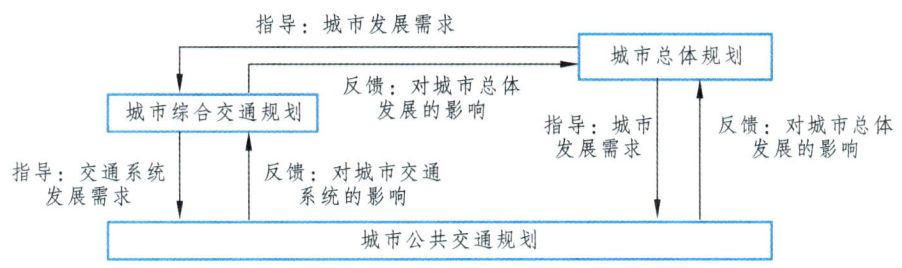

图 2-1　城市总体规划、城市综合交通规划和城市公共交通规划的相互关系

二、城市公共交通规划的编制内容

完整的城市公共交通规划包括规划总论、发展现状与交通调查分析、城市公共交通发展趋势分析、城市公共交通规划方案制订、方案评价和实施五个方面的内容，其中后四个是公共交通规划的主体内容。

1. 规划总论

规划总论一般包括规划背景、规划依据、规划范围、规划年限、指导思想与原则、规划目标与规划内容、规划技术路线等。

2. 调研分析

对规划对象区域的公共交通现状、需求特性及其相关联设施、公共交通流量等进行调查，是制订科学合理的交通规划的基本前提和极其重要的环节，调研分析包括基础资料调研和公共交通调查。

（1）城市公共交通系统调查的基础资料包括社会经济和土地利用基础资料。

（2）公共交通调查主要包括城市居民出行 OD 调查、城市流动人口出行 OD 调查，城市公共交通现状调查、城市机动车出行 OD 调查，城市道路交通流量调查、道路交通设施调查等。

3. 发展现状分析与评价

公共交通发展现状分析应包括以下几个方面的内容：公共交通运营分析、公共交通系统服务水平、公共交通线网及线路分析、主要交通枢纽情况分析、公共交通设施分析、公共交通企业运营分析和交通安全与环境分析等。

4. 发展战略与政策

根据城市社会经济发展和城市发展目标，分析城市公共交通系统发展方向，预测城市公共交通系统发展趋势与需求，优化选择城市公共交通发展模式，确定交通发展与土地使用的关系，制订公共交通系统发展目标及预期的交通方式结构，提出交通发展战略和政策。

5. 发展需求分析

公共交通发展需求分析包括社会经济需求预测分析、道路交通需求预测分析、公共交通需求预测分析。

6. 规划内容

城市公共交通规划的内容主要包括城市公共交通方式的构成比例和规模、公共交通线网布局规划、公共交通枢纽场站及配套设施规划、公共交通车辆及配套设施规划、城乡客运一体化规划、信息化规划和公共交通发展政策保障体系等。各项子规划之间相互衔接和影响，形成一个有机的规划体系（见图2-2）。

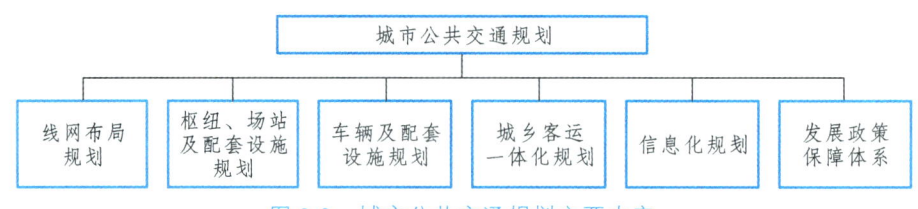

图2-2 城市公共交通规划主要内容

7. 运营管理

城市公共交通运营管理分为线网布设和运能运营管理、车辆调度运营管理、车辆运行运营管理、技术运营管理、服务运营管理、票务运营管理。

8. 规划保障系统

城市公共交通规划保障系统主要从政策、组织机构、管理、资金、技术等方面提出保障措施。

三、城市公共交通规划的编制流程

1. 前期准备

（1）研究确定编制城市公共交通规划的依据和规划组织系统。

视频：城市公交规划案例

（2）拟定规划编制的技术路线和工作大纲。

（3）提出规划的重点研究内容。

（4）制订规划工作计划。

2. 现状调研与分析

（1）通过多种方式收集城市经济社会发展的现状和规划资料。

（2）走访相关部门，听取规划设想和建议。

（3）根据规划需要，开展相应的交通调查并进行分析。

（4）分析城市发展中存在的主要交通问题尤其是与公共交通相关的问题。

（5）对影响城市公共交通发展的重大技术和政策问题进行研究，一般应包括公共交通发展趋势、城市公共交通发展战略与政策、重大交通基础设施布局、公共交通系统组织等。

（6）论证城市公共交通系统发展的趋势和需求。

（7）提出城市公共交通系统发展战略，确定城市公共交通系统总体发展目标和规划目标。

3. 规划成果编制

（1）与城市总体规划和综合交通规划成果阶段用地布局相结合，确定城市交通设施布局方案，应包括城市公共交通线路、公共交通场站和首末站、交通换乘枢纽等内容。

（2）提出针对城市公共交通规划的指导意见和要求。

（3）提出城市公共交通规划建设的策略与建议。

【拓展阅读】

东京城市公共交通规划建设特点及经验借鉴

一、东京公共交通概况

东京大容量、高运速的轨道交通非常发达，公共交通系统由 JR 线、JR 山手线、私营铁路、有轨电车线、独轨铁路、地铁及公共汽电车等多种交通方式组成。JR 线（不含新干线）线路长 887 km，日均客运量约 1 450 万人次，私营铁路（含独轨铁路）线路长 1 126 km，日均客运量约 1 370 万人次。有轨电车线路 1 条，全长约 12.2 km，日客流量约 5.6 万人次，全线共 30 站。东京地铁里程 292.9 km，线路 13 条，车站 274 个，日均客运量 820 万人次。

东京区部地铁线网由东南海滨城市中心向北、向西扇形发展，呈放射式布局，地铁线路系统由 13 条线路组成，其中环线 1 条（也称山手环线，有内环和外环之分），绕东京区部市中心运行，连接东京市的东京、上野、池袋、新宿、涩谷、品川等 32 个综合枢纽站；放射线 12 条，主要覆盖东京都区部，总里程超过 280 km，运营时速 30～35 km，站距为 1 km 左右，与国铁 JR 线、私营铁路线衔接联运。大量的人流通过地铁线路快捷地进入中心城区各个区域的工作场所。地铁方便高效的特点吸引了众多城市居民使用。

作为东京轨道线网系统的补充，东京地面公共交通系统沿城市道路呈网络状分布，公共汽车线路 129 条，线网长度 740 km，运营里程共计约 1 075 km，平均线路长度 8.9 km，公交站点 1 545 个。运营企业共有 2 127 家，其中民营总数 2 192 家，国营总数 25 家。从业人数 108 263，车辆数 60 352。城市道路中划出了大量公共汽车专用道，既保障了地面公交体系的优先权，也确保了地面公交的发达、快捷、准确和高效。地面公共交通系统与轨道交通站点、城市交通枢纽、对外交通枢纽衔接紧密，换乘距离短、服务水平高、分布密度大、指示清晰，便于乘客的换乘和使用，满足了大部分市民的基本出行要求。

二、东京公共交通规划建设特点

1. 公交引导城市发展模式

日本的城市布局是以公共交通为导向的综合开发模式，公共交通的规划建设有效指导了城市空间的合理布局和土地开发利用（TOD 模式）。日本的 TOD 模式有其自身的显著特点，即同一主体同时承担轨道建设和城市开发，使城市开发效益直接内涵于轨道开发之中，在公共交通与用地间实现无缝衔接，创造了土地利用高效、功能配置合理、交通便捷舒适、各方式间零换乘。东京的成功依赖于公共交通，公共交通的成功则依赖于繁荣的东京。

前瞻性的规划和政策引导是实现交通与土地使用一体化的保证和前提。东京从轨道交通建设之初，就以服务用地、与土地使用的深度结合为前提，实现了轨道交通系统与土地使用的完美结合。在东京，乘客可以乘坐公共交通方便地到达城区的任何目的地，地铁出入口设在办公大楼、商业中心、大型公共设施内。如新宿站综合交通枢纽在约 2 km 的范围里设有 100 多个地铁出入口，轨道交通的末端交通中有 88% 为步行，90% 以上的居民和上班族分布在轨道交通和地面公交系统车站 400 m 服务范围内，这是实现门到门快捷高效出行的关键。

2. 高密度发达的地铁线网

东京的地铁线网覆盖面非常广，由东南海滨的城市中心向北、向西扇形发展，呈放射式布局，并与市郊铁路衔接联运。目前由"东京地下铁"与"东京都交通局"两个主体共同营运 13 条地铁线路，共计有 285 个车站，线路总长 312.6 km，日平均客流量为 1 100 万人次，是世界上客流量最大的地铁系统，每平方千米的地铁站数量为 1.66 个。靠步行去车站的居民，平均只用 9 min，就可以到达离自己最近的车站。地铁线网密集，形成了一张密度高、覆盖面大的轨道交通网，延伸到东京的每一个角落，是东京公共交通的主力军，是在东京工作和生活的人赖以出行的主要交通工具。

3. 灵活高效的地面公交网络

地面公共汽车网络作为轨道线网系统的补充，沿城市道路呈网络状分布，其站点的设计充分考虑了大型的居民社区，与轨道交通站点、城市交通枢纽、对外交通枢纽衔接紧密，提高了公共交通的覆盖率，解决了离轨道站较远的市民以及老年人的出行问题。东京的地面公共汽车线路主要开通"区间""短线"线路。大多数公交车线路往往站点不多，少的只有 5~6 个，站距不超过 500 m。线路主要连接了地铁、公园、商场，提供"门对门"的服务。地面公交在铁路网的"缝隙"之中"穿插运行"，作为"毛细血管"支撑着整个公共交通系统的运行。

为保障地面公交的运行效率，城市鼓励市民多使用公共汽车出行，政府设置了公共汽车专用道和发布了交叉口信号公共交通优先的政策，确保了公共汽车高峰时的运行速度，保证了地面公交运行的高效与准点。同时，日本政府为鼓励人们搭乘公交，还出台了一些相应的辅助政策，如增加私家车使用成本、换乘地铁和巴士车费自动打折等。

4. 集交通与商业于一体的换乘枢纽

日本建成了集交通与商业于一体的换乘枢纽。公共交通换乘枢纽是通过合理的用地和交通组织，将轨道交通、公共汽车、出租车、自行车停车和商店布局高效地组织在一起，提高了交通的组织水平，缩短了乘客的换乘时间，促进了周边的物业开发。在改善交通状况的同时，不仅解决了人流换乘问题，还形成了特有的交通枢纽商业群，发挥了城市交通枢纽的综合功能，成为城市不同区域的主要公共活动中心。在东京 32 个大型综合交通枢纽站中，较为著名的是位于山手环线上的新宿、涩谷、池袋、东京、上野等 5 个大型综合交通枢纽站。

三、经验借鉴

目前我国社会经济发展正处于由高速增长向高质量发展进行过渡的时期，城市化进程使大量人口集聚到城市，形成了强大的交通需求，机动化给城市交通设施和管理带来了巨大的压力，随之而来的是环境的污染、交通噪声污染和交通拥堵等大城市病。经济社会的高质量发展亟须完善的交通系统来支撑，构建良好的公共交通系统已成为城市可持续发展的必要条件。优先发展城市公共交通，将其当作解决城市交通问题的重要手段，已经成为我国各级政府的共识。如何提升公众的公交出行体验、使公交系统更具吸引力，成为我国城市发展需要解决的重要课题。日本公共交通的规划建设经验对提升我国公共交通发展水平、缓解大城市交通拥堵具有重要的借鉴意义。

1. 推进都市圈公共交通网络一体化建设

我国许多都市圈在发展过程中城区面积不断扩大，但由于中心区与郊区或临近中小城市之间的交通配套设施尚不完善，人口与用地很难外迁，导致中心区功能过于集中，城市"摊大饼"式向外围扩展。居住区和工作岗位的高度集中使城市中心区交通拥堵和环境恶化。可借鉴日本的经验，构建发达的公共交通系统，利用轨道交通系统提供的高效、安全、可靠的公共交通服务，解决都市圈地区的交通问题。我国城市轨道系统正处于快速发展期，需要用发展的眼光，认真研究城市轨道交通的规划和建设，推进区域性公共交通系统一体化融合发展，使城市公共交通体系优先优质，引导都市圈居民把公共交通作为出行的首选。

2. 强化公共交通与土地开发的结合

利用公共交通引导城市空间发展的发展模式和理念，在建设公共交通系统的同时，合理规划用地布局。在主要的客运走廊和大型客流集散点布设完善的公共交通网络，做好出行最后一公里的无缝衔接，提高公共交通系统的便捷性，吸引居民乘坐公交。合理规划居住和商业用地，将其布局在由公共交通走廊沿线和公共交通枢纽周边；通过城市功能的高密度集聚混合，实现公交系统与城市发展的一体化、多种交通模式的一体化、交通枢纽与商业设施的一体化，构建以交通枢纽为中心的大都市圈城市结构。

3. 加强城市换乘枢纽的规划和建设

以东京的交通枢纽建设经验为借鉴，加强城市换乘枢纽的规划和建设，提高公共交通的换乘效率，改善城市出行环境，实现大型车站同台零换乘，加强多种交通方式无缝衔接，提高城市公共交通运输的高效性、快捷性、可靠性及精准性。在建设交通枢纽的同时，建设大型公共交通服务中心，增强中心城市交通枢纽的综合服务水平和辐射力。

4. 促进轨道交通与地面公交协调发展

目前，我国城市轨道交通高速发展，但城市轨道交通的覆盖面与线网密度尚无法支撑市民的出行需求，需要地面公交的服务支撑。因此城市轨道交通与地面道路交通系统要同步规划、同步建设，轨道交通和地面公交系统需要从线网布设、站台换乘、票价体系等多个方面要做好配合衔接，优化公交线网结构，理清线网层级和功能定位，结合轨道车站出入口设置公交中途站，完善周边地面公交线网的布局，形成互利共生的良性互动局面，提升整体公交系统的效率。

城市公共交通运营管理

任务 2　城市常规公交线路网规划

学习目标

1. 素质目标
- 树立系统优化意识和全局观。
- 坚持以人为本的规划理念。

2. 知识目标
- 了解公交线网规划影响因素。
- 了解线网规划目标。
- 线网规划限制条件。

3. 技能目标
- 能组织开展公交线网优化调整。
- 掌握公交线路布设方法。

发布任务

城市常规公交线路网规划是城市公共交通规划中的专项规划，主要以优化线网布局和线路设置为主，可以结合城市已有线网进行局部调整、增加和减少公交线路。请学生根据公交线路布设方法、线网规划限制条件，对目标城市的公交线网提出调整改进建议。

任务实施

1. 知识准备

（1）公交线网规划一般考虑哪些影响因素？

_____

_____

（2）什么样的道路条件不适合公共交通车辆行驶？

_____

_____

（3）理想的公共交通线网布局有哪些特点？

_____

_____

（4）（　　　　）是指可作为公交线路起讫点和中间站点的乘客乘车点，（　　　　　）是以节点为中心的辐射区域。

（5）（　　　　）既是各个方向的人流汇集和疏散最便捷的地点，也是布置公交站点的最佳位置。

（6）（　　　　　）是公交车辆始发（终到）的场所。

（7）公交线路起讫点在节点集中选取，选取时应考虑哪些因素？

_____

_____

（8）进行两点之间的线路布设时，最常用的方法就是用（　　　　）进行布设。

（9）规划公交线网时应以（　　　　）为依据，以方便居民出行为目的，兼顾公交企业效益。

（10）市区公共汽车与电车主要线路的长度宜为（　　　　）km。

（11）公交线路的实际长度与空间直线距离之比为（　　　　），单条公交线其数值不应大于（　　　　）

2. 合作探究

以小组为单位，选择当地城市一条公交线路实地调研线路走向、线路站点设置，并查找该线路资料，计算线路非直线系数，评价该线路是否合理，讨论研究有哪些可以进一步改进的方案。

3. 成果展示

小组成员制作成果展示PPT，介绍小组调研分析成果，要求图文并茂，有数据分析和结论。

4. 个人总结

城市公共交通运营管理

评价反馈

评分项目	分值	自我评价得分	教师评价得分
工作页已完成（全部完成为20分，其余为0分）	20		
知识掌握程度（任务工单准确率）	30		
能力获得程度（任务参与情况）	30		
素质目标实现程度（个人表现情况）	10		
个人体会和思考（个人总结）	10		
本次任务总体评价	100		

知识要点

一、公交线网规划影响因素

影响城市公共交通规划的因素是多方面的，一般情况下，在进行城市公共交通线网规划时应主要考虑以下几个方面的因素。

视频：公交线网规划方法

1. 城市客运交通需求

城市客运交通需求包括数量、分布和出行路径的选择，是影响公共交通线网规划的首要因素。在一定的服务水平要求下，客运需求量大的区域要求布置的公共交通线网客运能力较大。理想的公共交通线网布局应满足大多数交通需求的要求，具有服务范围广、非直线系数小、出行时间短、直达率高（换乘率低）、可达性高（步行距离短）等特点。

2. 道路条件

对于常规公共交通线网来说，道路网是公共交通网络的基础，但并非所有的道路都适合公共交通车辆行驶，要考虑道路几何线型、路面条件和容量限制因素。若道路条件较差，如转弯半径过小、坡度陡长、路宽不足时，就不适合公共交通车辆行驶。可以将所有适合于公共交通车辆行驶的道路定义为公共交通线网规划的"基础道路网"。当"基础道路网"中有较大空白区时，应对道路网络规划提出反馈意见，以保证"基础道路网"能满足公共交通网络布设的要求。

3. 场站条件

首末站既可以作为公共交通线网规划的约束条件，也可在线路优化后，根据路线配置的车辆确定首末站及其规模。一般的公共交通车站，可以在线路确定后，根据最优站距和车站长度的限制等情况确定首末站及其规模。

4. 车辆条件

影响线网规划的车辆条件包括车辆物理特性（车辆长、宽、高、重等）、操作性能（车速、加速能力、转弯半径等）、载客指标（座位数、站位数、额定载客量等）和车辆数。考虑其中物理特性和操作性能与道路条件的协调，可以确定公共交通线网规划的"基础道路网"。

由车辆总数、车辆的载客能力和路线的配车数可决定路线总数。车辆总数既可作为线网规划的限制条件，也可先规划线网，根据线路配置车辆得到所需的总车辆数，再考虑数量的限制。

5. 效率因素

效率因素指公共交通线网单位投入（如每公里、每班次等）获得的服务效益，反映线路效益的指标有：每月行驶数、每车公里载客人数、每车公里收入、运营成本效益比等。它不仅反映线路的运营状况，还反映路线经过地区的客运需求量和线路的服务吸引能力，因而在规划中，应特别考虑线路/线网效率因素。

6. 政策因素

城市公共交通系统与交通管理政策（如交通管制与优先、服务水平管理、票价管理等）、社会公平保障政策（如照顾边远地带居民出行等）、土地发展政策（如通过开辟公共交通线路诱导出行，促进沿途地带的发展等）有关。

二、公交线路布设方法

1. 线路可行端点的确定

1）可通行公交线路的道路网络确定

视频：公交线路布设方法

在一个城市里，可通行公交线路的道路网一般应符合一定的基本条件：公共汽车一般都是往返的，一般情况下，道路应满足双向行车的要求；沿途道路通畅，近年内没有无法排除的交通梗阻；道路具有一定的路长或该道路虽然很短，但在连通其他道路时必不可少；有一定的公交乘客集散量；已列入城市规划，近期可以形成通车条件的道路。

可通行公交线路的道路网在城市中一般选取主干道、次干道和部分支路组成；对于城市中封闭的快速路不纳入可通行公交线路的道路网，而选用其两侧的辅路；可通行公交线路的道路网确定时，应满足一定的覆盖要求。

2）公交节点选取

公交节点是可作为公交线路起讫点和中间站点的乘客乘车点，公交的服务区域就是以节点为中心的辐射区域，节点的选取直接关系到公交线网的服务范围。节点是在可通行公交线路的道路网确定以后进行选取的，节点的选取应结合道路两侧的土地利用性质、公交乘客的发生量来进行。

节点的设置要从两个方面来考虑：一方面要尽可能增设节点以方便乘客，减少步行距离，提高运输系统的服务水平；另一方面尽可能减少节点的数量，提高运输系统的运输效率。实际设置时应在尽量减少乘客步行距离的条件下，最大限度减少节点的数量。

为使未来公交线路满足站距要求,节点需按照一定的间距进行布设,同时为消除公交空白区,要使整个规划区内分布均匀合理。考虑居民乘车的方便,对出行生成量比较集中的公共设施,如车站、医院、学校、大型停车场、地铁连接点等,应该设置节点;另外,大型立交桥两侧也应设节点。

交叉口既是各个方向的人流汇集和疏散最便捷的地点,也是布置公交站点的最佳位置。为了减少公交出行的车外耗时,方便线路间的换乘,公交站点应设置在交叉口附近 50 m 左右处,公共汽车站原则上应设置在交叉口出口道一侧。

3)起讫点的选取

公交线路起讫点是公交车辆始发(终到)的场所,起讫点在节点集中选取,选取时需考虑的因素如下。

(1)公交乘客生成量:当某节点高峰小时的生成量超过线路中间站点的运载能力时,设为中间站点后不能运载这些生成量,则该节点应设置为线路的起讫点站,以增加运载能力。因此,可将中间站点的运载能力作为起讫点的设站标准。

(2)周转场地:起讫点需具备一定的周转场地,以满足车辆调头、储备以及站房设施等场地建设的需要。

(3)路上交通量:车辆调头时,要占用所在道路的通行时空,这样就会影响到路上的交通。由于车辆调头的时间不长,在路上交通量较少时,其影响很小,但如果路上交通量较大,则设站后就会对路上交通产生较大影响,并且路上交通量越大,设站后的影响越大。

(4)实际要求:由于规划的连续性以及人们的习惯,要对现状路线的起讫点应有延续性考虑。为满足乘客的出行需要,方便居民生活,扩大公交的服务范围,对某些特殊地区,如车站、码头、旅游景点、居民小区等,即使发生量未达到设站标准,也可考虑设站。

(5)线路可行端点对:一条合理的公交线路必须满足线长约束和弯曲系数约束,两个起讫点间可以布设公交线路的约束如式 2-1,由约束条件可以判断两个起讫点是否可以形成公交线路的端点对,即:

$$\begin{cases} zdl(i,j) \geqslant \dfrac{L_{\min}}{q_{\max}} \\ zdl(i,j) \leqslant L_{\max} \\ zdl(i,j) \leqslant q_{\max} zx(i,j) \end{cases} \quad (2\text{-}1)$$

式中:$zdl(i,j)$ 为 i,j 节点之间的最短路距离;$L_{\max}$、$L_{\min}$ 为最小、最大线路长度限制值;$q_{\max}$ 为公交线路的最大非直线系数;$zx(i,j)$ 为 i,j 节点之间的直线距离。

2. 路线布设

在找到可形成公交线路的端点对后,还需对两点之间的具体布线进行研究,一般来说,在两点间的任意满足最大与最小长度限制和弯曲系数限制的线路都可以形成公交线路,在此两端点对之间可以形成多条公交线路,并且都是合理可行的。

两点之间的线路布设法中,最常用的就是用最短路线进行布设,这样可以减少乘客的乘车时间,增加社会效益。

三、线网规划目标

常规公交系统运营线路固定，线网布设的优劣是衡量公共交通发展程度、运营能力以及服务质量的重要指标。规划公交线网时应以居民公交出行 OD 为依据，以方便居民出行为目的，兼顾公交企业效益。要使线路走向与主要客流流向相吻合，使得各主要客流集散点之间，尽可能有直接的公交线路相连接，最大限度地满足乘客的出行要求。线网布设既要满足乘客的需要和城市的发展，又要考虑客观条件的现实，必须经过现场调查、深入研究、不断比较、反复权衡，确定较好的方案。从乘客的角度，线路布设要节省时间和花费，线形减少迂回曲折，使乘客便捷到达目的地；从企业经营角度，线网要优化，减少过多重复，合理配置资源，规范客运市场，开展适度、有序的公平竞争。

公交线网规划是多目标规划，公交线网优化目标一般包括以下几个方面的内容：
（1）为更多的乘客提供服务。
（2）使全体乘客的总出行时间更少，要求尽可能地缩短出行距离，减少换乘次数等。
（3）线网的效率最大。
（4）保证适当的公交线网密度，即良好的可达性。
（5）保证线网的服务面积率，减少公交盲区。

四、线网规划限制条件

从线网规划的合理性和可行性角度出发，公交线网规划一般应满足如下限制条件：

（1）线长约束：公交线路的长度应适中，过长会导致线路客流分布不均匀，出现影响运输效率以及公交线路的非直线性系数大等不良效果；线路过短，则相应增大了公交车辆的调车转向总时间，降低了公交车辆的使用率，使公交车的运营车速下降，居民的平均换乘次数也会增多。公交线路长度与城市的规模、城市居民的平均乘距等因素有关，市区公共汽车与电车主要线路的长度宜为 8~12 km，对中小城市，下限可适当放宽；对特大城市及明显的带状城市，上限可适当放宽。

（2）非直线性约束：公交线路的实际长度与空间直线距离之比，为线路非直线性系数；线路的非直线性系数以小为佳，单条公交线非直线系数不应大于 1.4。

（3）复线系数约束：复线系数约束考虑公交线路分布均匀性、站点停靠能力。一个站点停靠线路一般不超过 8 条。

（4）换乘次数约束：换乘次数越少越好，这样可提高乘客的直达率，减少乘客的公交出行时间，但在实际的公交线网上又无法满足任意两点之间的公交出行均可直达的需求，因此有换乘是必然的。单个乘客换乘次数应少于 3，整个城市的平均换乘次数小于 1.5，中、小城市的平均换乘次数应小于 1.3。

（5）线路站距约束：公交线路的站距过长，乘客的步行到站、步行离站到目的地时间增加，换乘不方便；站距过短，会导致车速下降，延长公交出行时间，浪费车辆运力。公交站距的长短受到道路网类型、交叉口类型及间距、交通管制措施等的影响。公交车站站距应保持市区 500~800 m，郊区 800~1 000 m。

（6）线网密度约束：公交线网的密度是指城市有公交线路服务的每平方千米用地面积上有公交线路经过的道路中心线的长度，它反映了居民接近线路的程度。在市中心规划的公交线路网的密度应达到 $3\sim4\ \text{km/km}^2$；在城市边缘地区则应达到 $2\sim2.5\ \text{km/km}^2$。

（7）车站服务面积率约束：公交车站服务面积，以 300 m 半径计算，不得小于城市用地面积的 50%；以 500 m 半径计算，不得小于 90%。

【拓展阅读】

《揭阳市中心城区公交线网专项规划（2021—2035 年）》（简称《规划》）简介

一、《规划》指导思想和目标

《规划》以习近平新时代中国特色社会主义思想为指导，立足新发展阶段，树立"绿色低碳"发展理念，加快建立起以轨道交通为骨架、常规公交为主体、其他方式为补充的功能明确、层次清晰的多层次、立体化城市公交线网布局体系，公共交通有力服务和支撑城乡居民美好出行、城市可持续发展需求。《规划》明确了五项具体目标：

一是服务为本，民生为先。以满足人民群众美好出行需求为宗旨，扩大基本公共服务覆盖范围，提供普惠均等服务，提高公共交通服务水平，增强公共交通吸引力和竞争力。

二是统筹协调，融合高效。打破跨行政区和跨企业壁垒，加强公交网络融合和分工协作，发挥组合效益，共同构建城际、城乡、城市公交布局和运输服务"一张网"。

三是服务需求，强化接驳。公交线路布设与城市发展格局、客流走廊一致，覆盖公交盲区，增加城市公交线网可达性；通过换乘枢纽，加强不同交通方式、不同等级线网的衔接。

四是绿色安全，可持续发展。优化公共交通能源结构，强化科技兴安，全面打造绿色安全、可持续发展的公共交通系统。

五是创新驱动，深化改革。主动适应经济发展新常态，深化公共交通领域体制机制和市场化改革，建立综合高效的公共交通协调管理机制，充分发挥新科技、新技术等在公共交通服务转型升级方面的积极作用。

二、《规划》的主要内容

《规划》规划范围为揭阳市中心城区［覆盖榕城区（含高新区）、揭东区（含产业园）片区］，规划年限为 2021 年至 2035 年。《规划》共 9 个章节，主要内容包括：规划背景、公共交通发展基础、公共交通需求预测、公共交通发展战略、近期规划方案、中期规划方案、远期规划方案、公共交通实施计划与投资预算、保障措施及建议。

通过调查分析揭阳市中心城区公共交通发展现状；从汕潮揭都市圈、揭阳市、中心城区等多维度，结合经济社会与综合交通发展需求，剖析揭阳市中心城区公共交通存在的问题。采用定性与定量相结合的方法，预测公共交通发展需求，为公交线网规划以及运力配置提供参考。在解读国家政策、上位规划等要求的基础上，提出揭阳市中心城区公共交通发展战略目标。

规划以出行需求为导向，构建快、干、支三级线网，形成功能明确、层次清晰、衔接合理的公交线网体系；以现状公交站点为基础，结合公交线网方案，优化中途站点设置，提高揭阳市中心城区公交站点覆盖率。结合城市近期道路建设与相关规划，提出公交线路开通、公交车辆投入、中途站点建设等年度实施计划，估算投资费用，并从政策、资金、机制等角度研究规划实施的保障措施与建议。

三、《规划》的主要成果

1. 近期（2021—2025年）

建立公交线网三级体系，服务水平达国家标准。构建快、干、支三级公交线网，优化公交线路布局，站点覆盖率达国家标准，启动智慧公交示范线建设，提升公交服务水平，以规范服务吸引老百姓出行方式向公交转移。近期规划公交线路33条，线路总里程为843.3 km。设置公交中途站1 162个。

其中，公交快线7条，总里程约231.1 km；公交快线以高品质、快运行为服务特征，提供中心城区毗邻市潮州市、汕头市、梅州市，毗邻县普宁市、揭西县直达快线服务，强化与高铁揭阳站、潮汕机场的联系，同时为未来粤东城轨培育客流。

公交干线14条，总里程约374.8 km；公交干线以强衔接、广覆盖为服务特征，依托城市干道广泛布置，接驳公交快线，覆盖快线布局盲区；加强核心城区与外围乡镇，城市主要小区与大型商业、医院、学校、工业园区的联系；公交支线共12条，总里程约237.4 km。

公交支线以低票价、促转变为服务特征，接驳公交快线、干线，通过短途快速循环，深入社区、村镇，提高快、干线公交线网可达性。

2. 中期（2026—2030年）

"三位一体、高效衔接"的公交网络体系建立。加强与粤东城轨站衔接，实现常规公交与轨道交通的高效接驳，公交化改造农村客运班线，进一步完善城际、城乡、镇村三网融合的公交线网，站点覆盖率进一步提高；通过建设智能调度系统、电子公交站牌等设施，推广智慧公交服务，公共交通成为社会公众机动化出行的重要方式。中期规划公交线路51条，线路总里程1 192.3 km，设置公交中途站共1 592个。

其中，公交快线6条，里程约197.3 km，提供中心城区城际、县际、快速、便捷且高效的公交服务。

公交干线19条，里程约477.2 km，提供沟通揭阳中心城区重要区域的联络线，充分考虑城乡公交线网的覆盖范围，强化对城轨站、高铁站、机场等对外交通方式的服务作用。

公交支线26条，相较于近期增加了14条，增加里程约279.4 km。综合农村客运线路优化改造，对快线与干线覆盖范围进行完善和补充，消除公交覆盖盲点。

3. 远期（2031—2035年）

智慧公交服务全面升级，与多元出行需求适应。公共交通体系与城市发展水平相适应，构建以轨道交通为骨干，常规公交为主体，慢行交通为延伸的多模式、立体化公交线网体系；通过实施信息共享、创新升级智慧公交服务，公交出行更加便捷、高效、智慧、安全、绿色，绿色出行成为社会公众出行的主要选择。

远期规划公交线路64条，总里程为1 409.9 km。其中，公交干线25条，较中期新增干线6条，新增里程约121 km；公交支线33条，较中期新增支线7条，新增里程约96.6 km。

任务 3　城市常规公交场站规划和建设管理

学习目标

1. 素质目标
- 树立资源节约、低碳环保意识。
- 坚持以人为本的规划理念。

2. 知识目标
- 了解不同类型公交场站的特点和规划原则。
- 了解公交站场的相关规划文件、设计规范。

3. 技能目标
- 能查阅资料，理解新时代城市公交场站的规划理念。
- 掌握公交场站规划的基本方法。

发布任务

实地调研当地附近的一个公交客运枢纽，收集该枢纽的相关信息，包括公交线路数量、场站规模、出入口设计等，通过查找任务相关资料和规范，对该枢纽的现状进行客观评价，分析存在的问题，提出改进建议。

任务实施

1. 知识准备

（1）公共交通站场通常包括（　　　　）、（　　　　）、（　　　　）、（　　　　）。

（2）公交首末站的选址应该考虑哪些因素？

_____

_____

（3）公交首末站的设施与用地规模应如何确定？

_____

（4）（　　　　　　　）就是为公交线路之间、公共交通与其他交通方式之间客流转换衔接而设置的综合性客运服务设施。

（5）客运换乘枢纽一般设置在什么位置？设置时应考虑哪些因素？

_____

_____

（6）通常（　　　）条以上公交线路共用的首末站或者与其他交通方式换乘的首末站应设成公交枢纽站。

（7）（　　　　　）是为公共交通线路沿途所经过的各主要客流集散点服务的设施，一般有（　　　）和（　　　　　）两种。

（8）交叉口附近设置中途停靠站时，一般设在（　　　　　　　）处；在大城市车辆较多的主干道上，宜设在（　　　）m以外处。

（9）（　　　　　）是用于公交车辆下班后停放及进行低级保养和小修的场地。

（10）停车场选址的原则是什么？

_____

_____

_____

（11）根据标准《城市公共交通站、场、厂设计规范》(CJJ 15 – 2011)，停车场的规划用地按每辆标准车用地（　　　）m^2计算。

2. 合作探究

小组讨论确定调研哪个公交客运枢纽，并制定详细的调研方案，进行合理的小组分工，收集调研对象的现状数据、图片，运用本次任务涉及的知识点进行系统分析和评价。

3. 成果展示

小组成员制作成果展示PPT，介绍小组调研分析成果，要求图文并茂，有数据分析和结论。

4. 个人总结

_____

_____

_____

_____

_____

_____

_____

评价反馈

评分项目	分值	自我评价得分	教师评价得分
工作页已完成（全部完成为20分，其余为0分）	20		
知识掌握程度（任务工单准确率）	30		
能力获得程度（任务参与情况）	30		
素质目标实现程度（个人表现情况）	10		
个人体会和思考（个人总结）	10		
本次任务总体评价	100		

知识要点

一、城市常规公交场站规划

视频：城市常规公交场站规划

公共交通站场通常分为两类。一类是担负公共交通线路营运调度和换乘的各种车站，包括公交首末站、枢纽站、中途停靠站。另一类是担负公共交通线路分区、分类运营管理和车辆维修的公交综合车场。公交综合车场通常设置为综合性管理、车辆保养和停放的中心停车场，也有专门为车辆保养设的保养场和专为车辆大修设的修理厂。各个层次站场的功能及规划原则如下所述。

（一）首末站

1. 功 能

公交首末站即每条公交线路的起点和终点站。末站是仅用于公共汽车调头的终点服务站，首站则要提供公共汽车调头、停放、上客以及乘客候车等多种设施。

2. 规划原则

公交首末站的设置应与城市道路网的建设及发展相协调，宜选择在紧靠客流集散点、周围有空地、道路使用面积较宽裕、人口较集中的居住区、商业区或中心附近，使一般乘客都在以该站为中心的350 m半径范围内，最远不能超过800 m半径范围。

大型首末站多沿重要主干道一侧附近布设，出入口应分开设置，不同流向多线路集中的大型首末站，还宜将通向近、远郊的停车坪、候车廊予以分开并各有其出入通道，同时辅以导引标志以免复杂的人流车流交叉干扰。

平面交叉口附近不宜设置首末站。全区各主要客流集散点附近如几种公交线路交汇处、火车站、码头、大型商场、分区中心、公园、体育馆、剧院等，不在一条线路上单独设站，宜设置公交枢纽站。

公交首末站的设施与用地规模应根据营运线路数、配车数、高峰发车频率、候车乘客数量以及车站等级来确定。首末站的规模按该线路所配营运车辆总数来确定。一般配车总数（折算为标准车）大于 50 辆的为大型站；26～50 辆的为中型站；等于或小于 25 辆的为小型站。首末站通常由停车坪、会车道（兼站内行车道）、生产调度及生活性建筑、候车廊、简单维修位及绿地等组成。

根据《城市公共交通站、场、厂设计规范》，公交首末站必须建停车坪。在没有夜间停车的情况下，首站停车坪用地面积应不小于该线路营运车辆全部车位面积的 60%，末站停车坪大小应按营运车辆用地面积的 10% 计。

（二）枢纽站

1. 功　能

城市公交客运系统的服务目标是力求为尽可能多的乘客提供直达、便捷的乘车条件。但是即使是最严谨的车次安排和线路规划，也无法避免存在部分乘客必须换乘的情况。公交枢纽站就是为公交线路之间、公共交通与其他交通方式之间客流转换衔接而设置的综合性客运服务设施。

衔接城市对外交通与市内交通间的客运枢纽，是实现交通方式转换、交通性质改变的场所，通过客运枢纽的合理布设，可节省乘客进、出城时间，保证交通持续；便捷地连接城市各功能分区的客运枢纽，可合理地组织城市交通、均衡客流分布。

城市综合客运交通枢纽将各种公共交通线路衔接起来，既有利于公交线路优化调整、增加公交运营线路的应变能力、提高公交运用效率，更可以方便乘客换乘，减少换乘次数，缩短出行时间，从而提高公共交通的竞争力，吸引客流，对充分发挥各种交通方式的优点、改善城市客运交通结构有重要的指导作用。

2. 规划原则

公交换乘枢纽规划应以尽量减少换乘给乘客带来的不便为前提，设置在乘客目的地或出发地集中的交通网络节点上，并且只要公交网络结构和场所允许，应该将尽量多的公交线路集中在少数的换乘站中，以减少乘客的换乘次数。

客运换乘枢纽一般设置在城市对外客运交通枢纽、轨道交通线路中心站点、市区主要公交线路中心站点及市区与市郊公交线路交汇换乘站点，从客流性质上分，公交枢纽通常包括对外交通枢纽和市内交通枢纽两种。

对外交通换乘枢纽是市内公共交通与市际交通的联系点。它往往是一个城市十分重要的客流集散地，每天集散着大量的人流和车流。这类交通枢纽在城市中的位置相对比较确定，通常设置在铁路客运站、长途汽车站、轮渡港口、航空港口和城市出入口道路处。

市内交通枢纽一般是城市区域内的客流集散点，主要是公共交通之间或公共交通与其他交通方式之间的转换场所，如常规公交与快速轨道交通、自行车的换乘枢纽，多条公交线路汇聚的交点等。

市区、郊区公共交通线路和对外交通相互衔接的大型换乘枢纽站，大中城市宜分散设置在市中心区的边缘，小城市宜集中设置在市中心区或人流集散较多的地方。在大城市的大型交通枢纽之间，宜用快速交通工具直接相连，并在枢纽站上组织各种换乘的交通线路和交通工具。

另外，通常三条以上公交线路共用的首末站或者与其他交通方式换乘的首末站应设成公交枢纽站。城市中客流较多的地方常有若干公共交通线路通过，这些交通集散点上换乘的乘客多，为满足高峰小时客运负荷的短暂需要，也应设公交枢纽站，并停备一些车辆。

枢纽站一般布设在干道一侧或另辟专用场地。同首末站一样，枢纽站夜间可停放60%的营运车辆，同样还需配备调度办公等设施用地。

（三）公交中途停靠站

1. 功 能

中途停靠站是为公共交通线路沿途所经过的各主要客流集散点服务的设施。中途停靠站有港湾式停靠站和一般路边停靠站两种。

1）港湾式停靠站

主要交通性干道、城市快速及郊区的双车道公路上，要求建港湾式停靠站，以减少对动态交通的影响。

2）一般停靠站

一般停靠站选址应充分考虑乘客上下车和换乘方便，选择在客流集散点附近。

2. 规划原则

公共交通的中途停靠站规划在公交车辆的起、终点及线路走向确定以后进行具体设置，规划时应遵循以下原则。

（1）中途停靠站应设置在公共交通线路沿途所经过的各主要客流集散点上。

（2）中途停靠站应沿街布置，站址宜选择在能按要求完成车辆的"停"和"行"两项任务的地方。

（3）交叉口附近设置中途停靠站时，一般设在过交叉口50 m以外处；在大城市车辆较多的主干道上，宜设在100 m以外处。

（4）中途停靠站的站距受到乘客出行需求、公交车辆的运营管理、道路系统、交叉口间距和安全等多种因素的影响，应合理选择。

平均站距在500~600 m，市中心区站距宜选择下限值，城市边缘地区和郊区的站距宜选择上限值。百万人口以上的特大城市，站距可大于上限值。

公交中途停靠站的站距受交叉口间距和沿线客流集散点分布的影响，在整条线路上是不等的。市中心区客流密集、乘客乘距短，上下站频繁，站距宜小；城市边缘区，站距可大些；郊区线，乘客乘距长，站距可更大。设置公共交通停靠站的原则是方便乘客乘车，并节省乘客总的出行时间。

一般而言，较长的车站间距可提高公交车的平均运营速率，并减少乘客因停车造成的不适，但会造成乘客从出行起点（终点）到上（下）车站的步行距离增大，并给换乘出行带来不便；站间距缩短则相反。

（四）公交综合车场

1. 功　能

公交停车场是用于公交车辆下班后停放及进行低级保养和小修的场地。保养场承担营运车辆的高级保养任务及实现相应的配件加工、燃料储备、存取等功能。

公交停车场和保养场合并即成综合车场，综合车场提供大部分公交车夜间停放场所，承担营运车辆的维修保养任务及负责材料、燃料的储备和发放。综合车场是集行政管理、停车、维修保养等功能于一体，具有较大规模和功能齐全的设施。

2. 规划原则

综合车场应尽可能靠近服务车辆的行驶路线。设置原则是基本一个分区一个，并尽可能设在公交服务区域的中心地带。

（五）公交停车场

1. 功　能

停车场的主要功能是为线路运营车辆下班后提供合理的停放空间、场地和必要设施。

2. 规划原则

在进行城市总体规划时，应有计划地安排停车场用地，将停车场均匀地布置在各个区域性线网的重心处，使停车场与所辖线网内各线路的距离最短，其距离一般为 1～2 km。停车场距所在分区保养场的距离宜为 5 km，最大不应大于 10 km。停车场应根据车型、车辆数、服务半径和所在地区用地条件布设，尽可能设在服务线路较多、服务车型相近的首末站群的中心位置。从城市整体来看，停车场应分散布设于公交服务分区内。停车场正确选址的原则，是在车辆空驶里程最小的前提下综合考虑以下条件：

（1）应远离居民生活区，避免公共汽车噪声、尾气污染对居民的直接影响。

（2）要避开城市主要交通干道和铁路线，避免与繁忙交通线交叉，以保证停车场出入口的顺畅。

（3）被选地段最好有两条以上的城市道路与其相通，保证在道路阻塞或其他意外事件发生时能使公交车进出公交站场和完成紧急疏散。

（4）被选地块的用地面积要为其后续发展留有余地，同时又不至于对附近街区未来发展形成障碍。

另外，根据《城市公共交通站、场、厂设计规范》（CJJ 15 - 2011）（以下简称《公共交通设计规范》），停车场的规划用地按每辆标准车用地 150 m^2 计算。停车场主要包括车辆的停放场地和行车通道，确定停车场用地面积的前提是要保证公交车辆在停放饱和的情况下，每辆车可自由出入，而不受周边所停车辆的影响。在停放场地面积严重不足的情况下，可采用多层停车楼，让车辆沿坡道上下。

（六）公交保养场

1. 功　能

保养场主要承担运营车辆的高级保养及相应的配件加工、修制和修车材料、燃料的储存、发放等任务。

2. 规划原则

保养场按运营车的保有量设置：保有量在 200 辆或 200 辆以下的，建小型保养场；保有量在 300~500 辆的，建中型保养场；保有量超过 500 辆的，建保养中心。

根据《公共交通设计规范》，保养场的规划用地按所承担的保养车辆数计算，每辆标准车用地 200 m^2，乘以用地系数 Ky。当保养车辆数小于或等于 100 辆时，Ky 值取 1.2；保养车辆数为 150~200 时，Ky 值取 1.1；保养车辆数在 200 辆车以上时，Ky 值取 1。

保养场应考虑与公交停车场结合设置，按照高级保养相对集中，低级保养相对分散的原则进行规模配置。保养场应避免建在交通复杂的闹市区、居住小区和主干道内，宜选择在交通情况简单且有两条以上的比较宽敞、进出方便的次干道附近，并需配有齐备的城市电源、水源和污水排放管线系统。

（七）公交修理厂

1. 功　能

修理厂承担公交车辆的大、中修任务。

2. 设定原则

营运车辆在 500 辆左右时，应建具有年产 200 辆次大、中修能力的修理厂一座，营运车辆在 1 000 辆左右时，应建具有年产 500 辆次大、中修能力的修理厂一座。

二、城市公共交通基础设施建设程序

城市公共交通基础设施建设的一般程序主要包括项目立项、工程可行性研究、竣工验收等环节，每个环节的主要内容如下。

（一）项目立项的基本程序

（1）调研、投资经济分析、项目建议书。

了解项目所在地的地理环境，明确工程主体内容。进行投资经济分析，撰写项目建议书，为可行性研究报告做准备。

（2）委托可行性研究。

由甲方出具可行性研究委托书，委托设计单位进行可行性研究报告的撰写。

（3）可行性研究报告的审批。

（4）工程初步设计。

由甲方出具工程初步设计委托书，委托设计单位进行初步设计。附件基本与可行性研究相同，除以上审批文件外，还有以下文件：可行性研究报告、批复文件、立项申请书、设计委托书、安全预评价报告及备案文件、环境影响报告书（表）及批复文件、职业卫生预评价报告及批复文件、有关协议文件、城市燃气企业资质证书、消防意见书、其他相关文件。

（5）规划局规划意见、土地批文。

（6）工程开工。

工程开工前要有施工图设计、施工队招标、监理招标、房建许可证、设备材料的招标、开工许可证、压力管道使用许可。

（7）工程管理（由甲方监督完成）。

① 质量管理：施工单位应有健全的质量管理体系，包括原材料控制、工艺流程控制、施工操作控制、每道工序质量控制、各道相关工序间的交接验收、专业工种之间的中间交接质量控制、满足施工图设计和功能要求的抽样检验制度。

② 进度管理：根据工程项目的进度目标，编制经济合理的进度计划，并据以检查工程项目进度计划的执行情况，若发现实际执行情况与计划进度不一致，要及时分析原因，并采取必要的措施对原工程进度计划进行调整或修正。

③ 投资管理：包括投资估算和偏差分析。投资估算是工程项目前期根据设计、市场、有关规定估算投资总额，偏差分析是通过实际完成的工程与计划相比较，分析是否存在偏差，并找出偏差原因，以合理控制投资。

（二）工程可行性研究

可行性研究是项目建设前期工作的一项重要内容，是建设程序的组成部分，是建设项目决策和编制设计任务书的科学依据。城市公共交通基础设施建设工程可行性研究的目的是对工程建设的必要性、技术可行性、经济合理性、实施可能性等方面进行综合研究，推荐最佳方案，进行投资估算并做出经济评价，为建设项目的决策和审批提供科学依据。

城市公共交通基础设施建设项目的工程可行性研究一般包括下列内容：

（1）概述或总论：论述建设任务依据和历史发展背景、研究范围与主要内容、研究的主要结论等。

（2）项目的规划相关性及建设必要性。

（3）场址选择。分析场址现状及场址建设条件。

（4）建设规划方案：论述项目规划设计的指导思想、项目总体规划方案、工程方案及配套设施。

（5）环境影响评估：论述项目地块环境现状、采用的环境保护标准、项目建设与运营对环境的影响以及环境保护措施。

（6）组织机构与人力资源配置。

（7）项目实施进度：包括实施工期、实施进度安排。

（8）工程招投标：包括招标组织形式、招标方式等。

（9）投资估算及资金筹措：包括主要工程数量、工程建设与拆迁、单价拟定、投资估算及资金筹措等。

（10）社会评价：包括项目对社会影响分析、项目对所在地的互适性分析、社会风险分析。

根据上述研究结果，通过综合分析评价，提出技术先进、投资少、效益好的最优建设方案。

在公共交通基础设施的建设过程中，公共交通基础设施的交通影响评价和环境影响评价是两项重要的内容。

（1）公共交通基础设施交通影响评价。

公共交通基础设施交通影响评价的一般程序包括概论、现状交通分析、规划条件、交通需求预测、交通影响评价、改善措施、结论与建议六个方面的内容。

① 概论主要是交通影响评价建设项目概况及交通影响评价的背景、依据和主要指标选取等。

② 现状交通分析主要是土地利用现状和交通系统现状的分析。

③ 规划条件包括土地利用规划和交通系统规划，其中交通系统规划包含通路系统规划、公共交通系统规划、停车设施规划等。交通需求预测是建设项目交通量预测，应包括背景交通量和拟建项目新增交通量两方面的预测内容。

④ 交通影响评价应对建设项目交通影响分析区域内的路网容纳能力等各类交通设施的供应与需求进行对比分析，包括关键交叉口及路段的交通分析评价、项目与外部交通衔接分析评价、停车设施影响分析评价、行人交通设施影响分析评价、公共交通设施影响分析评价。

⑤ 改善措施是依据分析评价结果，提出相应的对策和措施，一般包括分析区域交通系统改善措施和拟建项目内部交通系统改善措施。

⑥ 结论与建议是提出对建设项目、建设规模和周边交通设施的改善建议、内部交通的改善建议以及存在的问题。

（2）公共交通基础设施环境影响评价。

公共交通基础设施环境影响评价的一般程序包括总论、工程概况、工程分析、方案比选、建设地区环境概况、环境质量现状、施工期环境影响预测与防治措施、运营期环境影响分析与评价、运营期污染防治措施、环境风险分析、公众参与、环境管理与监测计划、评价结论等13个阶段。

① 总论介绍项目背景以及环境影响评价报告编制的总体情况，如编制依据和目的、评价范围及主要评价指标选取。

② 工程概况介绍工程项目的总体情况及主要技术经济指标。

③ 工程分析介绍工程实施和运行过程中产生的环境影响因素和要素识别。

④ 方案比选主要分析不同工程方案对环境的影响程度，提出优选方案并做出环境影响评价结论。

⑤ 建设地区环境概况主要分析建设地区自然环境和社会环境现状，以及城市总体规划、交通专项规划情况。

⑥ 环境质量现状分析包括环境质量现状、监测及评价等内容。

⑦ 施工期环境影响预测与防治措施的主要内容为对施工期环境影响的预测与防治措施。

⑧ 运营期环境影响分析与评价主要内容为项目运营期对环境的影响分析及评价。

⑨ 运营期污染防治措施主要内容为项目运营期污染防治措施。
⑩ 环境风险分析主要内容为识别环境风险等级，分析风险特征，提出减少风险的对策。
⑪ 公众参与阶段的主要内容为阐述公众参与的调查分析结果和信息公开过程。
⑫ 环境管理与监测计划的内容为阐述项目实施和运行过程中为减轻或消除不利影响，应采取的环境保护管理与监测计划。
⑬ 评价结论阶段主要汇总分析以上各部分环境影响评价结论，得出总结论，并对项目实施和运行提出合理建议和要求。

（三）项目竣工验收

根据住房城乡建设部印发《房屋建筑和市政基础设施工程竣工验收规定》（建质〔2013〕171号）的要求，建设工程竣工验收的基本程序包括以下内容。

1. 竣工验收组织

由建设单位负责组织实施建设工程竣工验收工作，质量监督机构对工程竣工验收实施监督。

2. 验收人员选择

由建设单位负责组织竣工验收小组，验收组组长由建设单位法人代表或其委托的负责人担任。验收组副组长应至少由一名工程技术人员担任。验收组成员由建设单位上级主管部门、建设单位项目负责人、建设单位项目现场管理人员及勘察、设计、施工、监理单位与项目无直接关系的技术负责人或质量负责人组成，建设单位也可邀请有关专家加入验收小组。验收小组成员中土建及水电安装专业人员应配置齐全。

3. 竣工验收标准

竣工验收标准包括国家的强制性标准、现行质量检验评定标准、施工验收规范、经审查通过的设计文件及有关法律、法规、规章和规范性文件规定。

4. 竣工验收程序及内容

（1）由竣工验收小组组长主持竣工验收。
（2）建设、施工、监理、设计、勘察单位分别书面汇报工程项目建设质量状况合同履约及执行国家法律、法规和工程建设强制性标准情况。
（3）验收组分为三部分分别进行检查验收。

5. 竣工验收备案

建设工程竣工验收完毕以后，由建设单位负责在15天内向备案部门办理竣工验收备案。

三、城市公共交通基础设施建设管理典型模式

城市公共交通基础设施建设工程项目的投资主体变化

视频：城市公共交通基础设施建设管理典型模式

大致可以划分为两个阶段：第一阶段是 20 世纪 50 年代初至 20 世纪 70 年代末，为单一的国家投资主体；第二阶段是 20 世纪 70 年代末实行改革开放以来形成的多元化投资主体。城市公共交通基础设施项目的公益性特征决定了应该以政府财政投资为主，因此本节重点讲述单一投资主体下的政府投资项目管理模式，主要包括代建制管理模式、总承包制组织管理模式、工程指挥部方式等。

（一）代建制管理模式

代建制，即通过招标等方式，选择专业化的项目管理单位负责建设实施，严格控制项目投资、质量和工期，竣工验收后移交给使用单位。代建制的核心是代建单位按照合同约定代理项目建设的法人职责。实行代建制的关键是通过公开竞争方式选择具有专业素质的代建单位，用经济和法律手段来约束代建单位严格按照代建合同实施代建任务。在 2004 年 7 月国务院颁布的《关于投资体制改革的决定》中明确要求："加强政府投资项目管理，改进建设实施方式""对非经营性政府投资项目加快推行代建制"。

目前多数地方政府对代建项目划分的范围仅限政府投资项目，其中相当一部分地区还进一步将"代建制"的实施范围限制在政府投资的公益性项目中。

现阶段，政府承担了绝大多数城市公共交通基础设施项目的投资，政府既是主要项目的投资者，也是建设者和监督管理者。在建设管理模式上，实行"条块分割"，地方政府向城市公共交通行业管理机构分权、城市公共交通行业管理机构向建设单位集权的"分散集权"管理方式。一般来说，城市重大政府投资项目的投资规模都很大，如上海城市轨道交通路网规划中的 18 条轨道交通工程项目，每条都要花费几十亿甚至上百亿元，其中高速磁悬浮上海示范线，总投资更是达上百亿元。

在代建制模式中存在七大主体：政府、业主、投资方、代建单位、施工方、使用单位、运营单位。使用单位向政府主管部门提出项目需求或项目建议书，政府主管部门负责对项目组织专家评审并做出项目建设决策，然后负责对建设项目和建设代理市场进行监管；政府成立的投资公司作为项目业主、投资方按照招商合同负责选择代建单位，并对建设项目进行融资和按照合同拨付建设资金，接受财政部门审核和对项目进行后评价；代建单位按照与业主签订的合同负责项目的建设管理，并接受代建单位的管理；使用单位或运营单位最终使用或运营竣工后的项目，并在使用或运营过程中接受政府、业主和投资方监管。

根据实际情况，可以采用以下两种基于"代建制"的组织管理模式。

1. 组建政府投资工程管理中心

具体的项目管理为传统的三角模式，政府的职责主要包括项目决策、市场选择、监管、项目后评价、市场管理与培育等。与原有的政府职能相比，政府介入项目决策方面，更加具有前瞻性和战略性，相对弱化了项目实施的具体管理，而是交给中介组织（项目管理公司）完成。对于监督职能的要求更高，主要是对投资公司、对项目实施过程进行监督管理，项目后评价也成为政府的一项重要的管理手段。这种模式使政府可以将更多的精力投入到政府投资项目的总体规划及决策上，并加强对政府投资项目的后评价，通过对完成后投资项目的效

项目二 城市公共交通规划与建设管理

益分析，对项目管理公司的业绩进行评价，进一步对总体规划进行微调，使总体规划更加合理有效，避免了可能带来的失误和损失。

政府提出项目建议后，由政府投资工程管理中心充当业主，担负政府投资工程的管理职能。投资公司作为业主，具有投资主体的地位，主要任务是对项目投资与还贷，并对设施经营进行全过程管理。

政府投资工程管理中心也可以通过公开招标的方式选择工程项目公司，由工程项目管理公司实施专业化管理，实现建、管、用分离，解决政府投资工程管理中存在的"一次性业主"和"同位一体化"的问题。这种传统的三角模式，能加强政府业主对政府投资工程的监管。香港、深圳都采用这种管理模式。

2. 暂不组建政府投资工程管理中心

根据政府投资工程的不同类别，组建几个投资管理中心，如城市建设投资工程管理中心（简称城投管理中心）、城市交通投资工程管理中心（简称交投管理中心）、城市土地投资管理中心（简称土投管理中心）等。即对目前各个部门在自己行业（事业）内的政府投资工程中的业主地位不做大的调整，但又要大力推行政府投资工程的"代建"方式。因此各个投资管理中心应把工程管理的具体职能委托工程项目管理公司管理。这种模式与第一种模式最大的区别是政府投资工程的业主仍然保持了原来的相对分散的特征，该模式的特点主要有以下三点。

（1）有利于政府职能的转变。

项目代建制的实施，可以使政府性投资项目逐步通过政府指定或招标方式，将项目交到具有专业管理经验的企业进行建设和管理，使建设单位和使用单位真正分离，排除项目实施过程中的各种干扰，使政府性投资项目真正从计划经济的传统管理模式向市场经济下的现代管理模式转变，从而推进我国管理理念和水平向成熟的国际先进的管理方式、模式靠拢。

（2）"代建制"是市场化运行机制与宏观管理的结合。

"代建制"通过招投标选定代建单位，通过合同关系明确各方的责任义务和权利，通过有专业管理经验的独立法人单位负责项目管理来规避各种风险。通过这些市场化运作方式再加上投资人对建设项目的监督管理，能够很好地保证建设项目的顺利实施。

（3）有利于克服政府投资项目"三超"现象。

"代建制"改变了过去的投资主体和建设单位分离、建设单位与使用单位合一的建设项目管理模式，使项目建设过程的管理更加专业化、规范化，操作更加透明化，并且可以有效防止政府投资项目中经常发生的超标准、超工期、超预算的"三超"问题，提高投资效益。

（二）总承包制组织管理模式

城市公共交通基础设施建设工程总承包是业主、投资方项目管理中的一种组织实施方式，或称为一种承发包方式。所谓工程总承包，是业主把工程项目的设计、采购、施工、试运行任务，采用固定总价或开口价的方式，全部承包给一家有工程总承包能力的总承包商，由总承包商负责对工程项目在进度、费用、质量、安全等方面进行管理和控制，并按合同约定完成工程。在工程总承包模式下，通常是由总承包商完成工程的主体设计，允许总承包商把局部或细部设计分包出去，也允许总承包商把建筑安装施工全部分包出去。所有的设计、施工分包工作都由总承包商对业主负责，设计、施工分包商不与业主直接签订合同。

根据实际情况，可以采用以下两种基于总承包制的组织管理模式。

1. 设计采购施工、交钥匙总承包制

设计采购施工、交钥匙总承包制是指承包商负责城市公共交通基础设施建设工程项目的设计、采购、施工安装和试运行服务全过程，向业主交付具备使用条件的工程。工程总承包中的设计，既可以从方案设计开始承包，也可以从详细工程设计开始承包，还可以从可行性研究开始承包。采取何种总承包方式由业主决定。为了减少业主和承包商双方的风险，大型工程项目趋向于采用从详细工程设计开始承包，即业主在完成（委托工程咨询设计公司或工程公司完成）基础工程设计之后，再进行工程总承包招标。因为完成项目基础工程设计之后，主要的技术和主要的设备均已确定，招标时估算的准确度可达到 4%~10%，这对业主和总承包商双方的风险都比较小。工程总承包（EPC）由工程公司实施，其主要优点是能充分发挥设计在建设过程中的主导作用，克服设计、采购、施工相互制约和脱节的矛盾，有利于各阶段的合理深度优化，能有效地对质量、费用和进度进行综合控制。

2. 项目管理承包制

项目管理承包制是指项目管理承包商代表业主对城市公共交通基础设施建设工程项目进行各过程、全方位的项目管理，包括进行工程的整体规划、项目定义、工程招标，并对设计、采购、施工过程进行全面管理，一般不直接参与项目的设计、采购、施工和试运行等阶段的具体工作。项目承包商（PMC）是业主机构的延伸，其从定义阶段到投产全过程的总体规划和计划的执行对业主负责，与业主的目标和利益保持一致。作为 PMC 承包商，一般更注重根据自身经验，以系统与组织运作的手段，对项目进行多方面的计划管理，有效地弥补业主项目管理知识和经验的不足。对于大中型项目，国外业主一般都不先找 EPC 承包商，而是通过招标选择有竞争实力的工程公司或项目管理公司，让其作为项目管理承包商即 PMC，再由 PMC 代表业主组织招标和评标。

对于政府投资项目，一般的可根据项目投资金额的大小，项目的复杂程度和技术、管理的难易程度，对项目进行代建制和总承包制的选择。对于中小型项目，由于项目的复杂程度不太大、技术管理难度不高，一般都采用"代建制"。对大型复杂项目而言，由于项目组织比较复杂，技术、管理难度比较大，需要整体协调的工作比较多，往往都选择"总承包制"进行项目管理。

"代建制"与"总承包制"有所不同，"代建制"是对建设管理费用的承包，代建单位具有项目建设阶段的法人地位，拥有法人权利（包括在业主监督下对建设资金的支配权），同时承担相应的责任（包括投资保值责任）；而"总承包制"是对工程造价的整体承包，总承包商不具有项目法人地位，从而无法行使全部权利并承担相应责任。业主有权对项目建设的过程进行监督和干预。

（三）工程指挥部方式

1965～1984年，我国的政府投资项目大都以工程指挥部方式为主，由政府主管部门牵头，组织建设单位、设计单位、施工单位针对具体项目成立项目指挥部、筹建处、办公室等，把管理建设的职能与管理生产的职能分开，建设指挥部负责建设期间设计、采购、施工的管理。项目建成后移交给生产管理机构负责运营，建设的指挥部在完成历史使命后便解散。

20世纪70年代末，我国实行改革开放，多元化投资主体的格局逐步形成，工程管理也呈现出多种形式。目前，全国各地对政府投资工程的管理方式有以下几种。

1. 项目法人型

按照原国家计委文《关于实行建设项目法人责任制的暂行规定》（计建设〔1996〕673号），经营性建设项目必须组建项目法人。项目法人为依法设立的独立性机构，对项目的策划、资金筹措、建设实施、生产经营、债务偿还和资产的保值、增值等实行全过程负责制。

2. 工程指挥部

政府投资项目的工程指挥部一般是临时性的从政府有关部门抽调人员组成，负责人通常为政府部门的主管领导，工程项目完成后，该工程项目的指挥部即告解散。目前，一些大型的公共建筑、市政工程以及环境治理工程等多采用这种工程指挥部模式。这种模式的特点是临时性、一次性、目标单一，通常要为按期突击完成某项工程时采用。

3. 基建处型

城市公共交通行业管理机构以及一些工程项目较多的单位都设有基建处，在这种模式下，具体项目的实施一般是由本部门的基建处进行直接具体的组织领导工作，而城市公共交通行业管理机构则主要进行常规的行政管理工作，该模式通常在企业自建自用时得到采用。

4. 专业机构型

20世纪90年代末期，我国地方政府探索出政府项目管理的新模式——专业机构型，由一个专门机构负责某一类或几类政府投资工程项目的实施管理工作，其特点是管理单位长期专职从事管理某些类别的政府投资项目，具有一定的专业性。另外，按照项目管理机构的性质还可分为政府机关型、事业单位型和企业型。

【拓展阅读】

资源约束趋紧背景下城市公交场站发展策略

2023年3月，交通运输部、国家铁路局、中国民用航空局、国家邮政局、中国国家铁路集团有限公司联合印发的《加快建设交通强国五年行动计划（2023—2027年）》中提出要深入实施城市公共交通优先发展战略，推动出台城市公共交通用地综合开发政策，增强公共交通的竞争力和吸引力。而公交场站是支撑公交运营的基础性设施，对提高公交服务水平、集约利用公交运营资源具有决定性作用。

目前，传统公交场站的发展面临一定的困境。首先，公交场站的公益属性导致其需求量大、收益低、政府财政压力大。其次，土地利用与场站建设矛盾加剧，公交场站大多采用平面布置形式，土地利用率不高。最后，部分场站配套服务差，形象问题突出，场站外在形象普遍与周边环境不匹配，缺乏辨识度，亟须品质化、名片化。

为深入贯彻落实交通强国战略，解决传统公交场站发展面临的困境，除了要加大公交场站建设力度，还可以采取以下新模式、新方法来缓解用地供需的矛盾，提高公交服务水平。

1. 大力发展公交立体综合车场

公交立体综合车场是指利用空间资源，将车辆进行立体停放，节约并最大化利用土地资源的新型公交场站。其最大的优势在于能够充分利用城市空间，缓解场站用地紧缺与公交车辆停放需求的矛盾。

结合公交发展情况，目前国内许多城市已经建设了公交立体综合车场。例如深圳于2022年投入使用的坪山区金牛东综合车场便是深圳规划建设的首批综合车场之一，总占地面积2.1万平方米，地下地上共11层，设公交车停车位423个，车均占地面积50平方米，主要承担公交车辆夜间停放、智能调度、充电、维修、保养、洗车等功能；而同年建成的深圳盐田北综合车场，总占地面积约1.25万平方米，设计公交停车位289个，车均占地面积43平方米，将有效缓解公交车辆"停车难、充电难"的问题。

公交立体综合车场相较于平面场站节约占地50%～80%，为实现集约利用土地资源，规模化停放车辆，方便车辆、线路的集中统一管理提供了重要的基础设施保障。

深圳坪山区金牛东综合车场

盐田北综合车场

2. 积极推动配建式公交首末站

配建公交首末站是指依附建筑配套建设，为乘客提供上下车、候车、换乘等服务，并且供公交车辆发车、掉头、轮候以及首班车夜间停放等活动的公交场站。随着城市土地资源愈发紧缺，许多城市用地从增量向存量、减量转变，传统首末站往往面临规划难以落地的困境。而配建首末站制度可以改变传统首末站土地利用性质单一的缺陷，适应城市发展和转型的需求。

深圳市自2012年正式确定公交场站建设模式向"立体综合车场+配建公交首末站"转变，并于2013年和2017年先后出台了《深圳市民用建筑配建公交场站设计导则（试行）》和《深圳市民用建筑配建公交首末站设计导则（修编稿）》，应用于全市建筑配建公交首末站的设计和建设工作中。2020年深圳市交通局印发了《深圳市配建公交首末站设施建设指引》，明确了公交首末站设施建设标准要求，至此，深圳市公交首末站建设工作基本实现标准化、规范化。

配建首末站相比独立用地首末站具有对土地依赖度低、与客流分布紧密结合等优点，为解决首末站用地落实困难、提高公共交通的可达性与服务水平提供了可能。

深圳市配建公交首末站

3. 探索推进公交场站综合开发

公交场站综合开发是指利用城市公交场站用地，设计、开发公交场站的公交功能和配套的商业、办公、住宅等城市服务功能，依托于公交场站所具有的交通便捷性和通达性，提高配套建筑的经济价值，进而提高公交场站土地价值。

昆明于2016年建成投用的雨花公交枢纽站占地104.78亩、投资达4.15亿元，除公交换乘、立体停车、加油加气站外，还规划了酒店、电影院、商场等商业设施，是昆明首个集地铁、公交、出租车和商业为一体的城市综合交通枢纽。厦门则将保障性住房与公交场站综合开发建设相结合。2013年建成的厦门BRT前埔枢纽站共25层，地下1层至3层是公交场站、停车场、配套服务用房等用地，4层以上均为社会保障性住房，既保障出行便捷，又解决部分中低收入家庭的住房问题。郑州市则是在2021年6月发布了《关于郑州市推进公交场站综合开发的实施意见》，从政策上鼓励社会资本参与公交场站的综合开发，以减轻政府财政负担。

相较于传统模式，场站综合开发可以促进公交场站用地落实并提高用地效率，缓解公交场站"建管养运"资金紧张的问题，实现公交场站交通功能与城市服务功能"双赢"。

厦门 BRT 前埔枢纽站

4. 全力打造高品质的公交场站

高质量发展是时代的主题，也是公交场站发展到一定阶段的内在要求和必然选择。高品质服务是高质量发展的重要内涵，场站建设必须持续提升服务品质，以更高的标准，为旅客创造更好的出行体验。

高品质公交场站是指将公交场站的建设与建筑物自身的规划、设计、建设、管理一并进行、融为一体，结合新能源公交车的全面覆盖，促使公交场站真正成为生活中的绿色、便捷设施。对于公交综合车场，若有上盖物业或人才住房，则要强化人与车无缝衔接通道的品质塑造；若是单一功能的车场，则要强化整体对于周边环境的融入性。对于配建首末站，由于是依附主体建筑物而存在的，建议以一层架空的形式配建，打造反映社区文化、商圈特色的特色小站，建设新时代下代表城市品牌形象和文化内涵的鲜明设施。

法国巴黎的 Diderot 公交站通过设计，将车站与城市环境相融合，使车站成为可以提供多种服务的重要城市公共空间。广州市珠江新城公交场站则通过开设品牌书店和咖啡店，提供了一个别具广州情怀、供人放松休闲的文化阅读场所，展现了广州公交历史发展特色，同时有效提升了珠江新城公交场站的整体形象和城市区域文化品位。

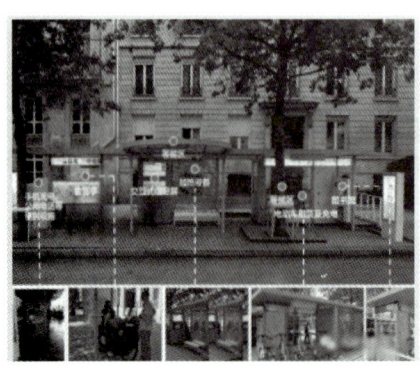

高品质公交场站巴黎 Diderot 场站

珠江新城公交场站

项目三
城市公共交通运行监管与评价

任务 1　城市公共交通运行监管

学习目标

1. 素质目标
- 树立法治观念和全局意识。
- 培养系统优化思维。

2. 知识目标
- 了解公共汽（电）车运营模式、城市轨道交通运营模式。
- 了解城市公共交通补贴政策、城市公共交通补贴方式、公共交通补贴制度建设。

3. 技能目标
- 能查阅资料，理解线路经营权是如何管理的。
- 能组织开展日常运营服务监管工作。
- 能根据相关资料和数据，对公交企业的运营成本进行监审。

发布任务

城市公共交通运行监管是对一个城市的城市公共交通系统进行行业管理的重要手段，作为管理者，必须熟悉线路经营权的相关政策规定、不同公交企业运营模式的特点。假设你是一名道路运输行业管理人员，请制定一份加强城市公交行业管理的建议文件，并提出你的设想。

任务实施

1. 知识准备

（1）城市公共交通运行监管的主要内容有哪些？

（2）什么是城市公共交通线路经营权？

（3）企业取得线路经营权的方式分为哪两种？

（4）线路经营权的授予原则有哪些？

（5）线路经营权考核标准一般由（　　　　　）和（　　　　　）两个部分的内容组成。

（6）城市公交日常运营服务监管主要包括哪些内容？

（7）什么是运营成本监审？

（8）目前国内外城市公共交通运营模式大致可分为哪四类？

（9）目前城市公共交通获得补贴的途径有哪些？

2. 合作探究

（1）以小组为单位，查找某具体城市的公交线路经营权招标文件或者公告，分析其中对线路经营权的期限、进入条件和退出机制是如何规定的。

（2）以小组为单位，选择具体的城市进行分析，说明该城市公交企业的补贴有哪些？分析公交企业补贴的合理性，并结合实例进行说明。

3. 成果展示

小组成员制作成果展示PPT，介绍小组调研分析成果，要求图文并茂，有数据分析和结论。

4. 个人总结

评价反馈

评分项目	分值	自我评价得分	教师评价得分
工作页已完成（全部完成为20分，其余为0分）	20		
知识掌握程度（任务工单准确率）	30		
能力获得程度（任务参与情况）	30		
素质目标实现程度（个人表现情况）	10		
个人体会和思考（个人总结）	10		
本次任务总体评价	100		

知识要点

城市公共交通运行监管就是对城市公共交通运营服务过程的计划、组织、实施和控制等各项管理工作的总称。城市公共交通运营过程由城市公共交通运输企业具体组织，根据城市公共交通行业管理机构对服务规范的要求和城市公共交通客流动态变化规律对其运营过程进行组织指挥和调节，形成有序的运营服务，最大限度地从站点设置、运营时间、线路运营形式、线路车辆配置等方面来满足市民出行需求。

城市公共交通行业管理机构是公共交通运营服务的监管主体。监管内容主要包括：企业市场准入与退出管理；运营服务规范执行情况与质量监管；运营企业经营成本监审。一套完善的政策法规是行业监管的基础，城市公共交通行业管理机构依据相关法律、规章和规定，依法行使行政许可和监管职权。通过规范化的监管，明确企业的责任和义务，维护各方权益，规范运营服务，保障城市公共交通安全运行。

一、线路经营权管理

城市公共交通线路经营权，是指城市公共交通行业管理机构依照法定程序授予符合资格的企业经营者在规定期限内经营指定的公共汽（电）车和轨道交通线路的权利。规范的线路经营权管理制度，是城市公共交通行业市场准入和公平合理配置公共资源的基本制度，是城市公共交通行业管理机构加强运营监管的重要抓手，可以促进企业不断提高服务水平。

视频：线路经营权管理

（一）线路经营权的准入管理

目前，我国城市公共交通运营企业取得线路经营权的方式主要有两种：一是政府直接审批授权；二是政府通过公开招标或邀标的方式授予。第一种方式对城市公共交通线路的所有权和经营权未作界定，排他性特征不明显；第二种方式明确了城市公共交通线路资源作为国有资产的属性。

城市公共交通线路的所有权和经营权可以分离，市场化运作只改变线路的经营权实现形式，而不改变其产权属性。

运营企业取得线路经营权，需要具备相应的资质条件。主要包括：有企业法人资格；有符合国家有关标准的城市公共交通车辆、设施；有符合规定的运营资金；有符合从事城市公共交通运营服务要求的驾驶员；有与运营业务相适应的其他专业的人员和管理人员；有健全的运营服务和安全管理制度。

为推动企业加强运营服务管理，提高运营服务质量，促进行业适度竞争，城市公共交通线路经营权需设有一定的期限。对于城市公共交通线路运营期限届满需要延续的，城市公共交通企业应当在期限届满前向城市公共交通行业管理机构提出延续申请。例如，根据《上海市公共汽车和电车客运线路经营权管理规定》，上海市的公共汽（电）车线路经营权期限每期不得超过 8 年。

（二）线路经营权的授予原则

线路经营权的授予，主要应以企业所具有的运营服务资质条件作为依据，同时也应根据公共交通运营服务的特点和要求，体现以下原则。

一是有利于线路运营的稳定有序：对于线路经营权期限届满、运营服务良好的企业，应给予其新一期的线路优先经营权，以保证线路经营的连续性和稳定性。

二是有利于区域相对集中运营：应鼓励特定区域内经营业绩、运营服务优良且具有相对规模优势的企业通过重组兼并实现相对集中经营，并给予其区域内线路经营优先权。

三是有利于线网优化调整：应支持现有线路的经营者通过与其他线路的经营者实行线路经营权置换等方式进行实现规划要求的线路优化调整。

（三）线路经营权的考核评议

线路经营权的考核评议是线路经营权管理的主要内容，其作用是监督公交企业在运营中执行取得线路经营权时确定的客运服务、行车安全等方面制度的情况。加强线路经营权的考核，是健全线路经营权管理制度，提高运营服务质量的重要手段。

线路经营权考核标准的内容一般由运营基本条件和管理要求两个部分组成。运营基本条件包括对该线路车辆配置、服务设施、站点设施和人员素质等方面的规定；管理要求包括运营服务、安全行车、车辆设施、站容秩序、票务管理、投诉处理、遵章守纪、社会评议等方面的规定。城市公共交通行业管理机构可以根据客运市场的变化和运营服务的要求，适时修改考核标准。

城市公共交通行业管理机构应当根据公布的考核标准，在企业进行自我检查的基础上，每年组织对企业的运营服务状况进行评议，并充分重视乘客、信访投诉和新闻媒体报道等社会方面的评议意见。评议时可邀请乘客代表、新闻媒体等参加。

（四）线路经营权的退出管理

经考核评议，线路经营者达不到线路经营要求的城市公共交通行业管理机构应责令其限期整改，整改期满，考核合格的可继续经营。整改期满仍不符合管理要求的，应取消其线路经营权。

城市公共交通线路经营权的退出管理，是一项政策性很强的行业管理工作。在操作过程中，既要严格、规范，也要稳妥、有序。特别是对于退出经营的企业，要妥善处理好资产评估、人员安置、运营衔接等相关事宜。新授权的经营单位要优先吸收原本该线路负责具体运营工作的驾驶员、售票员和调度员。

二、日常运营服务监管

加强城市公共交通的日常运营服务管理，完善运营服务标准，督促运营企业不断提高公共交通服务质量，为乘客提供安全、便捷、经济、可靠的客运服务，是促进城市公共交通发展的基础和保障。

视频：日常运营服务监管

（一）主要内容

（1）线网及线路管理：线路日常运营管理是指根据城市公共交通线网规划，编制和确定实施计划，包括线网优化调整、新建住宅区线路配套、复线控制、线路暂停与终止、线路长度控制、公交专用道管理等内容。

（2）站点设置与管理：包括站点设置布局、首末站设施管理、首末站日常管理、站名规范管理、站牌服务信息管理、候车设施管理、临时站牌管理等内容。

（3）运营车辆、车载服务设施管理：包括车辆技术要求、车辆服务设施配置要求、车辆日常维护要求等内容。

城市公共交通行业管理机构对运营车辆实行年度审验制度，未经年度审验或经年度审验不合格的运营车辆，不能用于线路运营。

（4）票务管理：行业票务管理主要包括票价的制定、售票员售检票、票款回收、核算、统计等相关工作和要求。政府物价部门核定运价标准，城市公共交通行业管理机构据对此票价进行检查监督，对企业提出的票价调整申请进行审核，会同物价部门组织听证。

运营企业应严格按照政府核定的运价标准收费，并向乘客提供经城市公共交通行业管理机构和税务部门共同核准的统一票据。如需调整票价，须报政府主管部门批准后才可实施。在运营过程中，售票员或驾驶员应监督乘客按规定买票（投币或刷卡），正确识别与处理违章乘车事件。

（5）行车作业计划管理：城市公共交通行业管理机构对线路行车作业计划的编制和执行情况进行监督检查。

在线路投入运营前，运营企业应按照运营要求和客流量编制线路行车作业计划，对行经路线、停靠站点、开收车时间、配备车辆数、车辆发车时间间隔等进行规范，并报城市公共交通行业管理机构批准后组织实施。

（6）从业人员服务操作规范管理：对驾驶员、售票员、调度员等运营企业的现场服务人员在规范着装、服务用语、操作规程等方面进行监督检查。

（二）建立服务督查评价机制

为加强公共交通日常运营服务规范管理，城市公共交通行业管理机构应根据各地的行业运行与管理实际，探索建立一套切实有效的日常运营监督管理机制。

（1）建立和完善服务规范标准监督检查制度：一是要加强城市公共交通行业管理机构的行业稽查。特别是要通过加强现场监管执法力量、充分应用信息化等技术手段，加大行业稽查力度，提高执法监督的有效性与权威性。二是要推动企业自我管理，促进行业自律。尤其要充分发挥行业协会的相关职能，通过行业协会的纽带作用和组织、教育作用，增强行业和企业的自律意识，提高规范服务水平。三是要充分发挥社会监督的作用。可通过行风巡查团、乘客投诉、媒体监督等方式，形成全社会共同关心、关注的公共交通规范服务的合力。

（2）建立和完善公共交通日常运营服务社会评判与考核机制：一是要引入社会中介组织建立行业服务的社会评判机制。在服务规范标准内容的制订、执行监督、考核实施等环节都要通过适当机制引导专业的、权威的社会中介组织积极参与，充分发挥其作用。二是要建立严格的服务考核机制。服务规范标准通过适当的渠道经社会评判认可后，政府对公共交通服务的监管也以此为依据，根据企业服务水平，决定线路经营权的授予以及财政补贴、补偿的数量。企业也根据社会认可的服务规范提供公共交通服务，规范企业内部服务供应考核制度，以服务水平作为考核经营者、驾乘人员的主要指标，并健全日常服务考核程序与数据管理。

针对企业服务规范标准执行情况的督查、考核，要作为公共交通线路经营权管理和企业经营者综合经营管理绩效评价的有效手段，根据考核指标权重的不同，设定具体的甚至量化的考核标准，这样才具有可操作性和权威性。

三、运营成本监审

所谓运营成本监审，是指政府有关部门通过合理界定企业运营收入和成本范围，建立公共交通行业单位成本标准、科学测算、审核和评价企业经营状况，并将运营成本以适当的方式向社会公开，促进公共交通企业进行成本控制、规范营收。同时，为政府部门评价公共交通行业经营状况和完善扶持政策提供依据，这也是建立公共交通合理补贴机制的需要。

城市公共交通作为公益性行业，其票价应该受到政府的管制，而不适宜实行完全市场化的定价方式。近年来，随着油价上涨、车辆更新等带来的经营压力不断加大，我国公共交通企业普遍存在着票款等收入难以弥补生产经营支出的问题，甚至日常经营也面临着不同程度的困难，影响了公共交通企业的可持续发展，因此政府应当通过补贴、补偿等方式给予适当扶持，才能保证公共交通运营服务的正常进行。这就迫切需要在公共交通行业推行成本监审制度。通过成本监审，促进企业加强管理、降低成本，规范公共财政补贴，实行合理的行业扶持政策和价格政策，提高政府行业监管的效率和水平。

四、公共汽（电）车运营模式

根据公共汽（电）车运营企业的经济属性、运营方式以及行业市场竞争程度，目前国内外城市公共交通运营模式大致可分为以下四类。

视频：公共汽（电）车运营模式

（一）国有企业为主直接运营模式

在这种模式下，政府控制票价与线路规划，同时政府与国有公共交通企业签订服务合同，按区域授予其线路经营权，企业按合同要求提供公共交通服务，对于票价收入不足导致运营亏损的部分由政府出资承担，这种模式以巴黎及北美主要大城市为典型代表。

（二）政府授权委托运营模式

在这种模式下，政府控制票价，并将一部分政府职责授权于一家国有公共交通企业，委托其统一经营和管理其他公共交通运营企业，委托职能包括制订线路规划，确定公共交通服务标准，监督运行质量，实行线路经营权招投标管理等，政府通过委托企业对亏损线路进行运营补贴，这种模式以伦敦为典型代表。

（三）运营收支分离模式

在这种模式下，政府控制票价与线路规划。经济成分多样化的各类运营企业，均可通过竞标方式取得线路经营权。公共交通票款收入不进企业账户，统一汇缴至城市公共交通行业管理机构掌控的票务结算中心。政府根据百公里成本将票款收入重新分配，返还各运营企业，并对收入不足的成本部分进行补贴，保证企业一定的利润率。利润率因各企业服务质量的差异存在浮动区间，这种模式以首尔为典型代表。库里蒂巴与首尔相似，实施运营收支分离，差异在于政府的部分管理权下放给一家国有企业行使。

（四）高度市场化运作模式

在这种模式下，政府不对公共交通运营企业进行直接补贴，而是采取多种形式的扶持政策给予补偿，包括赋予土地开放权、各种税费减免、采用BOT建设方式等，降低企业的运营成本。同时，政府也对线路经营权、票价、利润水平、服务内容等进行监管，企业在政府监管体系下，仍有一定的自主调整权，如调整票价等，可以进行比较灵活的收支控制，取得盈利，这种模式以香港为典型代表。

五、城市轨道交通运营模式

轨道交通属于资金密集型行业，项目投资大、工期长，票款收入通常难以补偿运输成本。根据这些特点，目前国内外轨道交通运营管理模式主要有以下几种类型。

（一）按经营权与所有权的关系划分

1. 国有国营模式

政府出资建设轨道交通设施，并指定政府下属机构、国有企业或国有控股公司负责轨道交通的运营管理。对运营中的亏损，政府通常会给予财政补贴或补偿。国有国营模式在欧美国家得到较多的采用，我国北京、上海、广州等大城市的运营管理也采取这种模式。

2. 国有民营模式

政府出资建设轨道交通设施，并通过租赁等形式将轨道交通的经营权转交给民营企业。运营者的行为受到政府相关法规的约束，但政府不干涉企业的日常运营管理，也不对运营亏损进行补贴。新加坡地铁的运营就采取这种模式。该模式的特点是有助于减少财政支出和提高运营效率，但客流必须达到一定的数量级才有条件推行该模式。

3. 民有民营模式

民间资本出资建设轨道交通设施，民营企业负责轨道交通的运营管理。政府通过合同形式对轨道交通投资建设、运营企业股本结构、票价浮动范围等进行约束，但政府不干涉企业的运营管理，也不对运营亏损进行补贴。东京部分地铁、泰国轻轨的运营管理便采取这种模式。该模式的特点是扩大了轨道交通建设资金来源，民间资本在控制成本方面有更大的动力，但轨道交通的公益性目标和民间资本的盈利性目标难免存在冲突。

（二）按照运营与投资、建设的关系划分

1. 运营与投资、建设合一的"一体化"模式

这种模式在欧美国家较为流行，即由政府公共服务机构或国有企业垄断经营，且投资、建设、运营一体化。这种模式的优点在于，所有矛盾都可以在体制内协调，不会出现资金不到位、设备不适用等问题。但缺点也十分明显，整个机构都缺乏相互制约的机制，经济效益往往较差。

2. 多主体的"一体化"模式

由两个以上政府公共服务机构或国有企业经营，也实施投资、建设、运营一体化，以东京、首尔为代表。这种模式与欧美国家的"一体化"模式利弊基本相同，但由于一张城市轨

道交通网被人为切成多块，无论是修理设施还是停车场库都需要重复建设，资源利用效率较低。

3. 运营与投资、建设相互独立的模式

在政府的监督管理下，由轨道交通项目投资公司、建设公司和运营公司，分别承担轨道交通投资、建设和运营的职责，这种模式以北京等城市为代表，主要优点是有利于通过市场化手段筹措轨道交通建设资金，也有利于提高运营管理效率；弊端是建设与运营环节易衔接不顺。

六、城市公共交通补贴政策

视频：城市公共交通补贴政策

城市公共交通补贴政策和制度是实施公共交通补贴的参考依据，我国各级政府非常重视城市公共交通补贴制度建立和财政扶持政策的出台。《国务院办公厅转发建设部等部门关于优先发展城市公共交通意见的通知》国办发〔2005〕46号文件等相关文件，明确提出了对规范城市公共交通补贴制度，随后中央政府出台的针对城市公共交通补贴机制及补贴额度测算的一系列文件，提出要建立低票价的补贴机制、落实燃油补助及其他各项补贴和规范专项经济补偿，以下各部分对有关公共交通补贴政策进行了汇总和解析。

（一）低票价的补贴机制

城市公共交通实行低票价政策，以最大限度吸引客流，提高城市公共交通工具的利用效率。城市人民政府应当按照《中华人民共和国价格法》等有关法律、法规的规定，建立健全城市公共交通票价管理机制。要在兼顾城市公共交通企业的经济效益和社会效益的同时，充分考虑城市公共交通企业经营成本和居民承受能力，科学核定城市公共交通票价。由于公共交通的低票价由城市人民政府根据城市财力以及居民出行需要确定，导致城市公共交通企业会因低票价而产生亏损。为了维持公共交通企业的可持续生产，城市人民政府对公共交通企业实施低票价补贴，例如深圳市采用的成本规制的补贴方法。但在这一机制下，由于在企业的收入和成本中，难以分清经营性与政策性业务，要核定低票价造成的企业亏损额，就面临着难以界定经营性亏损与政策性亏损的问题。这一问题，也正是目前公共交通补贴机制中的一个世界性难题。

（二）燃油补助及其他各项补贴

根据《国务院办公厅关于转发发展改革委等部门完善石油价格形成机制综合配套改革方案和有关意见的通知》（国办发〔2006〕16号）和财政部有关文件的规定，成品油价格的调整影响城市公共交通增加的支出，由中央财政予以补贴。各级人民政府应加强对补贴资金的监管，确保补贴资金及时并足额到位。同时，要建立规范的成本费用评价制度和政策性亏损评估和补贴制度。要按照国办发〔2005〕46号文件的精神，定期对城市公共交通企业的成本和费用进行年度审计与评价，在审核确定城市公共交通定价成本的前提下，合理界定和计算政策性亏损，并给予适当的补贴。其他补贴还可以包括购车补贴、低碳交通补贴等。

（三）规范专项经济补偿

城市人民政府应严格按照国家法律、法规的相关条款和有关文件的规定，合理准确地界定社会公益性服务项目。城市公共交通企业有责任承担政府指令性公益任务，对城市公共交通企业承担的此类任务所增加的支出，经城市人民政府主管部门审定核实后定期进行专项经济补偿，不得拖欠和挪用。

七、城市公共交通补贴方式

补贴方式的选择直接影响补贴的金额和补贴的效果，在实际操作过程中，对于应采用何种方式进行公共交通补贴，各个地区或城市应当根据当地特点进行选择，下面分别对公共汽（电）车和轨道交通补贴方式进行说明。

（一）公共汽（电）车

我国城市公共汽（电）车补贴内容主要包括：低票价补贴、特殊人群减免票补贴、油价补贴、冷僻线路补贴、政府指令性任务所增加支出的补贴。对公共交通的补贴方法主要包括：规范型的补贴、预算约束型的补贴、谈判型的补贴。

规范型的补贴，主要分为三种方式进行：一是招投标方式，对取得线路经营权的运营企业进行补贴；二是通过地方政府的规范性文件，规定公共交通补贴方式；三是专项性补贴，如燃油补贴、车辆更新补贴等。

预算约束型的补贴，指地方城市政府采取基数包干法，公共交通补贴额几年不变，或者根据城市财政收入确定补贴额度。

谈判型的补贴，指公共交通企业每年根据实际发生的亏损额，与地方政府财政部门进行协商后，确定公共交通补贴额度。

补贴资金的来源问题主要由地方政府负责解决。城市政府在安排预算时，主要是通过"企业政策性亏损"科目来核算的。中央财政对于公共交通补贴未纳入中央财政预算科目，目前仅分配了部分燃油补贴。

（二）轨道交通

对城市轨道交通这类大型基础设施项目而言，由于项目自身盈利性相对较差，政府通常要给予一定的补贴。常见的补贴方式有两种，即在建设期间的前补贴模式和在运营阶段的后补贴模式。

前补贴方式：项目由政府和企业共同投资，政府的出资主要用于项目的土建工程部分（主要包括车站、轨道和洞体），而企业融资成立项目公司，对地铁进行建设（主要包括车辆、信号等一些流动资产）、运营和维护。项目建成后，政府投资部分的资产无偿或象征性地租赁给项目公司经营，政府对其投入资产享有所有权而无对等的收益权，企业对政府投资享有使用权和收益权。

后补贴方式：以预测客流量和实际票价为基础，在项目建成后和投入运营过程中按一定方法对运营亏损和投资维修进行补贴，项目运营中的风险和收益在一定程度上由政府与企业共担。这种方式多是建立在合理估算和预测的基础上，比照实际情况进行调整，并采取分成形式分担风险和收益，避免政府、企业承受过大的市场风险。可以促使企业在保证安全运营的前提下降低运营成本，提高经营管理水平，实现政府公共利益与企业商业利益的结合，从而实现政府和企业双赢。

八、公共交通补贴制度建设

（一）建立规范的补贴制度

城市公共交通发展要纳入公共财政体系，建立健全城市公共交通投入、补贴机制。对由于实行低票价以及发行月票，老年人、残疾人、伤残军人免费乘车等减免票政策形成的城市公共交通企业政策性亏损，城市人民政府应在定期对城市公共交通企业成本费用进行年度审计与评价的基础上，合理给予补贴。大中城市可按年度实行运营公里补贴，小城市可按年度实行定额补贴，并将上一年度政策性亏损补贴列入政府下一年度财政预算中，按年度足额落实到位。对为承担社会公益性服务而增加的支出，按月或季度给予专项经济补贴。补贴经费在政府年度预算中列支，统筹安排，重点扶持。

（二）规范的成本费用评价制度

按照国发办相关文件的精神，对城市公共交通企业实行严格、规范的成本费用审计与评价制度。各城市公共交通行业管理机构、发改委、财政局、物价局、劳动保障局定期组织对城市公共交通企业的成本和经费收支情况进行年度审计与评价，在审核确定城市公共交通定价成本的前提下，合理界定，并报地方政府给予政策性亏损补贴。城市公共交通企业运营成本必须通过新闻媒体和网络等多种形式向社会公开。

在成本费用考核指标方面，可将人车比和单车运营成本作为成本考核的主体。人车比反映公共交通企业的竞争力、技术水平及管理效率，人车比降低可节约企业人工成本。对单车运营成本的考核可核定单车各项成本费用消费系数，超出定额消耗部分由企业自负。上述两方面的内容合起来即可作为成本费用考核指标体系。

（三）政策性亏损评估制度

根据政策性亏损补贴范围，建立一系列考核指标，严格界定政策性亏损额度，可将其视为公共交通企业合理的亏损额并由政府予以财政补贴。如果公共交通企业实际亏损额超过合理亏损额，超额部分即属于经营性亏损，政府不予补贴。如公共交通企业实际亏损额低于合理亏损额，说明其管理富有效率，经济效益及社会效益较高，应对其进行适当奖励。

政策性亏损考核指标的内容除了合理成本的考核外，还包括服务质量考核。对服务质量的考核指标可采用客位公里、人公里。采用客位公里可反映公共交通车辆实际运行状况，采取人公里可反映车辆运营及满载率情况。

上述指标将人和车结合起来，实际构成了对公共交通企业经济效益与社会效益进行考核的指标体系。

【拓展阅读】

知识拓展1：国内外城市公共交通管理体制对比

一、我国目前的城市公共交通管理体制

目前，我国城市公共交通管理体制主要有以下三种模式：一是由交通、城建、市政、公安等部门对城市交通实施交叉管理的传统管理模式；二是由交通部门对城乡道路运输实施一体化管理的模式；三是"一城一交"综合交通管理模式。

模式一：由交通、市政、城建、公安等部门对交通实施交叉管理。交通局负责公路运输、公路和场站规划建设以及水路交通运输的行业管理；市政公用局负责城市公交和城市客运出租汽车的管理；市城建部门负责城区的道路规划与建设。这种模式由于部门管理职能交叉，因而会导致政出多门，甚至政令冲突。主要实施城市有南京、福州、昆明、南宁、成都、杭州等。

模式二：实行城乡道路运输一体化管理。典型特征是：实现了交通部门对交通的管理；整合了道路运输资源，但不具备对城乡交通统一战略、统一规划、统一政策和统一建设的职能。这种模式是最普遍的，主要实施城市有沈阳、哈尔滨、乌鲁木齐、西宁、长沙、兰州等。

模式三：实行"一城一交"综合交通管理模式。该模式的主要职能：市交通委员会是市政府的组成部门，负责交通运输规划、道路和水路运输、城市公交、出租汽车的行业管理，并负责对城市内的铁路、民航等其他交通方式的协调。典型特征是：实现了道路运输管理的一体化，但在交通基础设施的建设养护方面尚未形成集中统一管理。代表城市有北京、广州、重庆、深圳、武汉等。

我国香港城市公共交通主要采取专利经营的模式。香港主管交通事务的部门是运输署。凡与交通有关的，全部归运输署统一协调和管理。这种集中统一的管理体制，回避了政出多门、互相推诿的弊端，而且在规划与管理上全面衡量、通盘考虑。政府不投资，由企业按市场经济原则经营。在票价方面不实行福利政策，而采取成本加合理利润的商品定价策略，但当局会对此进行严格控制。

此外，我国一些城市还进行了公交管理体制的改革试点，取得了较理想的效果。如上海的"三制"改革，即先是票制改革，取消月票，实行普票；其次是机制改革，优化财政补贴，实现良性循环；最后是体制改革，实行多家经营，形成竞争格局。改革后，传统计划经济体制下的"等、靠、要"变成了市场经济条件下的"争、创、抢"（争客流、创效益、抢市场）；企业的经营思路、分配机制、管理思想更加灵活；班次、车辆、线路都得到了有效保证，司乘人员服务更热情，乘客对公交的满意程度显著提高；公交系统连续多年大幅度亏损的势头得到了有力遏制，部分企业做到了收支平衡。

二、国外城市的典型代表

法国城市公共交通管理体制以"城市交通管理委员会"（AOTU）为管理机构、"城市交通服务区"（PTLJ）为责权范围，"城市交通税"（VT）为资金来源，三者相互支持，构成了法国地方化的城市公共交通建设与管理机制的基础。法国的公交服务采用所有权和经营权分开的模式：所有权为公有，由行业主管单位"城市交通管理委员会"管理，地方政府收购公交设施的所有权并负责新的投资建设；经营权则由运营公司负责。公交企业与"城市交通管理委员会"之间存在服务合同关系，法国城市公共交通企业包括私营、公私合营和国营等三种不同的经营形式。

美国城市公共交通的管理机构是各市公共交通局，负责城市公共交通管理、规划、建设及停车场管理等。美国公共交通的投资由各级政府分担，不管公交企业亏损如何，都会依据既定的议案给予优厚的政策补贴。

日本城市公共交通管理体制中，地方城市分设建设局、城市规划局和交通局。交通局主要负责市内的交通体系的基础设施建设和运营；建设局主要负责道路和河流的修缮及管理，并且管理城市再开发，以及其他与基础设施相关的业务；城市规划局主要负责有关交通规划等政策的制定。其资金来源分别由国家拨款、地方政府拨款和银团贷款三部分组成，日本政府实行低票价政策。

三、国内外城市公共交通管理体制的对比

1. 管理模式

在国内，一方面还没有一个统一的城市公共交通管理模式；另一方面还没有形成一个完整的城市公共交通管理体系。相比较而言，单一的管理机构、健全的行政管理和执法体系的建立有利于政令的及时传达和准确执行，有利于提高城市公共交通管理的效率。

2. 管理职能

日本的城市公共交通管理体制主要体现在运输主管部门和建设主管部门之间有明确的职能划分，并且二者之间实施了有效的协调配合。而我国目前的城市公共交通管理涉及的几个机构之间的责权利关系还不是十分明确，存在部门分割、职能交叉、分工不明、政令冲突等。

3. 运营模式

在运营模式方面，国外的城市公共交通企业普遍采用由私营部门经营、政府所属公交公司的商业化经营、公有和私有客运公司相结合等不同的运营模式。而国内，城市公共交通的运营还是采取以国有企业为主的运营模式，还没有从根本上适应市场经济的发展要求。

4. 经营内容和形式

国外的城市公共交通企业发展多业经营，如租赁服务、广告服务等，与国内一些单一从事公交服务的城市公共交通企业形成鲜明对比。在票价和补贴机制方面，我国香港特别行政区推行公交完全市场化运作，在提高公交服务质量的同时实现了盈利，而内地的城市公共交通企业大多过分强调城市公共交通的公益性特征，政府给予了大量的财政补贴，但并没有从根本上解决满足城市公共交通需求和提高公交服务质量之间的矛盾。

城市公共交通运营管理

> **知识拓展 2：国内典型城市公共交通补贴政策**
>
> 一、上海市公共交通行业补贴
>
> 近几年，上海市财政部门逐步加大了对政府购买服务的财政支持力度，在公共交通车辆更新、公共交通换乘优惠、70岁以上老人非高峰免费乘车、信息化建设、政府指令性任务和油价等方面建立了相应的财政补贴政策。2007~2009 年，投入专项补贴资金 61.68 亿元（不包括基础设施建设资金），约为 2002~2006 年合计补贴的 3.8 倍。油价补贴 4.19 亿元，车辆更新补贴 1.88 亿元；2008 年度，安排公路交通专项 14.48 亿元，其中优惠换乘 2.8 亿元，老人免费乘车 2.10 亿元，油价补贴 7.47 亿元，车辆更新补贴 1.91 亿元；2009 年度，安排公路交通专项 39.15 亿元，其中优惠换乘 6.87 亿元，老人免费乘车 3.83 亿元，油价补贴 6.89 亿元，车辆更新补贴 20.99 亿元。
>
> 二、深圳市公共交通行业补贴
>
> 深圳市公共交通改革走在了全国前列。公交行业自 2007 年进行资源整合，由原来的 26 家整合到 7 家，分别是：巴士集团、西部公汽公司、东部公交公司（以下简称：三大公交企业）、深圳天诚运输实业有限公司、深圳市运发集团股份有限公司、深圳恒誉光明运输集团有限公司、深圳金华南巴士股份有限公司。三大公交企业作为深圳市公共交通的主营企业，运营线路占全市营运线路的 96%。根据市交通运输委的数据，截至 2013 年，全市公交线路 893 条，相比 2012 年增加了 4.6%；运营车辆 15 010 辆，相比 2012 年增加了 3.2%；营运里程 104 807 万千米，客运量 205 634 万人次（营运里程和客运量为三大公交企业数据，不包含其他公交企业）。
>
> 从 2013 年 6 月起实行《深圳市公共交通财政定额补贴政策实施方案》（简称《定额补贴方案》），期限三年，作为过渡性方案取代原有公交成本规制补贴政策，同时增加新能源公交车、新开线路、公交场站补贴办法等 7 个配套措施。其他补贴政策保持不变。公交补贴金额方面，根据市财政委提供的资料，2013 年度全市公交财政补贴总规模不超过 571 071 万元，其中，原成本规制综合补贴改为财政定额补贴 317 560 万元，燃油价格补贴和深圳通刷卡补贴共 214 711 万元，新能源公交车融资租赁补贴 35 349 万元和贷款利息补贴 3 450 万元。至 2014 年 5 月，已支付公交财政补贴为 410 886 万元，占全年度财政补贴的 71.95%。

任务 2　城市公共交通运营评价

学习目标

1. 素质目标

- 树立良好的服务意识。
- 培养科学思维和团队协作能力。

2. 知识目标

- 了解城市公共交通的网络技术性能评价的相关指标和计算。
- 了解城市公共交通的服务质量评价的相关指标和计算。
- 了解城市公交营运车辆运用评价的相关指标和计算。

3. 技能目标

- 能查阅资料，根据统计数据，运用相关指标进行城市公共交通的网络技术性能评价。
- 能组织开展城市公共交通的服务质量评价。
- 能根据相关资料和数据，对城市公交营运车辆运用效率进行评价。

发布任务

作为一名行业主管部门工作人员，请综合运用本次任务所学知识，收集相关数据，计算城市公共交通的网络技术性能评价指标，同时会制定公交线路服务质量调查计划，并根据调查实施情况对具体城市的公交服务质量进行评价。

任务实施

1. 知识准备

（1）城市公共交通的网络技术性能评价指标有哪些？

_____

_____

（2）（　　　　　　）指有公交服务的每平方千米的城市用地面积上，有公交线路经过的道路中心线的长度；（　　　　　　）通过各公交运营线路的实际长度除以所经地区的面积得到。

（3）（　　　　　　）是反映城市公交客运实际能力的另一个重要指标，即城市一定空间内每万人拥有的公交车辆标台数。

（4）《城市道路交通规划设计规范》规定的公共交通车站覆盖率，以 300 m 为半径进行计算，不得小于城市用地面积的（　　　　）；以 500 m 为半径进行计算，不得小于（　　　　）。

（5）城市公共交通服务质量特性主要包括（　　　　）、（　　　　）、（　　　　）、（　　　　）、（　　　　）、（　　　　）六个方面的内容。

（6）安全性的评价指标分为（　　　　　　）和（　　　　　　）。

（7）城市公共交通营运车辆运行定额指标包括哪些内容？

_____

_____

（8）城市公共交通营运车辆运行的主要参数有哪些？

_____

_____

（9）车辆时间利用指标主要包括（　　　　）、（　　　　）、（　　　　）以及（　　　　）4项。

（10）（　　　　）是指统计期内运输车辆按纯运行时间计算的车辆平均每小时行驶的里程。

（11）（　　　　）是指统计期内按出车时间计算的车辆平均每小时行驶的里程。

（12）（　　　　）是指统计期内平均每个工作车日运输车辆所行驶的里程。

2. 合作探究

（1）以小组为单位，自行选择某特定城市或区域，综合运用本次任务所学知识，通过网络文献调研、资料查找和实地调研等方法，评价该城市公共交通的网络技术性能情况。

（2）以小组为单位，制定某条公交线路服务质量调查计划，设计调查问卷和表格，并讨论其可行性。

3. 成果展示交流

小组成员制作成果展示PPT，要求图文并茂，有数据分析和结论。

4. 个人总结

_____

_____

_____

_____

_____

评价反馈

评分项目	分值	自我评价得分	教师评价得分
工作页已完成（全部完成为20分，其余为0分）	20		
知识掌握程度（任务工单准确率）	30		
能力获得程度（任务参与情况）	30		
素质目标实现程度（个人表现情况）	10		
个人体会和思考（个人总结）	10		
本次任务总体评价	100		

知识要点

城市公共交通是重要的城市基础设施,具有鲜明的社会公共使用性质,与人民群众工作生活息息相关,是关系到国计民生的社会公益事业,在满足城市居民出行、正常发挥城市功能方面起着重要作用。据统计,我国城镇居民日常出行时约有70%的居民首选乘坐公交车辆。随着我国经济的持续快速发展和城市化进程的推进,我国城市公共交通无论是运力还是规模都处于快速发展的过程中。城市公共交通运输业在快速发展过程中,如何在更好地满足居民出行需要的过程中努力提高运输生产效率、改善服务质量等问题受到越来越广泛的关注。为了促进城市公共交通的健康发展,必须对其运营过程组织效果、服务质量水平进行科学的评价,在不断提高运输生产率的同时,更好地满足城市居民出行的需要。

一、城市公共交通的网络技术性能评价

城市公共交通线网密度、万人公交车辆拥有率以及公交站点覆盖率等,直接关系到公交乘客乘车的便捷程度,因此这些指标常常作为评价公共交通网络技术性能的重要方面。

视频:城市公共交通的网络技术性能评价

(一)公共交通线网密度

城市公共交通线网密度有以下两种算法。

1. 纯线网密度(km/km^2)

公交纯线网密度指有公交服务的每平方千米的城市用地面积上,有公交线路经过的道路中心线的长度,即:

$$公交纯线网密度 = \frac{有公交线路经过的道路中心线总长度}{有公交服务的城市用地总面积} \quad (3-1)$$

该指标的大小反映了居民接近公交线路的程度,从理论上分析全市以 2.5~3.5 km/km^2 为好,在市中心地区客流量大处可适当加密,市边缘地区客流量密度低,则可减小。

2. 运营线路网密度(km/km^2)

公交运营线路网密度的计算方法是用各公交运营线路的实际长度除以所经地区的面积,即

$$公交运营线路网密度 = \frac{公交运营线路总长度}{有公交服务的城市用地总面积} \quad (3-2)$$

这一指标考虑到了公交复线、重叠系数的事实,但对于公交线路分布是否均匀、居民乘车是否方便等问题,还不能很好地反映出来,该指标与公交纯线网密度指标无法联系,也不能相互换算,不过这项指标比较容易计算出来。

（二）公交车辆拥有率（标台/万人）

公交车辆拥有率是反映城市公交客运实际能力的另一个重要指标，就是在城市一定空间内每万人拥有的公交车辆标台数，即

$$公交车辆拥有率 = \frac{公交车辆标台数（标台）}{市区人口（万人）} \qquad (3-3)$$

其中，一辆标准车按 80 客位计。单纯公交车辆的绝对数不能反映城市公交设施的水平，而要用单位人口拥有公交车辆数作为标准，在全世界范围内基本上均能以每万人拥有公交车辆数作为标准。

一般情况下，城市越大，公交车辆拥有率水平越高。在我国《城市道路交通规划设计规范》中，城市公共汽车和电车的规划拥有量，大城市应每 800～1 000 人一辆标准车，中、小城市应每 1 200～1 500 人一辆标准车。

（三）公交站点覆盖率

公交站点覆盖率也称公交站点服务面积率，是公交站点服务面积占城市用地面积的百分比，是反映城市居民接近公交程度的又一个重要指标。通常按 300 m 半径和 500 m 半径计算，《城市道路交通规划设计规范》规定的公共交通车站覆盖率，以 300 m 半径计算，不得小于城市用地面积的 50%；以 500 m 半径计算，不得小于 90%。

$$公交站点覆盖率 = \frac{公交站点服务面积}{城市用地面积} \times 100\% \qquad (3-4)$$

二、城市公共交通的服务质量评价

城市公共交通在为乘客提供服务的过程中是否做到了高效、便捷、准点、安全舒适和经济实惠，直接影响着乘客对其服务质量的评价效果。城市公交企业应通过加强管理，真正将乘客至上放在首位，不断提升服务水平，使其在为居民出行服务的过程中真正做到安全、迅速、准点、经济、方便、舒适和高效。

视频：城市公共交通的服务质量评价

（一）城市公共交通服务质量特性

城市公共交通服务质量，是指公共交通运输服务在满足乘客出行需要方面所达到的程度。城市公共交通服务质量特性主要包括安全性、及时性、准确性、经济性、方便性和舒适性六个方面的内容。

1. 安全性

安全性是指客运车辆在运输过程中确保乘客的人身及财产安全，不发生人身伤害及财产损坏。无论是城市公共交通运输还是其他任何一种交通运输方式，安全运输永远是第一位的。任何一种交通运输方式，如果没有安全性作保证，是不会有乘客乘坐的。因此，对于城市公共交通运输而言，在对乘客完成空间位移的过程中，必须要确保乘客的人身及财产安全。

2. 及时性

及时性是指客运车辆满足乘客所需要的合理时速要求的能力，可通过出行时耗、公交车辆运营速度指标反映。出行时耗为车内（乘车）时间和车外时间之和。乘车时间主要和公交车辆运营速度有关，而公交车辆的运营速度则直接受到运营线路条件和交通环境的影响；车外时间包括到离公交站台时间、候车时间以及换乘时间等，其数值主要和公交线路安排、站点布置有关。一个城市要保持高水平的公共交通服务，就及时性而言必须将乘客的出行总时耗保持在合理水平，而要想将乘客的出行总时耗保持在合理水平，就必须将公交车辆的运营速度保持在合理范围内，过低的运营速度是不利于满足乘客的出行及时性要求的。在同等出行距离条件下，其他交通方式相比公交而言，只有提供更加快捷的出行才可能吸引更多的出行者。

3. 准确性

准确性是指客运车辆满足乘客到达计划站点所期望的合理时间要求及位置要求的能力。对于城市定线定站式公共客运车辆而言，既要求在线路起点准点发车且到达沿线各个站点的运行时间相应准确，也要求到达各个站点的位置相应准确。这里到达沿线各个站点的运行时间相应准确的意义，是要求每趟城市公交车辆能够沿行车线路按照计划时间在许可的范围内"均匀"到达各个站点。以防止客运车辆在一些站点短时间内产生连续到达的"堆积"现象，而在另外的一些站点出现无车可乘的"断运"现象。实际中，在一些站点产生"堆积"现象后将给有限的运力造成浪费，而在一些站点产生"断运"现象后会给乘客的及时出行带来极大的不便。到达各个站点的位置相应准确的意义是要求城市公交车辆能够沿行车线路按照计划的停车站点，在许可的距离范围内停靠在各个站点，以防止运输车辆在营运过程中不到站点就停车上下客，或到达该停的站点不停车给乘客上下车造成不便。

城市公交车辆的行车准确性与企业调度管理、运营组织、车辆密度、道路条件、交通环境以及客流状况等因素密切相关，在其他因素一定的条件下，准确率越高，乘客对公共交通的满意程度亦会越高。

4. 经济性

这里经济性的意义主要是对乘客的出行费用而言的，是指乘客乘坐公共交通出行的费用支出要低。对乘客而言，合理、便宜的票价是公共交通吸引乘客的重要因素。因此，城市公共交通票价的制定既要兼顾运输企业效益，又要考虑社会整体利益，而乘客所能接受的公交车辆票价的高低与其所在地区的经济收入水平密切相关。

城市公共交通是城市重要的基础设施，具有鲜明的公益性属性。在当前条件下，城市公共交通政策性亏损是普遍存在的现象。因而，政府应通过适当的财政补贴的方式保证公共交通运输企业有"利"可图；而对于公共交通运输企业来讲，其票价的制定不能以盈利作为唯一目标，应以最大限度满足人民群众工作生活需要为首要原则，同时还需要不断提高管理水平。

5. 方便性

方便性是指乘客在出行过程中乘坐公共交通工具的方便程度，包括就近乘车和换乘过程的便捷程度。具体表现为乘客因各种目的出行时均有车可乘且换乘次数少，车辆、车站的各种服务标记、服务设施齐全等。影响乘客方便性的主要因素包括公交线路网络、站点布设的合理性、线路网络密度的高低、换乘系数的大小、发车频率的高低、站点布置的合理性以及大的工业区和住宅区是否有多个方向和不同功能的公共交通线路、不同容量的出行需求等。城市公共交通运输的方便程度对吸引乘客乘坐公共交通工具具有直接影响。

方便性指标具体包括公交出行比例、换乘系数、换乘距离、换乘站距以及发车频率等公交基本运营特征指标。公交出行比例从总体上反映了居民对公交的选择程度；换乘系数、换乘站距则反映了公交线路布局，站点设置的合理程度直接与乘坐方便性相关；发车频率影响着乘客的等车时间，发车间隔时间太长，会影响居民对公交的选择。

6. 舒适性

舒适性是指公交公司为乘客乘车提供的舒适程度。主要包括乘坐舒适性、上下车方便性和行驶平稳性。影响乘客乘坐舒适性的主要因素包括乘客的乘坐率、车内拥挤程度、车内气温和通风状况以及车辆行驶的平稳性等。

舒适性高低主要是通过高峰满载率和平峰满载率反映的。随着人民物质文化生活水平的提高和交通运输业的发展，人们对乘车过程中的舒适性要求不断提高，这就要求公交车辆车厢内的拥挤不能超过一定的限度。此外，车型配置、车厢内部设施、线路非直线系数等也会对乘坐的舒适程度产生影响。

（二）城市公共交通服务质量的评价指标

和公路客运相比，城市公共交通的特殊性表现为：

（1）运输对象在乘车时间上的非均匀性。即早、晚上下班乘客量大且集中而其他时间乘客量相应降低且较分散。

（2）运输对象在乘运距离的短程性。实际中乘客的构成状况通常表现为中短程乘客多而全程乘客较少。

（3）运输对象在出行流向上的非对称性。绝大多数乘客早上的出行流向是从居住地流向位于城市商贸中心、产品生产加工中心、开发区的工作目的地，而晚上的出行流向则是从工作目的地流向居住地。

城市公共交通的特殊性决定了运输服务质量评价的复杂性。目前，城市公共交通运输服务质量的评价指标主要包括以下几方面的内容。

（1）安全性。

安全性的评价指标分为交通事故频率和事故损失率。

① 交通事故频率：交通事故频率是指统计期内营运车辆行驶10万千米（或100万千米，其表达式基本相同，只是统计基数不同而已）路程发生的交通事故次数，表达式为：

$$R_a' = \frac{Z_a}{S} \times 10^6 \tag{3-5}$$

式中：R_a' 为交通事故频率（次/10万千米）；Z_a 为统计期内发生的交通事故总次数（次）；S 为统计期内营运车辆的运输距离（km）。

② 事故损失率：事故损失率是指营运车辆行驶 100 万千米行程引起的交通事故直接损失，即

$$R_1 = \frac{C_1}{S} \times 10^6 \qquad (3-6)$$

式中：R_1 为 100 万千米交通事故损失率（元/100 万千米）；C_1 为统计期内发生的交通事故引起的直接损失金额（元）；S 为统计期内营运车辆的运输距离（km）。

（2）及时性。

及时性评价指标包括运送速度和乘客出行时间等。

① 运送速度：运送速度是指营运车辆的运送距离与运送时间之比，即

$$V_c = \frac{S}{T_c} \qquad (3-7)$$

式中：V_c 为统计期内营运车辆运送速度（km/h）；T_c 为统计期内营运车辆的运输时间（h）；S 为统计期内营运车辆的运输距离（km）。

② 出行时间：出行时间为乘客出行的步行时间、候车时间、乘行时间以及换乘时间之和，即

$$t_a = t_1 + t_w + t_r + t_e \qquad (3-8)$$

式中：t_a 为乘客一次出行花费的时间（min）；t_1 为乘客在一次出行过程中的步行时间（min）；t_w 为乘客在一次出行过程中的候车时间（min）；t_r 为乘客在一次出行过程中的乘行时间（min）；t_e 为乘客在一次出行过程中的换乘时间（min）。

（3）准确性。

准确性的评价指标为正点率（或准点率）。正点率是指统计期内营运车辆准点班次数与总班次数之比，即

$$R_0 = \frac{Z_0}{Z_0 + Z_w} \times 100\% \qquad (3-9)$$

式中：R_0 为营运车辆正点率；Z_0 为统计期内营运车辆准点班次数；Z_w 为统计期内营运车辆晚点班次数。

由于城市公交车辆行车过程中的正点率受沿线车流状况、客流状况、突发事件等外在不可控因素影响较大，实际中特别是繁忙路段和高峰时段，公交车辆的正点率普遍不高。

（4）经济性。

经济性评价指标为客运费率。客运费率是指统计期内乘客平均每百公里乘距的乘车费用和服务地区居民平均月收入之比，即

$$R_p = \frac{C_p}{C_s} \qquad (3-10)$$

式中：R_p 为客运费率；C_p 为统计期内乘客平均每百公里乘距的乘车费用（元）；C_s 为统计期内服务地区居民平均月收入（元）。

（5）方便性。

方便性评价指标包括换乘率和出行比重等。

① 乘客换乘率是指统计期内乘客换乘人数与总乘客数之比，即

$$R_c = \frac{Q_c}{\sum Q} \times 100\% \tag{3-11}$$

式中：R_c 为乘客换乘率；Q_c 为统计期内乘客换乘人数（人）；$\sum Q$ 为统计期内总乘客数（人）。

乘客换乘的内涵既包括乘客在不同线路的公交车辆之间的换乘，也包括乘客在不同公交方式即公交车辆与其他公共交通工具之间的换乘。无论是对于乘客出行还是对于一个城市，乘客换乘率都不是越低越好，而是应使乘客换乘率保持在适度水平。一个城市公交系统的乘客换乘率过高，表明其公交线路总体上平均长度过短，将导致乘客出行过程中换乘比较频繁。对于不同线路之间的公交车辆和不同公交方式之间的收费均相互独立的情况而言，换乘频繁就意味着出行成本增加，也将使时间成本增加。一个城市公交系统的乘客换乘率低，表明其公交线路总体上平均长度较长，直达率较高。城市公交车辆直达率较高、换乘率低的优点是乘客可以享受更加便利的直达出行服务，但缺点是加大了城市公交线路的重复系数和公交车辆的投放量（其特征是公交列车化现象），进而在一定程度上造成道路资源的紧张和公交资源、社会资源的浪费。

② 出行比重是指统计期内乘坐公共交通的乘客数与地区总人数之比，即

$$R_d = \frac{Q_d}{P} \times 100\% \tag{3-12}$$

式中：R_d 为乘客乘坐公交的出行比重；Q_d 为统计期内乘坐公共交通的乘客数（人）；P 为统计期内地区总人数（人）。

一个城市的出行比重高低既与该城市的经济发展水平、经济活跃程度、城市产业结构、公交道路网络化程度相关，也与该城市的机动化水平（机动化的意义是指每1 000人拥有的机动车数量）相关。在前者不变的条件下，城市的机动化水平越高，人们驾车出行的比例会越高，这使得乘坐公共交通的比例会相应地下降。

（6）舒适性。

舒适性评价指标为主要线路最高满载率。主要线路最高满载率是指统计期内最高路段客流量和最高路段车容量之比，即

$$r_h = \frac{Q_s}{Q_0} \tag{3-13}$$

式中：r_h 为主要线路最高满载率；Q_s 为统计期内最高路段客流量（人）；Q_0 为统计期内最高路段车容量（人）。

三、城市公交营运车辆运用评价

（一）城市公共交通营运车辆运行定额指标及主要参数

1. 城市公共交通营运车辆运行定额指标

视频：城市公交营运车辆运用评价

城市公共交通营运车辆运行定额指标包括单程时间、始末站停车时间、周转时间、计划车容量及行车人员等。

（1）单程时间 t_n：单程时间是指营运车辆完成一个单程的运输任务所耗费的时间，包括在途行驶时间和中途各站点的停车时间，即

$$t_n = t_{nt} + t_{ns} \qquad (3\text{-}14)$$

式中：t_n 为营运车辆完成一个单程运输任务耗费的时间（min）；t_{nt} 为营运车辆完成一个单程运输任务的在途行驶时间（min）；t_{ns} 为营运车辆完成一个单程运输任务过程中的中途各站点的停车时间之和（min）。

实际中，对单程行驶时间通常采用观测统计方法确定，原则上可按路段与时间段分别确定。在我国城市快速发展的过程中，许多公交线路的单程行驶时间往往随着道路交通条件及客流状况发生相应的变化。因此，该时间应结合具体线路及现阶段的道路交通条件和客流状况并参照以往的实际资料综合确定。

（2）始末站停车时间 t_t：始末站停车时间是指营运车辆从到达始末站起至下一次正常从始末站开出所延续的时间。具体包括调度车辆、办理行车文件手续、车辆清洁、行车人员休息与交接班、乘客上下车以及停站调度等必需的停歇时间等。实际中并不是所有线路营运车辆的始末站停车时间都包括上述各项停歇时间，不同线路的始末站停车时间存在着差异。

在客流高峰期间，为加速车辆周转，车辆在始末站的停车时间原则上不应大于行车间隔的 2～3 倍；而确定客流平峰期间始末站的停车时间时需要考虑车辆清洁、行车人员休息、调整行车间隔以及车辆例行保养等因素。实际中，在充分考虑线路特点的前提下可依据调查资料、客流特点及始末站所处市区位置综合确定该时间的长短。

（3）周转时间 t_0：周转时间是指营运车辆从营运线路的始发站出发至始末站经正常停歇后再从始末站驶回始发站时所耗费的时间，即完成一个来回（两个单程）所耗费的时间，该时间等于单程时间和平均始末站停车时间之和的 2 倍，即

$$t_0 = 2(t_n + \overline{t_t}) \qquad (3\text{-}15)$$

式中：t_0 为营运车辆完成一个来回所耗费的时间（min）；$\overline{t_t}$ 为客流平峰期间始末站的平均停车时间（min）；t_n 为营运车辆完成一个单程运输任务耗费的时间（min）。

由于公交沿线客流及道路交通量在一日内随时间的变化均呈现出按时间分布不均匀的明显特点，因此车辆的沿线周转时间需按不同的客流峰期分别确定，即可允许在客运高峰与低峰及其过渡的不同时间段内周转时间适当变化，以实现在满足客流运输需要的前提下尽量节约运力。

（4）计划车容量：计划车容量是指行车作业计划限定的车辆载客量，又称计划载客量定额，计量单位为人。主要根据计划时间内线路客流的实际状况、行车经济性要求和服务质量标准综合确定，即

$$C = C_e \lambda_0 \tag{3-16}$$

式中：C 为计划车容量（人）；C_e 为车辆额定载客量（客位）；λ_0 为车厢满载率定额。

车厢满载率定额 λ_0 一般规定客流高峰期 $\lambda_0 \leqslant 1.1$，客流平峰期 $\lambda_0 \geqslant 0.5 \sim 0.6$。

车辆额定载客量 C_e，首先取决于营运车辆载客量的大小，对于有确定载客量和车厢有效载客面积的车辆，C_e 主要取决于座位数和站位数之比。对于市区公交乘客的乘车时间整体而言比较短，一般为 15～20 min，且城市道路又较平坦，所以站位比例比较高，目前我国城市市区公共汽车的座位与站位之比为 1∶2～1∶3；而城市郊区由于乘客的乘车时间整体上比较长，公共汽车的座位与站位之比为 1∶0.5～1∶0.7。

车厢内有效站立面积的乘客站位数，按照国家标准 GB/T 12428—2005 的规定，城市客运车辆的站位定额标准规定，每平方米有效站立面积的乘客站位人数最高不超过 8 人。在一般可接受状态下，每平方米站立人数为 5～6 人。随着城市经济发展和人民收入水平的提高，该定额值应逐步降低。

（5）行车人员：行车人员包括驾驶员与售票员，以线路计划车辆数为依据进行确定。我国大城市的公共汽车，一般是每 6 个车班配备驾驶员 7 人，售票员 7 组。自 20 世纪 90 年代开始，国内许多城市的公交公司一方面为培养和提高公民出行的文明乘车行为，另一方面为降低人力成本，在部分公交线路中推行无人售票方式，即一台营运车辆一个车班只配一名驾驶员，这就使得行车人员数量相应减少。

2. 城市公共交通营运车辆的运行主要参数

城市公共交通营运车辆的运行主要参数包括路线车辆数、正班车辆数和加班车辆数、行车间隔等。

（1）路线车辆数：路线车辆数是指保证一条营运线路正常运送乘客所需的配置车辆数量。一条公交线路所需要的运营车辆数量可通过两种方法得到：一种方法是以完成一条营业线路的客运周转量为标准计算；另一种方法是以一条营业线路完成高峰小时单向客流量为标准计算。将两种方法计算的结果相互比较，便可确定出一条公交线路合理的营运车辆数。

（2）正班车辆数和加班车辆数：正班车辆数和加班车辆数一般根据路线车辆数、客流量时间不均衡系数及车辆满载率定额等因素确定。

这里，正班车又称双班车、大班车，主要指车辆在日间营运时间内连续工作相当于两个工作车班的一种基本调度形式。加班车也称单班车，是指车辆仅在某种情况下，在某段营运时间内（通常为客运高峰时间）上路营运，且一日内累计工作时间相当于一个工作车班的一种辅助调度形式。客流量时间不均衡系数是高峰单位时间段客流量与周期平均客流量之比。

（3）行车间隔：行车间隔也称车距，是指正点行车时前后两辆车到达同一停车站的时间间隔。

$$行车间隔（\text{min}/辆）= 周转时间（\text{min}）/路线车辆数（辆） \tag{3-17}$$

（二）城市公共交通营运车辆运用程度评价指标

营运车辆运用程度评价指标，按其评价范围的不同可分为综合指标和单项指标。综合指标主要是指汽车运输生产率。单项指标包括车辆的时间利用指标、速度利用指标、行程利用指标、载客量利用指标及动力利用指标等。

汽车运输生产率是指营运车辆在运输生产活动中的效率，它是营运车辆在时间、速度、行程、载客能力以及动力利用等方面的一个综合性指标。为了方便对城市公共交通营运车辆运输生产率的深入分析，必须首先分析评价城市公共交通营运车辆的各个单项指标。

1. 车辆时间利用指标

车辆时间利用指标主要包括车辆完好率、车辆工作率、平均每日出车时间以及出车时间利用系数4项指标。

（1）车辆完好率 α ：车辆完好率也称完好车率，是指统计期内完好车日在总车日中所占的比例。

$$\begin{aligned}车辆完好率（\%）&=（完好车日/总车日）*100\% \\ &=（总车日-非完好车日）/总车日*100\% \\ &=（工作车日+停驶车日）/总车日*100\%\end{aligned} \quad （3-18）$$

车日的意义是指运输企业的在册营运车辆在企业内的保有日数（天数），我国公路运输部门规定：凡企业在册的营运车辆，不论其技术状况如何（是完好还是非完好），也不论使用状况如何（是工作还是停驶），只要在本企业保有一天即计为一个车日。在统计期内，营运车辆无增减变化时，总车日为营运车数乘上统计期日历天数。营运车辆发生增减变化时，新增车辆以落籍并取得有关证件之日起开始计算，报废车辆则自批准之日起不再计算。

企业的营运车辆按其技术状况不同可分为完好（即车辆技术状况完好，具备参加营运的条件）和非完好（即车辆技术状况不好，不具备参加营运的条件）两种情况。此两种情况对应的车日分别为完好车日和非完好车日。

完好车日的意义是指统计期内总车日中，营运车辆技术状况完好，不需要进行修理或维护即可参加运输的车日。完好车日包括实际出车工作车日和由于各种非技术性原因而停驶的车日。

非完好车日的意义是指统计期内总车日中，因技术状况不好不能出车的车辆所占的车日。非完好车日包括正在进行或等待进行维护、修理的车辆及待报废车辆所占的车日。

工作车日是指统计期内完好车日中，实际出车工作的车日。一辆营运汽车只要当天出过车（以相关部门签发路单为依据），不管其出车时间长短、出车班次多少和完成运输量多少，也不管是否发生过保养、修理、停驶或中途抛锚等情况，均计为一个工作车日，为进行试车未发生营运性活动而出车的则不算工作车日。

停驶车日的意义是指统计期内完好车日中未出车工作的车日。工作车日与停驶车日之和为完好车日。

上述不同车日之间的相互关系如图3-1所示。

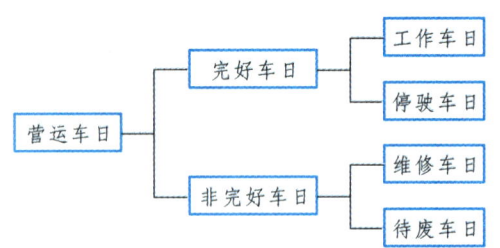

图 3-1　不同车日之间的相互关系图

车辆完好率是一种车辆技术性管理指标，用以表示企业营运车辆的技术状况和维修工作水平。该指标的高低直接反映的是统计期内技术状况良好、可随时出车进行运输工作的车辆的情况，虽不直接影响车辆生产率，但也间接反映出运输公司在车辆技术状况监控、车辆管理、运用和修理以及保养工作质量等方面的组织与管理水平，即车辆在时间利用方面可能达到的程度。实际中，只有提高了车辆完好率，才有可能提高车辆工作率。

车辆非完好率的意义是指统计期内非完好车日在总车日中所占的比例。车辆非完好率与车辆完好率之间构成互补关系，两者之间的关系为：

车辆非完好率 =（非完好车日/总车日）× 100% = 1 − 车辆完好率

（2）车辆工作率 α_d：车辆工作效率是指统计期内工作车日在完好车日中所占的比例，用以反映车辆的利用程度。

车辆工作率 =（工作车日/完好车日）× 100%

（3）平均每日出车时间 T_d：平均每日出车时间是指统计期内运输车辆平均每一个工作车日的出车时间，即当班营运车辆由停车场或车库驶出直到返回停车场或车库期间的库外出车工作延续时间。

平均每日出车时间（h）= 总出车时数/工作车日数

该指标有利于进一步说明车辆时间的利用程度，其大小受企业工作制度和车辆运行组织工作水平的影响。城市公共交通客运车辆的平均每日出车时间均较长，大城市主干线路的平均每日出车时间一般为 15~18 h。

（4）出车时间利用系数：出车时间利用系数是指统计期内运输车辆纯运行时间在出车时间中所占的比例。

出车时间利用系数（%）= 纯运行时间/出车时间

上式中的纯运行时间和出车时间，既可以是一定时期内运输车辆的纯运行时间和出车时间总数，也可以是平均每个工作车日运输车辆的运行时间和出车时间。

车辆出车时间包括车辆运行时间和车辆停歇时间两部分。对于城市公共交通客运车辆，车辆停歇时间是指乘客上、下车及等待上、下车的时间、技术业务作业时间以及其他停歇时间。

实际中，城市公共交通客运车辆要想提高出车时间利用系数，就必须尽量压缩各种停歇时间，特别是要消除不必要的停歇时间，如车辆运行中排除机械故障时间和驾驶员不遵守作业制度任意延长休息时间等。

2. 车辆速度利用指标

车辆速度利用指标包括技术速度、营运速度和平均车日行程 3 项。

（1）技术速度 v_t：技术速度也称行驶速度，是指统计期内运输车辆按纯运行时间计算的车辆平均每小时行驶的里程。

$$技术速度（km/h）= 统计期总行程/同期纯运行时间$$

技术速度实际上就是运输车辆的行驶速度，其高低反映出营运车辆行驶的快慢。影响车辆技术速度的主要因素有驾驶员驾驶技术水平、车辆结构和性能、道路条件和交通状况、载客数量、客运线路长短以及气候条件等。为了提高运输效率，必须在许可的条件下保持较高的技术速度。城市公交道路平均行驶速度的警戒值为 18 km/h，实际中城市公交车辆的平均行驶速度较 18 km/h 越低，表明道路拥挤状况越严重。

（2）营运速度 v_d：营运速度是指统计期内按出车时间计算的车辆平均每小时行驶的里程。

$$营运速度（km/h）= 统计期总行程/同期出车时间$$
$$= 统计期总行程/（同期纯运行时间 + 同期停歇时间）$$

公交车辆沿途停靠的总时间约占车辆全线行驶和停站时间总和的 25%～35%，这项时间的大小不仅会影响到营运速度，更会影响线路的通行能力。因此，缩短该时间对乘客具有积极意义。

营运速度指标的高低反映出运输车辆在出车时间内运行速度的快慢。影响车辆营运速度的主要因素有技术速度大小、运输过程组织管理水平以及乘客上、下车时间等。

在一定的技术速度下，营运速度与出车时间利用系数成正比。营运速度与技术速度之间的关系为：营运速度 = 技术速度 × 出车时间利用系数。

（3）平均车日行程 L_d：平均车日行程是指统计期内平均每个工作车日运输车辆所行驶的里程，是以车日作为时间单位计算的综合性速度指标。

$$平均车日行程（km/车日）= 统计期总行程/同期工作车日$$

平均车日行程是车辆速度性能利用与出车时间利用的综合性指标，其高低反映出运输车辆在工作车日内有效运转的快慢。影响平均车日行程的因素除了营运速度外，还与车辆运行工作制度以及调度人员工作水平相关。

$$平均车日行程 = 平均每日出车时间 × 技术速度 × 出车时间利用系数$$

3. 车辆行程利用指标

行程是指统计期内车辆行驶的里程，通称车公里。车辆行程利用指标有载重行程、空车行程、总行程以及行程利用率等。

（1）载重行程：载重行程也称载运行程、重车行程，对于城市公共交通车辆而言是指统计期内总行程中车辆载有乘客（不论是否满载）的行驶里程。城市公共交通客运车辆在一个周转时间内的往返行程都是载重行程。

（2）空车行程：空车行程也称空驶行程，是指统计期内车辆总行程中未装载乘客的行驶里程。包括回空和调车等无载运行的里程。

（3）总行程：总行程是指统计期内车辆在实际工作中所行驶的总里程数，也称总行程。但不包括为进行保养、修理而进出保修厂及试车的里程。

汽车的行驶里程应根据行车路单上的行程记录或实际行程统计。在运输生产过程中，因故绕道或进行循环运输，出车后未到达载客地点而返回的，其行程均按实际行驶里程计算。

$$总行程 = 重车行程 + 空车行程$$

空驶行程是运输生产中的无效行程，应尽量减少。

（4）行程利用率：行程利用率也称里程利用率，是指统计期内载重行程在总行程中所占的比例。

$$里程利用率 = （统计期载重行程/同期总行程）\times 100\%$$

行程利用率表明了车辆总行程的利用程度。提高里程利用率是提高车辆运用效率、降低运输成本的重要途径之一。较货运车辆相比，城市公共交通客运车辆由于空车行程低，其行程利用率比较高。

与行程利用率相对应的空驶率是指统计期内空驶行程在总行程中所占的比例。

$$空驶率 = （统计期空驶行程/同期总行程）\times 100\%$$

4. 车辆载客能力利用指标

对于城市公共交通车辆而言，其载客能力的大小主要是通过客位利用率反映的。

客位利用率，也称载客量利用率、满载率等，是指统计期内实际完成的乘客周转量与额定座位周转量之比，用以反映载重行程内载客能力的有效利用程度。

$$客位利用率（\%） = （统计期乘客周转量/同期额定座位周转量）\times 100\%$$

【拓展阅读】

基于大数据的城市公交运行服务动态评价相关指标

1. 公交出行便利性

公交出行便利性可通过站点覆盖率、步行距离、换乘距离、换乘次数等指标来反映。其中站点覆盖率是最常用指标，传统的"公交站点 500 m 覆盖率"指标，确切是指"500 m 半径面积覆盖率"，仅考虑了公交站点的空间位置对城市空间的覆盖比例，实际受过街天桥、地下通道、小区出入口位置的影响，覆盖范围内乘车的步行距离可能远远大于 500 m。如果利用步行导航数据，考虑乘客实际走行路径，则可以将该指标延伸为"公交站点 500 m 步行距离覆盖率"，以更真实地表征公交站点的空间可达性。进一步的，由于土地利用性质等因素影响，城市空间上的人口分布是不均匀的，公交站点的空间覆盖率不能等同于公交服务覆盖的人口比例，为此，利用手机信令、互联网人口数据，可以设计"公交站点 500 m 步行距离人口/岗位覆盖率"，结合城市人口分布情况，更精确地表现公交服务对城市人口的覆盖比例。更进一步，受经济状况、小汽车保有情况、出行目的与距离、个人偏好等因素的影响，并非所有公交服务覆盖范围内的人口都会选择公共交通出行，那么在公交站点布设时,应该着重考虑对公交出行有实际需求的群体(即公交服务目标群体),通过大数据进一步分析人口特征,区分不同出行方式,精确定位公交服务目标群体,则可以研究"公交站点目标群体 500 m 步行覆盖率",在空间可达性、人口分布的基础上,考虑居民对公共交通的实际需求,则可以更精准地反映公交服务对目标群体的覆盖情况,更真实和客观地评价城市公交服务覆盖率。

2. 公交出行快捷性

公交出行快捷性通常用运行速度、公交与小汽车速度比等指标来表达,二者均为对公交车辆的速度描述。然而,对于乘客出行而言,除车辆运行速度外,还有候车时间这个因素显著影响着整体公交出行的快捷性。通过传统调查手段无法掌握精确的乘客候车时间,在目前的技术条件下,可基于公交车定位数据进行推算,未来也可以基于视频数据进行识别。此外,移动互联网的普及也使乘客全出行链的数据采集成为可能,在这样的数据条件下,以"门到门"的行程速度代替传统的行驶速度进行评价,也能提高出行快捷性评价结果的合理性以及不同出行方式间的可比性。

3. 公交出行可靠性

公交出行可靠性通常用准点率来反映,包括发车准点、到站准点、到达准点等不同层面。以往受数据所限,在很多现行的评价体系中,将"公共交通正点率"作为评价指标。但评价数据来源多以企业上报或小样本抽样调查为主,由于数据获取难度大、数据采集周期长,评价范围通常限制为"首末站"或"首末三班",使得该指标的评价结果并不能很全面地反映公交乘客实际出行的可靠性,与乘客日常出行的真实感受差异较大。在卫星定位技术、电子支付技术在公交行业高度普及应用的今天,可以通过对实时公交数据、公交车辆 GPS 数据、乘客支付数据等的挖掘和分析,精确计算每个班次的每次到站时间,因此,可以将城市内公交所有班次的"正点到站率"作为评价指标,不受限于指定班次和指定站点,通过更广泛和全面的评价,更科学和准确地反映城市公交运行的准点率和可靠性。

4. 公交出行舒适性

公交出行舒适性通常用拥挤度来表达,实际评价中常以高峰时段最大客流断面拥挤度(满载率)来评价线路舒适性,然而这种方式并不合理。随着数据精准程度和实时性的提高,对于拥挤度的描述可精确到车辆和站间,可以用最大客流断面拥挤度和线路平均拥挤度两项指标共同表征线路舒适度,甚至可以用"拥挤里程占比""拥挤时间占比""拥挤人公里"等更精细化的指标进行评价。同时,可通过站间和车辆拥挤度的计算与实时发布,引导乘客进行出行选择。

5. 线网合理性

线网合理性通常用线网密度、非直线系数等来表达,随着人口、就业分布数据的获取,以及与轨道交通、自行车出行方式的匹配分析,可以进一步扩展反映供需匹配度的指标,如"公交线路/站点服务人数""公交与地铁站点的接驳匹配度""乘客直达比例"等,为公交线网优化等工作提供更精细化的数据支撑。

项目四
城市公交客流调查

任务 1　公交客流分析

学习目标

1. 素质目标
- 树立掌握客流客观规律的意识。
- 培养科学严谨的数据统计分析思维。

2. 知识目标
- 掌握不同客流量的基本概念。
- 掌握路段通过量的计算方法。
- 理解客流时空分布特征。

3. 技能目标
- 拥有应用数据表现事物特征的能力。
- 拥有归纳及表达问题现象的能力。

发布任务

收集两段表现节假日公众出行客流情况的视频,对比两段视频的客流量情况,并对其中的客流数据或特征进行分析。

任务实施

1. 知识准备

（1）客流的基本概念:

（2）影响客流量的因素有：

（3）通过量的概念是：

2. 调研探究

（1）节假日客流与平日客流不同，这表现了客流在（　　　　）分布的不同。

（2）你收集的两段关于节假日客流情况的视频，包含的主要信息如下：

视频一：

视频二：

两个视频所表现的客流的不同点有：

（3）你觉得节假日客流激增对社会经济发展有什么作用？

（4）如果让你做一个能表现"五·一"劳动节地铁客流增长情况的视频，你需要在视频中表达哪些信息？

3. 个人总结

评价反馈

评分项目	分值	自我评价得分	教师评价得分
工作页已完成（全部完成为20分，其余为0分）	20		
知识掌握程度（任务工单准确率）	30		
能力获得程度（任务参与情况）	30		
素质目标实现程度（个人表现情况）	10		
个人体会和思考（个人总结）	10		
本次任务总体评价	100		

知识要点

一、客流的概念

视频：客流的概念

客流是指乘坐公共车辆的乘客群，由于乘客群沿着公共客运线路流动，所以又称为乘客群流，简称客流。乘客群流动的数量，简称为客流量。

客流量从总的方面来反映城市居民需要乘坐公共交通车辆的概括数据。它是由城市市区和郊区的固定居住人口和外来临时人口，因生产、生活等需要而出行乘车来构成的。客流量包括时间、方向、地点、距离、数量等因素。

客流量的大小取决于城市性质与面积、人口密度、经济水平、就业人口、城市布局、出行距离以及公共交通线路网的布设、票价和服务质量等因素。

为了分析客流在公共客运交通线路上的具体分布，经常要了解某一路段或某一站点的乘客乘车情况，这需要进行客流调查，以求掌握以下几个指标。

1. 集结量

集结量是指在单位时间内某站（站段）需要乘车的乘客人数，它等于运载量和待运量之和。

2. 运载量

运载量是指在单位时间内某站（站段）乘上车的乘客人数。

3. 待运量

待运量是指在单位时间内某站（站段）未乘上车而留站等待上车的乘客人数。

4. 疏散量

疏散量是指单位时间内某站（站段）下车的乘客人数。

5. 集散量

集散量是指在单位时间内某站（站段）集结量和疏散量之和。

6. 通过量

通过量是指在单位时间内车辆向一个方向运行时经过某路段（站段）的乘车人数。

【例 5-1】 已知某公交线路在 1 h 内各站点（起始 A 站—终到 E 站）的上、下车人数和留站人数，求各站段的通过量。数据如表 4-1 所示。

表 4-1 公交运行统计数据

站点 统计项目	A	B	C	D	E
上车人数	60	50	80	45	
下车人数		40	50	70	75
留站人数		15	20		

解答：A—B 路段通过量 = 60 人次；

B—C 路段通过量 =（60 + 50 − 40）人次 = 70 人次；

C—D 路段通过量 =（70 + 80 − 50）人次 = 100 人次；

D—E 路段通过量 =（100 + 45 − 70）人次 = 75 人次。

二、客流的分类

客流是由乘客乘车形成的，乘客乘车时都带有一定的目的性，如上下班、购买货物、文化娱乐、探亲访友等，由于乘车的目的不同，乘车的次数和特点也不相同。为了掌握客流变化规律，需要进一步分析客流的类型。

根据客流调查资料分析需要，按照乘车的目的性，可以将客流分为以下三种类型。

1. 工作性乘车

乘客因上下班需要而乘坐公交车辆形成的客流，统称为工作性客流。这种客流每天有固定的乘车次数和一定的乘车时间，比较稳定，有一定的动态规律，是公共交通的基本客流。

2. 学习性乘车

乘客因学习需要而乘坐公交车辆形成的客流，统称为学习性客流，包括业余学习客流、脱产学习客流等，这种客流也有固定的乘车时间和乘车次数，但数量比较少，是公交系统的次要客流。

3. 文娱生活性乘车

属于文化生活需要而出行的客流范围很广，如去文化娱乐场所、购买商品、走访亲友等，这种客流统称为文娱生活性客流，这种客流没有固定的次数，但是数量却很大，特别是在节假日。影响这种客流的客观因素很多，如气候的转变、社会活动的频繁程度、经济水平的高低等都会直接影响这种客流类型的乘车次数。所以，这种客流的稳定性很弱，有特殊的规律性，是调度部门较难处理的一种客流类型。

三、客流在空间分布上的变化规律

由于客流的构成因素有多种，因此具体反映在空间的线网上、方向上、断面上的动态规律也就有所不同。

视频：客流在空间分布上变化规律

（一）路网上客流

线路网上客流动态是指全市性平面上的乘客动态，它反映全市公共交通线路网上客流量的多少及分布特点。一般城市的中心区客流量总是最密集的，而边缘地区则相对稀疏。

线路网上的客流动态，一般是由中心区的集散点逐渐向外围延伸，客流的动态分布与城市的总体布局有很大关系，并受到道路格局的制约，反映在线路网上，根据路网形状一般分为放射型、放射环型、棋盘型、不定型。

线路网上客流量动态数值是用通过量表示的，各个断面（路段）的通过量按照时间顺序排成数列，即可显示出线路网上客流量动态数值及变动特点。根据线路网上客流量动态变化的方向和数值及波动幅度，可以为开辟新线路，调整运营车辆的选型、定数提供参考资料。

（二）方向上客流

公共交通的每条线路都有上、下两个方向。可以规定：某一条线路的两端站点分别为 A 站和 B 站，若线路可以表示为"A 站—B 站"，则"车辆从 A 站至 B 站方向运行"称为上行方向，反之，"车辆从 B 站至 A 站方向运行"称为下行方向。

线路两个方向的客流量在同一分组时间内一般是不完全相等的。有的线路两个方向的运量几乎相等，而有的线路则差异很大。由于方向上的客流动态只有两个数值，故其动态类型也就比较少，一般分为以下两种。

1. 双向型

双向型指线路上行、下行两个方向的运量值接近相等，很多市区线路都是属于双向型的，这种线路在调度上比较容易处理。

2. 单向型

单向型线路上行、下行两个方向的运量数值差异很大，通过郊区或通往工厂区的线路，很多便是属于单向型的，这种线路在调度上较为复杂，车辆的利用率较双向型低。

研究方向上的客流动态，可以确定相应的调度措施，为合理组织车辆配置提供依据。

（三）断面上客流

在同一时间段内线路上各站点的上下车人数一般也是不完全相等的。若把同一时间段内一条线路各断面通过量的数值，按照上行和下行各个断面的前后次序排成一个数列，则可以从这个数列中显示出该线路在这个时间段内各断面上的客流动态，这是客流在断面上的分布特点和演变趋势。

将整条线路归纳起来，大致分为以下几种主要动态类型。

1. 凸型

凸型是指线路各断面的通过量中，以中间几个断面的通过量为最高，这些断面上的客流量呈突出的形状。断面客流的凸型典型分布情况如图 4-1 所示。

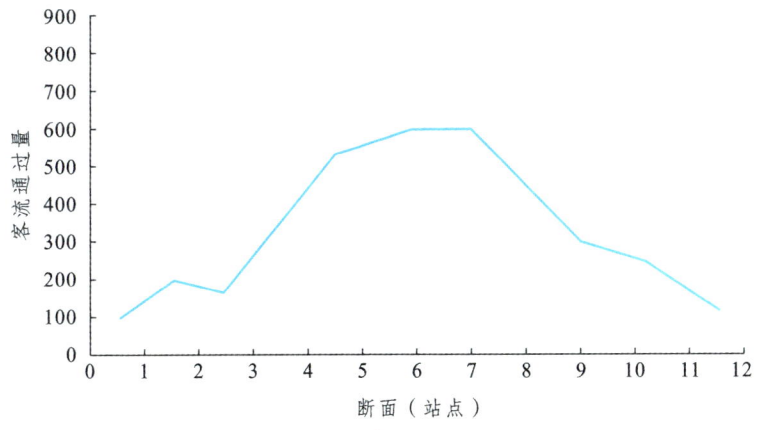

图 4-1　断面客流的凸型分布

2. 平型

平型是指线路各断面的通过量很接近，客流强度近乎一个水平。有的线路在接近起、终点站前一两个站，断面通过量较低或较高，但是其他断面的通过量很接近时，也属于此种类型。

3. 斜型

斜型是指线路上每个断面上的通过量，由小到大逐渐递增或由大到小逐渐递减，在断面上呈现梯形分布。

4. 凹型

凹型是指线路中间几个断面的通过量低于两端断面的通过量，全线路断面的通过量分布呈现凹型状态。

5. 不规则型

不规则型是指线路上各断面的通过量分布高低不一，不能明显表示某种类型的形状。

通过以上断面客流动态分析，可以为经济合理地编制行车作业计划及选择调度措施提供重要的依据。

四、客流在时间上的变化规律

实际情况表明，客流不是固定不变的，而是一刻不停地变动着，但是这种变化有一定的特性，如果能认识和掌握这种变化的特性，就能使生产调度工作更好地适应客流变化的状况。客流变动的特性，概括地可以称为"多变有规律，集中不平衡"。

各条线路的客流不论在时间上、方向上或地段上都是不停变化着的，不变的情况几乎是没有的。如一周内每天的客流各不相同，休息日（周六、周日）前后一天的客流可能会形成显著高峰；在一昼夜内每小时的客流在方向上或地段上不相同，有高也有低，上下班前后客流尤为集中。不仅如此，客流变化的程度和范围也各有不相同，有的越变越高，而有的越变越低，有的变化幅度很大，而有的变化幅度却很小，这种客流多种多样的变动情况体现了客流的多变性程度。

客流虽然是多变的，但是客流的变化在一定程度上和在一定幅度内是有其规律性的。事实证明，客流在时间上总是呈现出一定的重复演变规律。客流在一定幅度内呈现的周期循环演变，就形成了一定的规律性，认识这些客流变化的规律性是运营调度工作中的一个重要内容。

（一）客流在季节上的变化

一年中，每月的客流量互有差异、很不均衡。客流是由乘客流动所形成的，乘客流动情况也由各方面因素所决定。各方面因素的影响既广泛又复杂。

因此，客流形成的众多因素（或条件），不论是社会因素还是自然、经济等因素，都有着密切的联系。如天气、集会游行、施工作业等都会直接影响客流。客流与各方面普遍联系的特性称为客流的普遍联系性。

客流的普遍联系性，虽然范围很广，内容很多，其中关系比较密切的有乘客的个人经济（就业）、自然气候、其他交通工具和服务质量等。例如，冬季客流量较高，夏季则较低；年终伴随着人们出行活动的增加，城市市区、郊区的客流量都有较大幅度的上升；由于夏季学校放假以及农村处于农忙，会导致市区、郊区客流量下降；沿海地区在春节前后的打工潮，又致使运输枢纽附近的线路客流剧烈变化等。

因此，做好季节性客流动态分析，可以为制定季节客运生产计划提供主要资料，这些资料也是编制各月行车作业计划的主要依据之一。

（二）客流在周日间的变化

在一个星期的七天之中，由于受到生产和双休日的影响，每天的客流量是不相等的。如果工厂轮休日没有大幅度的变动，每周的客流量变化就会规律性重复出现。其特点是工作性客流在每星期一至星期五之内达到一周的最高峰，而市区线路在双休日，由于休假单位多且集中，工作性客流量大幅减少而生活娱乐性客流有很大增加。

（三）客流在昼夜间的变化

在一昼夜内，各个单位时间段的客流动态是不相同的。公共交通的工作性客流规律在市区内的工作日是非常明显的，一般在早晚上下班时间内会出现两个客运高峰。在工业区运营的线路上，因受到三班工作制的影响，另外还会形成中午和夜间两个客运小高峰；在郊区，时间上上午客流量起伏度较小，但是，郊区的客流量受季节、气候变化的影响较大，一般来说，夏季中午的客流量较低、早晚较高，而冬季早晚较低、白天较高。

根据客流量在一昼夜不同时间内的分布，其动态演变可以划分为以下 4 种基本类型。

1. 双峰型

这种类型在一昼夜中有两个显著的高峰，是一种典型的变化，在大城市和工业性城市中有一定的代表性。一般其中一个高峰出现在上午上班时间，称为早高峰；而另一个高峰则出现在下午下班时间，称为晚高峰。

2. 三峰型

这种类型比双峰型多出一个高峰，如果这个高峰出现在中午时间，则称为午高峰，而出现在夜晚，则称为小夜高峰。一般情况下，这个高峰的峰值比早、晚高峰要小。这种类型常见于市内线路中。

3. 四峰型

这种类型相比双峰型多出两个高峰，这个高峰一般出现在中午和晚上，而它们的峰值总比早、晚高峰小。这种类型多出现在工业区行驶的线路上，其主要乘客是三班制工作人员，高峰时间较短，但是开展调度工作时必须对其予以重视。

4. 平峰型

这种类型的客流动态在时间分布图上没有明显的高峰，客流量在一个昼夜分组时间内虽然有变化，但是升降幅度不大，一般出现在郊区农村行驶的线路上。

客流的动态分布与演变，都有一定的规律性。但是这种规律性会随着城市布局的改变和城市经济的发展而发生一定的变化。所以，经常深入线路现场，加强客流动态调查，找出其变化规律，是需要公共交通运营部门做好的常规工作之一。

【拓展阅读】

视频：乘客出行特征分析

乘客出行特征分析——以北京为例

一、公交乘客出行整体分析

1. 出行总量

近些年，全市公共交通出行总占比在31%左右。随着地铁运营里程不断增加，城区内地面公交出行量不断减少。但公交在城市覆盖范围内的交通便捷性、直达性等方面发挥着重要作用。

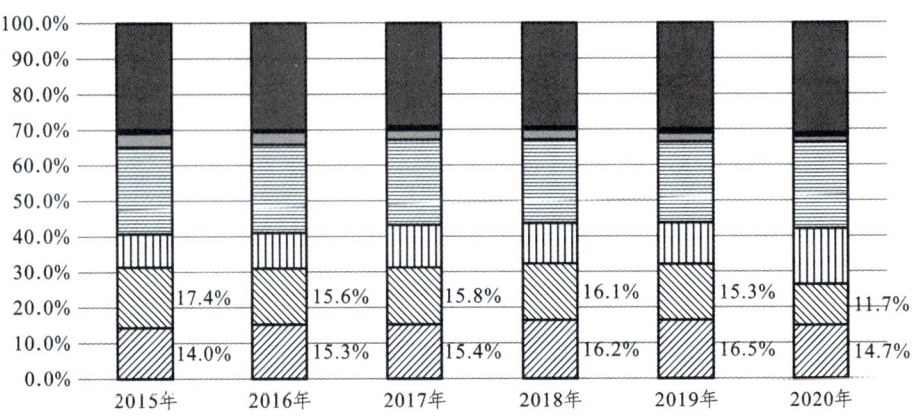

图 4-2　北京中心城区出行结构

2021年典型工作日北京全市域公交车出行量约800万人次（包含郊区客运量），其中六环内出行占83%，五环内出行占61%，核心区内出行占18%。

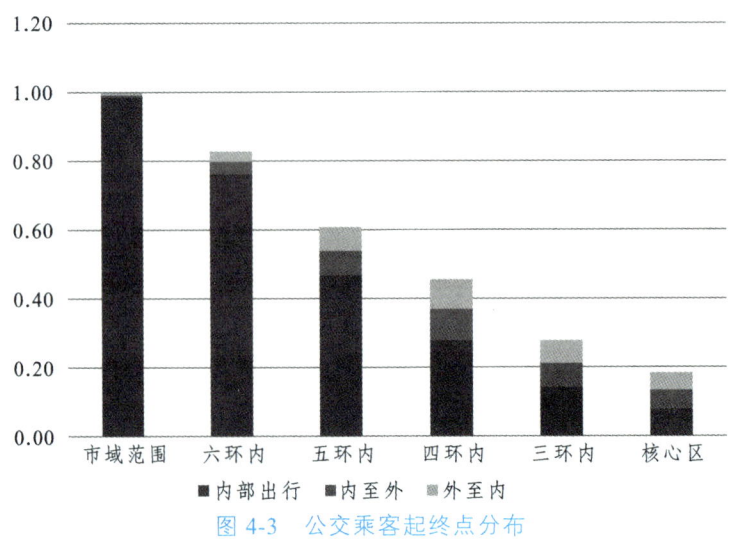

图 4-3　公交乘客起终点分布

2. 空间分布

全市公交乘客出行主要集中在六环内，外围出行主要是各区中心。乘客登降量主要集中在四环内，包括六里桥、CBD 和马甸桥—德胜门区域，均为对外公交廊道的起终点。

从期望线图分析，北京现有公交出行线路形成了几条主要的廊道，包括京藏高速、安立路、通燕京通走廊、京港澳高速、阜石路等。

3. 出行时间分布

结合乘客上下车时间进行分析，6 点至 20 点（单位小时登降量超过全日 5%）上下车的乘客比例为 92.8%。其中早高峰合计 318 万人次，占 20.3%；晚高峰合计 236 万人次，占 15.1%，同时晚高峰上车时间的 3 个峰值分别为 17 点 10 分、17 点 40 分和 18 点 10 分，在全市下班集中点后 10 min 内的变化较为明显。

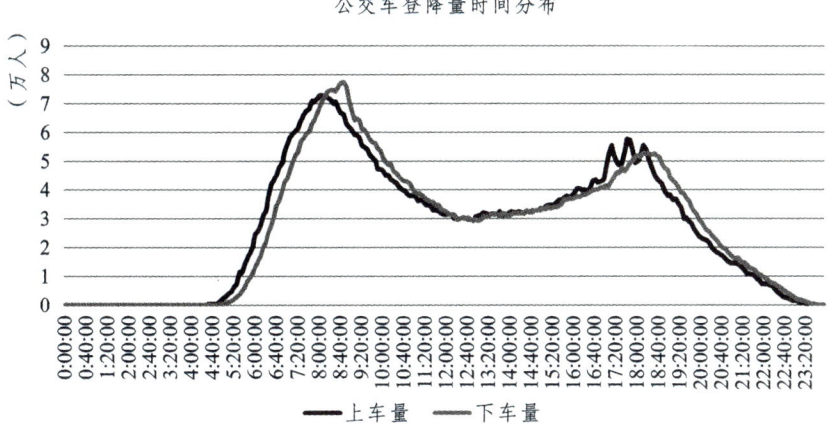

图 4-4　公交乘客登降量时间分布

二、出行效率分析

1. 出行时长

全市公交乘客单运次平均出行时长 19.5 min。六环内部为 17 min，其中六环内的公交乘客，出行时长 20 min 内的占比为 67%。45 min 以内的约占 95%。

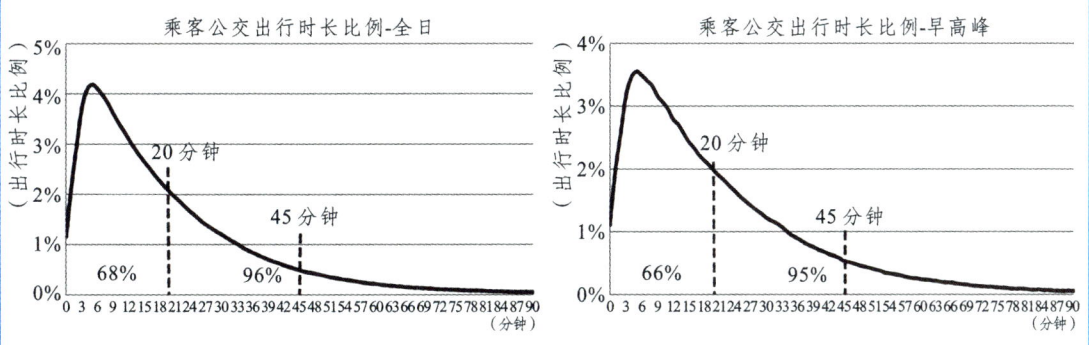

图 4-5　出行时长［全日和早高峰（单运次）］

2. 出行距离

全市公交乘客单运次平均出行距离 7.07 km。六环内部为 5.07 km，出行距离 10 km 以内的约占 93%。出行距离 3 km 以内的约占 45%。

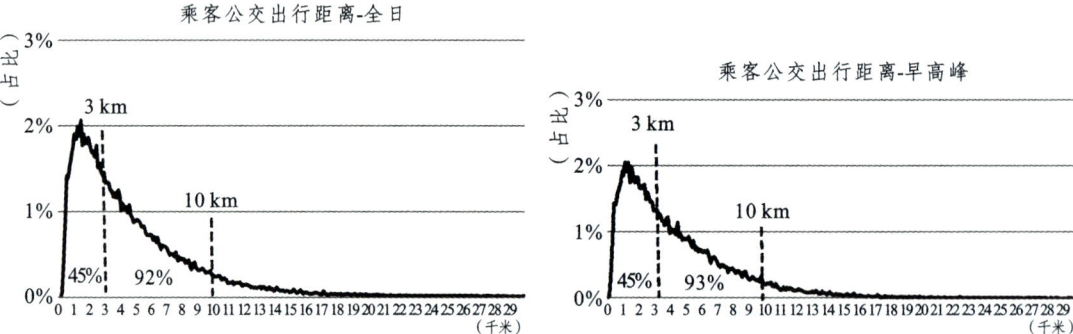

图 4-6　出行距离〔全日和早高峰（单运次）〕

3. 出行效率

通过出行距离和出行时间获取公交乘客出行效率，全市平均公交出行速度 22 km/h。六环内出行速度约 18 km/h，速度在 10～25 km/h 的占 80%。

早高峰公交出行时间约每千米 4 分钟，将近小汽车每千米 2.8 分钟的 1.5 倍。

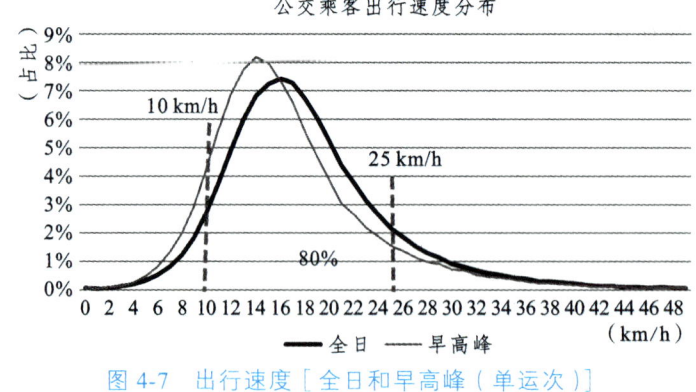

图 4-7　出行速度〔全日和早高峰（单运次）〕

任务 2　公交客流调查组织

学习目标

1. 素质目标

- 树立实事求是的工作理念。
- 培养良好的团队协作能力。
- 培养严谨的方案设计能力。

项目四 城市公交客流调查

2. 知识目标
➢ 掌握客流调查的基本方法。
➢ 掌握客流调查的基本内容。

3. 技能目标
➢ 能够在小组协调的情况下设计完整的调研方案。

发布任务

以小组为单位,结合学校附近的公交线路,选择某个车站或某条线路,设计一个公交客流调查方案。

任务实施

1. 知识准备
(1)客流调查的概念。

(2)客流调查的作用。

(3)客流调查的类型。

(4)客流调查的方法。

2. 调研探讨
(1)你们小组调研的公交线路是:

(2)你们小组准备调研的公交客流的内容是:

（3）简述下你们调研方案的具体实施过程：

（4）针对你们的调研方案，你们认为存在的困难主要是：

3. 小组展示

请选举组内一位成员汇报你们的公交客流调研方案。

4. 个人总结

评价反馈

评分项目	分值	自我评价得分	教师评价得分
工作页已完成（全部完成为20分，其余为0分）	20		
知识掌握程度（任务工单准确率）	30		
能力获得程度（任务参与情况）	30		
素质目标实现程度（个人表现情况）	10		
个人体会和思考（个人总结）	10		
本次任务总体评价	100		

项目四 城市公交客流调查

知识要点

一、客流调查的目的

视频：公交客流调查

客流调查是指公共交通企业有目的地对客流在线路、方向、时间、地点、断面上的动态分布所进行的经常的或定期的、全面的或抽样的调查并进行分析的过程，是对城市居民乘车需求情况的分布资料的收集、记录和分析过程。

经常系统地进行客流调查是为了研究线路在各季节、各月、各周中及昼夜小时客流量的周期性变化规律。客流调查可以使行车作业计划的组织设计更切合实际。通过经常的、定期的客流调查，可以检验运行调度措施、行车运行实际情况和客流实际的偏离程度，并根据客流动态对其及时进行修改、补充和完善。客流调查是公共客运经营管理的基础工作，掌握客流的规律，有利于合理地平衡行车计划，缓解高峰时间的拥挤，避免非高峰时间车辆空驶造成的浪费，合理经济地使用车辆。通过客流调查资料的分析，了解线路客流在各断面上、时间上、方向上的不平衡性情况，合理配备车辆，编制符合实际的行车时刻表，使运营调度科学化。

二、调查的作用

乘客是公共客运交通的服务对象和研究对象，对客流的动态调查与分析，是公共客运交通部门必须经常进行的重要工作内容。客流量是随着时间变动而在各个方向和各个断面上不断变化的，应通过调查来掌握客流变化的动态规律和特点，为提高运营管理水平、改进调度措施、充分发挥车辆的运营效能提供重要信息和决策依据。具体地说，包括合理布设线路网，开辟线路，调整现有线路；合理设置停靠站或调整原有停靠站；选择客运交通工具的车种、车型，经济合理地配备运力；组织行车调度，编制行车作业计划，改进调度措施，制定公共交通企业的长远发展规划，适应城市发展，满足人们不断增长的乘车需求等。

三、调查的种类

客流调查要根据一定的目的和需要进行，分为以下几种。

（一）季节调查

季节调查是指每季节进行一次，至少要在冬夏两季固定的时间各进行一次的调查。

（二）节期调查

节假日的客流调查，可以分为节前调查和节日期间的调查。节前调查的目的是为安排节日的运行调度提供预测，节日期间调查是反映节日期间的实际情况，为今后的节日调度积累资料。

（三）日常调查

日常调查是调度部门的基本工作。对现场调查的资料，必须符合定时定点的原则，便于分析和汇总。

（四）随车调查

随车调查是指由专人乘坐在线路运营车辆上，逐站地记录两个方向的上下车人数。

（五）驻站调查

驻站调查是指派专人在站内记录上下车人数以及通过驻站点的车内乘客人数。

（六）出访调查

出访调查是指派专人走访调查单位，了解该单位所属人员乘车情况和参与该单位主办各项活动的人数。在一定范围内对所有调查对象都进行调查，这虽然能全面反映客流动态，但是因受调查力量等条件限制，实际应用较少。通常在抽样调查的基础上，按照数理统计方法做数据处理，取得资料。

（七）间接调查

城市客流随着国民经济的发展而增长，城市建设的发展会影响居民的出行次数和距离。因此，应定期从有关部门了解、收集国民经济和城市建设的资料，以便及时掌握客流的变化趋势。

（八）直接调查

直接调查就是进行出行调查、月票调查和单位调查。居民的出行活动是构成客流的基础，月票乘客是城市公共交通的一种基本乘客，广大企业事业单位的上下班时间和工作班次构成是影响客流的基本因素。直接调查的内容一般均按调查目的，设计专用表格。直接调查包括现场调查，其中又包括了集会调查和线路现场调查。

1. 集会调查

集会调查是针对客流变化有较大影响的大型活动进行专门性的调查，因为大型活动能产生大客流的集散量，因此必须派专职人员参与集会观测，为现场调度提供动态信息。

2. 线路现场调查

线路现场调查是在固定的线路和站点上对客流来源去向进行调查，是公共交通调度部门的日常业务。

四、客流调查的常用方法

客流调查方法包括问询法、观测法、填表法、凭证法和计票法等。客流调查，一般都需要积累比较长期的资料来进行分析,选择哪种调查方法合适,需要在熟悉各种方法的基础上,结合分析的要求来决定。选择调查方法时,应注意以下两点:一是要尽可能以最少的劳动消耗和时间消耗,取得能够满足需要精度的资料;二是尽可能以最简便的方法,得到被调查者的配合,保证所需资料的及时性和可靠性。

问询法和观测法是公交企业经常采用的两类调查方法。

(一)问询调查法

问询调查法按照调查地点的不同,分为驻站问询法和随车问询法。

1. 驻站问询法

驻站问询法是指派专人在调查站点内通过询问来调查乘客在线路上的起讫点及客流其他情况的方法。驻站问询调查的记录表编制可以参考表4-2。这种方法适合于了解线路某个段或某几个站点客流资料的情况。

表4-2 驻站问询调查表

路别:　　　行向:　　　驻站站名:　　　日期:　　　调查员:

时分 / 车号	到站名	站	站	—	漏查人数	备注

2. 随车问询法

随车问询法是指派专人到车上沿线询问。调查乘客在线路上的起讫点及客流其他情况的方法,也称为跟车问询法。随车问询调查的记录表可以参考表4-3。若要了解全线路客流去向情况,通常采用这种方法。

表4-3 随车问询调查法

路别:　　　车号:　　　行向:　　　日期:　　　调查员:

时间段	上车站名	下车站名	备注

3. 问询调查数据的汇总

将驻站或随车问询调查得到的资料按分组时间汇总后,填入"乘客方向数量汇总表"(表4-4)中。每组时间一张表,以站点对角线(从左上角至右下角方向)作为基准,上行方向沿线各站的资料列入右上方的直角三角形表内,下行方向各站的资料列入左下方直角三角形表内,这样,上下行两个方向的两个三角形表就构成了一个方形的乘客方向数量汇总表。

表 4-4 乘客方向数量汇总表（某时段）

出发站＼到达站	A	B	C	D	E
A	—	50	60	45	20
B	25	—	20	35	35
C	50	35	—	40	35
D	60	50	20	—	20
E	50	45	25	25	—

说明：

规定 A 到 E 方向为上行方向，表 5-4 中，右上部分字体加粗的部分数据为上行方向各站乘客统计数据，右下部分数据为下行方向统计数据。

（1）各站上车量的计算。将上表中横向的数据相加即可得到每个站的上车人数，例如 A 站上车人数 = 50 + 60 + 45 + 20 = 175 人，B 站上车人数 = 25 + 20 + 35 + 35 = 115 人。

（2）各站下车量的计算。将上表中纵向的数据相加即可得到每个站的下车人数，例如 A 站下车人数 = 25 + 50 + 60 + 50 = 185 人。

（3）方向断面通过量的计算。方向断面通过量是指在上行或者下行方向上，通过两站之间断面的客流量，以上行方向断面客流通过量为例，其计算方法为：

$$\overrightarrow{R_n} = \overrightarrow{R_{n-1}} + \overrightarrow{A_{\text{上}n}} - \overrightarrow{A_{\text{下}n}}$$

式中：$\overrightarrow{R_n}$ 为上行第 n 个断面的通过量；$\overrightarrow{R_{n-1}}$ 为上行第 $n-1$ 个断面的通过量；$\overrightarrow{A_{\text{上}n}}$ 为第 n 个站的上客量；$\overrightarrow{A_{\text{下}n}}$ 为第 n 个站的下客量。

以表 4-4 数据为例，上行第 1 个断面即为 AB 断面，其通过量为 A 站上车人数，即 175 人，第 2 个断面即为 BC 断面，其通过量 = 175 + (20 + 35 + 35) - 50 = 215 人。以此类推，可计算上行或下行所有断面的客流通过量。

旅客通过量表示某站段的乘客流动程度，在运营组织中有较大的实用意义，是设计行车组织方案，解决行车现场问题不可缺少的依据之一。

由上可知，问询调查法提供了基于分析线路客流的乘客分布情况，是调查线路运营实际情况的好方法，为确定线路的行车组织形式、车辆调度方法以及车辆配备等汇集了乘客数量和方向的数值依据。

（二）观测调查法

观测调查法包括以下 3 种方法。

1. 高断面观测法

高断面观测法是指派专人在旅客流量比较多的路段，选取一个合适断面，观测通过该断面的车辆的车内人数，以得到该路段的乘客通过量等客流情况。

高断面观测调查表的编制可以参考表 4-5。通过高断面观测，可以了解全日各时段客流量变化的程度，评价高低峰时间配车是否合理，以作为配车或增减车辆的依据。

表 4-5 高断面观测调查表

断面位置：　　　　　线路：　　　　　行向：　　　　　日期：　　　　　调查员：

车号	到达时间	车内人数	留站人数	备注

运用高断面观测法时要注意：

（1）断面的选择：要根据日常的观测和工作要求确定恰当的断面地点，应以熟悉线路情况的人员来正确估计流量的密度。一般可以将高断面设在靠近停靠站点的地方。

（2）调查日期：可以根据客流规律来决定，因为一周里的平日与假日不同，而平时又因企业交替公休，乘客量也不同，所以调查日期应确定得当，既要有代表性，又要保持准确性。

（3）资料的统计分析：可以把原始记录以半小时作为组距，结算出通过班次、通过量、平均车容量等数据，高断面观测汇总表见表 4-6。根据高峰和平峰的客流量，按照车型定员来检查载运人数多少。如果高峰期太拥挤并有一定的留站人数，就要采取有效的调度方法以增加运输班次；而在平峰期时，如果流量少，就要减少班次。

表 4-6 高断面观测汇总表

统计员：

时间	通过车次	通过量	留站人数	平均车容量	满载率	上次调查			比较	
						车次	通过量	满载率	客流情况	满载情况
6:00~6:30										
合计										

求半小时班次的计算公式为

半小时内班次（车次）=（每30分钟通过人数+同时段留站人数）/计划车容量

而半小时的行车间隔计算公式为

半小时行车间隔（min）= 30/半小时内班次

这种方法的特点是处理简单，整理资料快，可以比较准确地反映客流变化情况。还可以利用调查资料及时修改行车时间表，虽然资料的正确性与实际情况略有出入，但是一般相差不大，完全可以作为运力和运量的平衡依据。

2. 随车观测法

随车观测法是在线路上的运行车辆中派专人记录沿途各站上下车乘客的数量以及留站人数。对于随车观测的调查车辆，既可以每车调查，也可以抽其中部分车辆来进行调查。调查表的编制参考表 4-7。

表 4-7 随车观测调查表

线路：　　　　行向：　　　　发车时间：　　　　车号：　　　　日期：　　　　调查员：

站名	到站时间	上车人数	下车人数	留站人数	备注
××站					
……					

调查得到资料后，按以下步骤进行汇总：

（1）首先，按分组时间段，将观测记录原始表格中的数据汇总后，填入表 4-8 中。

表 4-8 汇总表一

路别：　　　行向：　　　分组时间：　　　车型：　　　车次：　　　平均车容量：

站名	上车人数	下车人数	旅客通过量
××站			
……			

（2）接着，按单向的各分组时间段，将各站上下车量分别填入表 4-9 中。

表 4-9 汇总表二

时间分组	通过车次	A 站		B 站		……	合计	
		上车人数	下车人数	上车人数	下车人数		上车人数	下车人数

（3）最后，按单向的各分组时间段，分别计算各站段的旅客通过量，填入表 4-10 中。

表 4-10 各站段旅客通过量

分组时间	车次	车容量	A 站	B 站	C 站	D 站	E 站	……	合计

3. 驻站观测法

驻站观测是在规定时间内派人分驻各个调查点记录上下车人数、留车人数和留站人数的调查方法。按清点留车人数的观测方法的不同，一般又可以分为两种：一种是直接点录乘客实数，另一种是估计车厢内载客的满载率程度。这两种方法在实际中都可以采用。驻站观测调查表的编制可参考表 4-11。

表 4-11 驻站观测调查表

驻站站名：　　　　　线路：　　　　　行向：　　　　　日期：　　　　　调查员：

车号	达到时间	离站时车内人数	上车人数	下车人数	留站人数	备注
合计						

具体操作办法为：

（1）直接清点车厢内的载客人数，在不易点清时可按车厢内站立人数的均衡程度以每平方米站立人数来估计。

（2）事先制定出车厢满载的标准，调查员按满载标准来估计车厢内的载客数。

经过观测后得到的调查资料，按行车方向分别汇总在表 4-12 中。

表 4-12 驻站观测数据汇总表

观测站 分组时间	××站						……
	车次数	上车人数	下车人数	平均车容量	旅客通过量（站后）	满载率	……
							……
							……
							……

在一条线路上，选择哪一个停靠站作为观测点，是要根据平时掌握的资料和实际工作中的具体问题来决定的：如果研究一条大线路上是否需要增加一段较短的辅助线路，就应该选择可作终点站的观测点，这个点既是沿线的主要站点，又有流转量较大的特点；如要研究停靠站是否增加、撤销，是否开辟临时站，或者确定大站车、区间车是否需要每站必停，就可以根据观测的数据资料来分析决定。

【拓展阅读】

济南公交启动大规模客流调查

随着济南市中小学、高校学生秋季开学以及企业全面复工复产，为全面掌握全市城市公交客流需求，进一步优化调整公交线网及运营组织管理，为市民提供更为方便、快捷的公交服务，2020 年 9 月 2 日，济南公交启动了该市史上最大规模的客流调查工作。

　　本次客流调查为期 15 天，覆盖全部营运线路，由济南公交组织职工实施，采用随车调查的方式，在每个站点记录各条线路的上下客人数以及站台留客数，涉及早晚高峰及平峰时段市民出行客流量、满载率等数据，全面掌握公交客流在线路、方向、时间和断面上的动态分布情况，了解公交运营现状和乘客需求。本次客流调查中，每天跟车上站人员达 1 500 余人，日累计采集数据 90 余万条。为了确保客流调查高质高效，济南公交还成立工作专班，专门研发"客流调查助手"微信小程序，制定"全线路客流调查实施方案"，对调查人员实行全员培训，统一制式服装，佩戴证件标识，在线路全运营时段，逐车、逐班、逐站进行跟车调查，认真记录每条线路、每部车辆、每个班次、每个站点的基础信息、上下客人数、车辆到离站时间、购票方式、OD 点数据等，同时利用公交数据大脑和智能调度系统同步采集校对。

　　与此同时，济南公交还启动了能耗调查，采取抽样方式对每条线路、每个车型，每天高峰、平峰、低峰的车辆单耗等数据进行统计。100 余名调查人员每天对车辆加气量、加油量、充电量进行现场统计，同时利用信息化手段调取车辆能耗信息，进行数据统计验证，确保数据准确、有效。通过本次客流调查及能耗调查，可实时了解公交出行基本特征、客流需求及变化状况，全面掌握济南公交的总体状况和服务水平，为济南公交下一步更加合理地匹配线路运力、科学制定营运计划，进一步完善营运组织、优化线网调整提供依据和支持。

项目四 城市公交客流调查

任务 3　公交客流调查资料的整理与统计

学习目标

1. 素质目标
➢ 树立科学严谨的数据统计意识。
➢ 培养分析问题和解决问题的能力。

2. 知识目标
➢ 巩固公交客流特征及公交客流调查内容。

3. 技能目标
➢ 应用数据统计分析软件进行客流数据统计。
➢ 应用图形工具呈现客流时空分布特征。

发布任务

结合上一节制定的公交客流调查方案，开展客流调查，对客流调查结果进行数据统计分析，绘制公交客流时空分布特征图。

任务实施

1. 知识准备
（1）公交客流调查的内容：

_____

_____

（2）公交客流时空分布特征：

_____

_____

2. 调研探讨
（1）你准备如何对调查数据进行统计？

_____

_____

> 城市公共交通运营管理

（2）公交客流时空分布特征图应该如何绘制？

3. 成果展示
请以小组为单位，对你们小组的调查结果和绘制的客流时空分布特征图做展示。

4. 个人总结

评价反馈

评分项目	分值	自我评价得分	教师评价得分
工作页已完成（全部完成为20分，其余为0分）	20		
知识掌握程度（任务工单准确率）	30		
能力获得程度（任务参与情况）	30		
素质目标实现程度（个人表现情况）	10		
个人体会和思考（个人总结）	10		
本次任务总体评价	100		

项目四 城市公交客流调查

视频：客流调查
原始资料的整理

知识要点

一、客流调查原始资料的整理

这里的调查资料整理是指采用各种方法对公交客流调查得到的原始表格资料进行接收、检查、校订以及编码等工作，并对这些原始数据和资料经过上机录入和处理后得到新的数据。

（一）调查表格的接收

调查资料的整理工作是从调查实施现场中回收的第一份调查表格开始的。为了保证调查数据的准确性，需要认真对待资料的接收工作，如果发现问题，应该及时地纠正或改正正在实施的调查工作。

（二）调查表格的检查

调查资料的检查是指针对调查表格的完整性和调查数据质量的检查。这些检查常常是在调查实施还在进行的时候就已经开始了，如果调查实施是委托某个数据机构去做的，那么资料使用者还需要在调查实施工作结束后独立地进行检查。

（三）资料的校订

调查资料的校订工作主要包括检查不满意的答案和处理不满意的答案两个过程。

（四）数据的编码

数据编码是指给每一个问题项目及其答案分配一个代号，通常是一个数字或字母。编码工作既可以在调查实施前进行，也可以在数据收集结束以后进行，分别称为事前编码和事后编码。为便于后面统计分析，需要准备一份"编码表（册）"或类似编码清单。例如"（1）"表示"线路"这一调查问题项目。

（五）数据录入

数据录入指的是将调查表格或编码表（册）中的每一个项目对应代码或数量读到磁盘、磁带中，或通过键盘直接敲入计算机中。根据目前我国城市公交企业的应用情况，通常采用键盘录入方式，但是，应该注意到采用该种方式录入会产生的误差。为了保证高度的准确性，有必要对录入的结果进行检查以发现是否有误差。全面的检查要求每一个个案都必须录入两次，采用一台计算机配两个录入员的组合方式时。两个人录入数据时会进行逐个个案的比较，如有不同，录入的错误就很容易被检查出来。但是，对整个数据集进行全面检查，所需要的时间和费用都要加倍。因此，除非是需要精度特别高的情况，才会采用这种全面核查的方式。根据时间和费用的限制，以及有经验的数据录入人员其准确度一般都相当高的事实，通常只抽查25%或者稍微多一点即可。

如果只找出很少的错误，那么没必要变更数据文件；但如果查出大量的错误，就有必要进行全面的核查，或使用更仔细地录入人员重新录入一份文件。

（六）数据净化

数据净化非常重要，如果数据不"干净"，会发生两方面的严重问题。一方面，很有可能无法适当地执行下一步的数据分析；另一方面，数据分析已经出来并用于指导运营生产，但是企业还没有意识到这一点，使得调查工作失去了意义。

数据净化的主要功能是尽可能地处理错误的或不合理的数据以及进行一致性检查。数据净化可以采用专门软件进行，而在数量较少时也可以采用人工数据净化。

二、调查数据的统计预处理和分析

（一）统计预处理

视频：调查数据的统计预处理和分析

调查数据的统计预处理，一般包括缺失数据的处理、加权处理和原始数据或变量的转换这 3 个预处理工作。对于城市公交企业中用于指导运营生产的客流调查来说，其数据的统计预处理一般仅进行"缺失数据的处理"即可。

在许多情况下，少量的数据缺失是可以容忍的，但是如果缺失值的比例超过了 10%，就可能出现严重的问题。当对缺失值进行了处理，应该有注明文字的描述，并递交报告。主要有 4 种方法处理缺失值。

（1）用一个样本统计量的值来代替缺失值。

最经典的做法是使用变量的平均量。如当某站点的"下车人数"缺失时，可以用该时间段内的平均下车人数代替该缺失值。

（2）用从一个统计模型计算出来的值来代替缺失值。

例如利用回归模型、判断分析模型等来推断得出替代值。

（3）将有缺失值的个案保留，仅在相应的分析中做必要的排除。

将缺失值删除的做法，将减少调查的样本量，当删除数量较多时，会导致结果有严重的偏差。

（4）将有缺失值的个案保留，仅在相应的分析中做必要的排除。

当样本量很大、缺失值很少、变量之间不是高度相关时，在实践中常常采用该方法，但应该注意在后期分析中不同的计算将可能产生不适当的结果。

（二）统计分析

这里的客流调查资料统计分析主要是指对经过上面步骤整理后得到的原始数据进行一系列统计、汇总处理、计算、绘图等工作，为城市公交企业的运营生产提供基础的分析依据。以下主要是对随车观测法调查的客流数据进行的统计分析内容。

（1）对原始数据的结算汇总。

（2）绘制各时间段的客流时间（季度、月、周日、日间）分布图。

（3）绘制各时间段的客流空间（方向、站段）分布图。
（4）整理出编制行车作业计划的初算资料表。

【拓展阅读】

公交车客流统计系统案例——以国内某公司研发的系统为例

近年来，随着对大数据的理解，公交车客流也成为了一项重要的数据，而客流统计技术的出现，则使得公交车客流统计领域有了新的突破。公交客流统计系统通过对客流的采集，能够为公共交通企业的运营决策和综合管理提供准确及时的参考数据。

以下是传统客流数据的采集方式和缺点：

（1）人工调查方法：调查周期长，数据分析复杂，无法提供实时数据。
（2）公交IC卡方法：实时性不足，无法解决下车不二次刷卡的问题。
（3）图像处理方法：数据处理量大，动态分辨处理不够及时，准确率不高。
（4）自动乘客计数系统：压力板计数，不判别上下车方向，计数不可靠。
（5）被动红外计数：易受外界环境温度、光线影响。
（6）主动红外式计数：无法唯一识别。
（7）称重计数：不判别上下车方向，计数不准确。

传统的客流统计系统准确率低，无法满足行业需要，我国某公司利用先进的视频图像分析算法，研制出先进智能公交客流统计分析系统，该系统完美解决了传统数据采集存在的弊端，不受人群拥挤、衣物材料和颜色的影响，并可同时记录进、出两个方向人数，可以区分人或物，精度超过98%，在不改变现有公交乘客的刷卡行为的基础上，实现了对公交客流数据的实时、动态的采集。该公司研发的新一代公交客流统计系统具体解决方案如下。

一、公交客流统计系统目标

（1）建立公交客流数据的自动采集和公交客流的监测和分析系统，实现公交客流的准确监测和数据统计，基于客流数据合理地调配运力、编制行车作业计划，为公交集团智能调度营运提供科学的决策和分析依据。

（2）结合交通路网和线路数据的分析和应用，为公交集团就公交线路的布设、调整和优化，以及公交站点设计等相关的规划和设计工作提供参考数据，支撑线网中心以及相关交通道路规划部门工作的科学开展。

（3）通过基于精确客流的智能化调度和线路开设、调整的科学规划和设计，促进公交集团制订公交企业长期的发展规划，使公交公司及公共交通管理部门的工作更加有的放矢，同时在降低城市交通量、控制阻塞、环保减排，提高民生智慧出行服务、增加社会和经济效益等方面发挥积极作用。

二、公交客流统计分析原理

人数（客流）统计是通过嵌入终端的高清摄像镜头采集人群视频信号，通过一体式客流统计终端分析统计人数。基于嵌入式摄像镜头采集视频中人体头部和肩部形状为分析目标，通过区域和方向的设定来统计通过人数，先进的算法大幅度提高了统计精确率，完全可以满足应用要求。通过视频分析检测活体（人体头部及肩部）的形状，并计算通过设定区域和方向的数量达到精确统计活体的目的，优秀的算法极大地提高了活体统计精确度（高于98%），可广泛用于需要活体统计和限制的场合。需要的硬件设备少，客流统计终端集视频监控与客流量统计分析于一体，极大地简化了采购手续和安装流程，一步到位的同时，完成视频监控与人数统计分析。

三、公交客流统计系统组成

本系统由公交 GPS 智能调度平台、车载 GPS 终端、客流分析终端、专用摄像机等设备组成。

客流统计的专用摄像机点位分别位于车辆上下客门处，与车门开关信号相连接，通过对车门信号的读取，在该时间段内统计视频范围内人数的变化，进行计算分析。

客流分析仪与车载 GPS 终端相结合，车载 GPS 终端获得由客流分析仪提供的信息并上传至公交 GPS 智能调度平台，供公交公司调度分析使用。

四、公交客流统计系统实现功能

客流统计分析系统通过对当前客流情况、历史客流情况进行精确统计，对不同时段和不同区域客流数据进行汇总、分析、对比，从而提高管理人员的工作效率，并为管理人员提供诸多有价值的信息。精确的客流数据不但使城市公交运营调度管理得到科学、合理的计划、制订和执行，而且在满足公共交通营运精细化服务的同时，能够按照客流分布特征等对企业的人员、车辆、物资等资源进行合理调配，使企业在运营投入成本和运营收益之间找到最优化的平衡点。

公交客流统计系统的出现，使得提供实时、直观、准确的客流量数据成为可能，公交集团可以利用这些数据进行分析、决策，不仅仅提高了公交车调度的合理性，同时也推动了城市公交系统智能化发展，满足国家"四个交通"的需要，其中最大的好处是为市民出行带来了极大的便利，为城市发展带来不可估量的经济与市场效应，全面促进了城市畅通与精细化管理。

项目五
城市公交行车作业计划编制

任务 1 行车作业计划编制

学习目标

1. 素质目标
- 培养善于观察和思考的能力。
- 树立爱岗敬业的职业精神。

2. 知识目标
- 掌握行车作业计划的概念。
- 理解行车作业计划的编制程序。

3. 技能目标
- 掌握信息收集并提取关键信息的技巧。

发布任务

收集一个城市的公交行车作业计划，阐述进行公交行车作业计划编制的意义和作用。

任务实施

1. 知识准备

（1）公交行车作业计划指：

（2）行车时刻表指：

（3）行车作业计划编制程序包括：

2. 调研探讨

以小组为单位，每个组员轮流展示自己收集的公交行车作业计划，阐述该作业计划中显示的信息，结合本任务小节的内容做解释。

3. 个人总结

评价反馈

评分项目	分值	自我评价得分	教师评价得分
工作页已完成（全部完成为20分，其余为0分）	20		
知识掌握程度（任务工单准确率）	30		
能力获得程度（任务参与情况）	30		
素质目标实现程度（个人表现情况）	10		
个人体会和思考（个人总结）	10		
本次任务总体评价	100		

项目五 城市公交行车作业计划编制

知识要点

视频：行车作业计划编制
内容与程序

城市公交车的行车作业计划，是指公交企业在已定线网布局的基础上，根据运输生产要求和客流基本变化规律编制的指导线路运输作业的计划，是企业组织运营生产的基本文件。它具体规定了公交企业的基层运输单位和车组在计划期应该完成的一系列工作指标，为线路运营管理和调度工作提供依据，为旅客乘车创造良好条件。

一、编制原则

（1）依据客流动态变化规律，以最大限度的方便和最短的时间，安全运送旅客。
（2）选定调度形式时，要适应客流需要和有利于加快车辆周转，提高运营效率。
（3）充分挖掘车辆的运营潜能，不断提高劳动生产率。
（4）组织有计划、有节奏、均衡的运输秩序。
（5）在不影响服务质量的前提下，兼顾职工劳逸结合，安排好行车人员的作息时间。
（6）根据季节性客流量变化来适时调整计划，并根据每周、每日的不同客流量，制订并执行不同的计划安排。

二、编制内容

城市公共汽车的行车作业计划，是在既定线网布局的基础上，根据运输生产计划要求和基本的客流变化规律来编制的生产性作业计划，其主要内容为各种行车时刻表。编制行车作业计划，就是根据主要运行参数的汇总资料来排列各分段时间内的车次的行车时刻序列。

行车时刻表的基本类表，主要分为以下三种。

（一）车辆的行车时刻表

车辆的行车时刻表是指按照行车班次制定的车辆沿线运行时刻表。表中规定了该班次车辆的出场（库）时间、在一个车班内（或一日内）需要完成的单程次数以及回场时间等，此外如有必要，还可规定每次周转或单程中到达沿线各站的时间与开出时间。

行车时刻表，应按照各行车班次（路牌）来制订，即同一运营线路中每天出车序号相同的车辆按照同一时刻表来运行。

（二）车站的行车时刻表

车站的行车时刻表是指线路始末站及调度中途站的行车时刻表。它规定了在该线路中行驶的各班次车辆的每次单程的到达和开出该站的时间、车辆的行车间隔、人员换班时间以及就餐时间等。

（三）线路的运行示意图表

线路的运行示意图通常采用横线图来表示，这种横线图是一种通过勾画出各分组时间内所需的行车班次而得到的线路车辆全日运营总布局的简易图表。勾画简易图表时，可以先算出行驶总班次、行车公里及所需要配备的行车人员等，然后具体算出每个班次的车日公里、工时利用是否恰当以及行车人员作息时间的安排是否合理等，并为具体编制行车作业计划提供方便。该图表中可以用横线（称为车辆线）表示运营车辆数量，横线经过一个竖格即为一个班次，这些班次的总和就是全日行驶的班次总数。每个周转时间列中的所有横线段数量就是某发车站在一个周转时间内发出的班次总数。正式编制时，只需要将每个方格中的横线改为每班车的具体发车时刻，就可以初步生成线路运行图。

三、编制程序

行车作业计划的编制要依据图 5-1 所示的流程来进行。

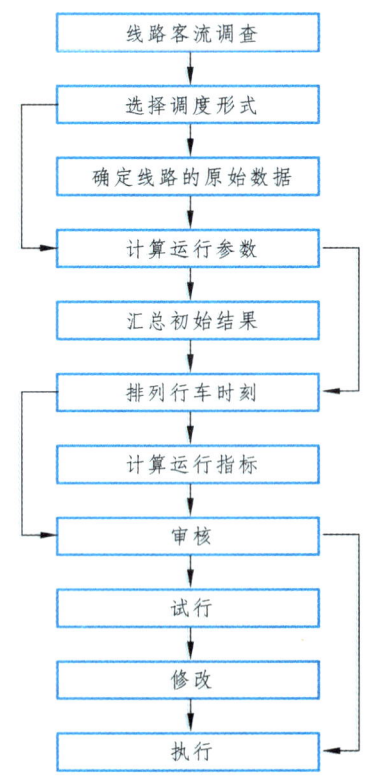

图 5-1　编制行车作业计划的基本流程

1. 线路客流调查

通过线路客流调查，取得有关客流分布数据，一般地，行车作业计划既可以每个季度修订一次，也可以冬夏两季各修订一次。每次在编制行车作业计划之前需要进行一次客流调查，既可以进行全线路全日情况的综合调查，也可以根据实际需要只进行部分路段、站点、平峰期或高峰期的调查，以准确取得编制行车作业计划的基本数据。

2. 选择合适调度形式

根据客流调查结果，分析线路在时间上、路段（站段）上、方向上及站点上的分布情况，选定适当的调度形式。当有几种调度形式可以选择而不能取舍时，可以先采用其中一种，通过实践检验与对比，然后再进行合理取舍。

3. 确定线路原始数据

在已经选定了调度形式的基础上，分别确定运营线路的各项原始数据，包括：

（1）线路长度。

（2）首、末车时间。

（3）收发车地点。

（4）空驶里程。

（5）车辆类型。

（6）最大客位数。

（7）单位运输成本。

（8）运营时间内各段时间的最高路段（站段）客流量。

（9）运营时间内各段时间的周转时间。

（10）其他数据。

4. 计算运行参数

运行参数的计算是一个包括初值计算、数值调整和确定参数终值等反复比较并选择步骤的过程。计算车辆数与初选调度形式时，如果所分配的车辆数有较大的出入，则应该调整调度形式。计算调整的内容包括：

（1）计算各段时间的行车频率。

（2）计算线路车辆数。

（3）计算线路日最大车辆数、各段时间车辆数及各种调度形式的车辆数。

（4）调整行车频率。

（5）根据调整后的行车频率来调整各个时段的行车间隔。

（6）确定各时段内的行车间隔分配与排列方案。

5. 汇总初算结果

把经过以上初步计算得到的各时段的主要参数（包括最高路段客流量、满载率定额、行车间隔、周转时间及周转系数、车辆数以及各种调度形式的分配比例、行车间隔与分配方案等）进行汇总。为了便于审核和排列行车时刻表，可以将汇总结果以表格的形式呈现。

6. 编制行车作业时刻表

根据主要运行参数、指标及汇总资料，编制各分段时间内各车次的行车时刻序列。

7. 计算日运行指标

编制好行车作业计划表后，需要进行线路车辆日运行指标的计算，以作评价之用。线路日运行指标主要包括：行驶里程、运营行驶里程、运营车时、运营车速、车次总数、车班工时利用率、平均车班公里、平均车班工时、满载率、里程利用率以及运营成本等。

8. 审核、试行及修改

行车作业计划初步编制好以后，需要对其可行性、运转服务的工作效果及经济效果进行审核分析，看是否符合要求，以便以后的核准和执行。主要内容包括：

（1）计划规定的车次数与调度形式对客流的适应情况。
（2）收发车时间安排。
（3）车班工时利用情况。
（4）运营车速及运转成本概算结果。

审核以后，可以在线路试行，对于试行中发现的问题要认真研究，并加以修改，直至适应运营线路的实际情况。

9. 实施执行

调度部门编制的行车作业计划，经过调度室核准、批准后实施。车队应该需要详细制定执行的具体措施。

凡是在同一区域内行驶的不同场队的线路，均由公司总调度室组织协调，各车场调度室应该按下达的要求贯彻落实各自的调度措施。

行车作业计划，要在实施前报送（并附有关定额指标的执行情况表）到公司总调度室进行备案并审核；修改计划时，也按这个程序来进行。

四、编制技巧

（一）起排行车路牌

行车路牌是指车辆在线路中运行的次序或秩序，车辆的路牌号也称为车辆运行的次序号。行车路牌的起排方法主要有以下两种。

视频：行车作业计划编制技巧

1. 从头班车的起排方法

在表中，从头班车的时间开始，按照时间段顺序，从上而下，从左而右，依次填写每个车次的运行时刻，直到末班车为止。

2. 从最高峰的起排方法

在表中,从最高峰配足车辆的时间段开始安排车序,然后向前套排到头班车,向后套排到末班车。

采用上述任一方法排好全表后,按照车辆先后的次序确定好路牌的序列号,如"1,2,3,……"或"正班1,正班2,正班3,……,加班1,加班2,加班3,……",并填写各车路牌车辆的进出场(库)时间,但要注意的是,车辆的安排方式要跟行车人员的工作班次相适应。

(二)行车间隔的排列

行车间隔要按分组时间段除以该时间段内安排运行的车次数来求得,为了保持行车均匀有序,不能随便变动,防止行车间隔不均匀。

(三)增减车辆的安排

线路上运行的车辆数,是随客流量的变化有增有减的。车辆的增加或减少,必须考虑前后行车间隔的均衡,做到既不损失时间又不产生车辆周转不灵,做到均匀增减车辆,还要做到虽然车数、车距有变化,但车辆的运行仍然均衡有序。

(四)行车人员的用餐时间安排

线路行车人员的用餐时间,一般以 15~20 min 为宜,其具体安排可以考虑用以下三种方法:
(1)增加劳动力的方法。
(2)增加车辆来代替用餐停驶的车辆。
(3)既不增加车辆也不增加劳动力,而是用拉大行车间隔的方法来挤出用餐时间。
在安排线路人员的用餐时间时,要考虑用餐时间内客流量的平衡情况和供需适应情况,尽量避开客运高峰;要综合考虑运营服务质量、车时利用情况、行车人员劳动保健以及运营经济效益等。

(五)多种调度形式的计划安排

在编制行车作业计划时,若线路存在多种调度形式的组织,如既有全程车又有区间车,由于各种车辆的周转时间不一样,则不仅要注意各种车辆的行车间隔均衡,而且要求各种车辆要配合协调、间距合理、发挥效能。

(六)行车人员工作时间的安排

行车人员工作时间的安排,既要服从客流变化的需要,又要注意各行车班次的工作时间平衡、行车人员工作时间能合理利用以及劳逸结合等要求。

五、注意事项

在编制行车作业计划时,应该特别注意以下事项:

（1）确定各车辆路牌时，应该注意考虑当晚车辆在车场（库）的停放方式要与次日行车人员的工作安排相适应。

（2）根据客流沿时间分布的不均匀性来增加或减少车辆时，必须注意保持行车间隔均匀有序，以避免出现车时浪费和周转不及时等问题。

（3）安排有关行车人员就餐时，应该综合考虑运输服务质量、车时利用、行车人员劳动保健以及运营经济效果。

（4）行车人员工作时间的安排，既要服从客流变化的需要，又要注意各行车班次工作时间的平衡，注意行车人员工作时间的合理利用及劳逸结合。

（5）公共汽车的行车时刻表应该与公共客运其他形式的行车时刻相协同。

（6）在具体编制过程中，若发现有关运行参数的初算值不符合要求，应该予以修正，直到符合为止。

（7）在行车作业时刻表编制好后，需要对其可行性、运输服务效果与经济效益进行审核、分析，以便最后审定并执行。

【拓展阅读】

公交线路行车作业计划优化思路探讨

为提高公交线路吸引力，使其能为乘客提供高效、便捷的出行服务，线路运营组织至关重要。要想提高运营组织水平，从细处着手，就需要不断优化行车作业计划。影响行车作业计划制定的因素主要有：高断面通过乘客量、车辆核载、满载率、线路长度、周转时间、运营速度、发车间隔、主副站位置等等，有些指标之间是有关系的。

曾经公交还属于粗放运营时，一条线路上的车辆全天按照一个发车间隔运营，这就导致平峰期间车辆运能过剩或是高峰期间运能不足。随着管理水平的提高，很多运营管理者已经按照客流变化制定了行车作业计划，但是班次投入与客流还存在匹配度不高的情况。

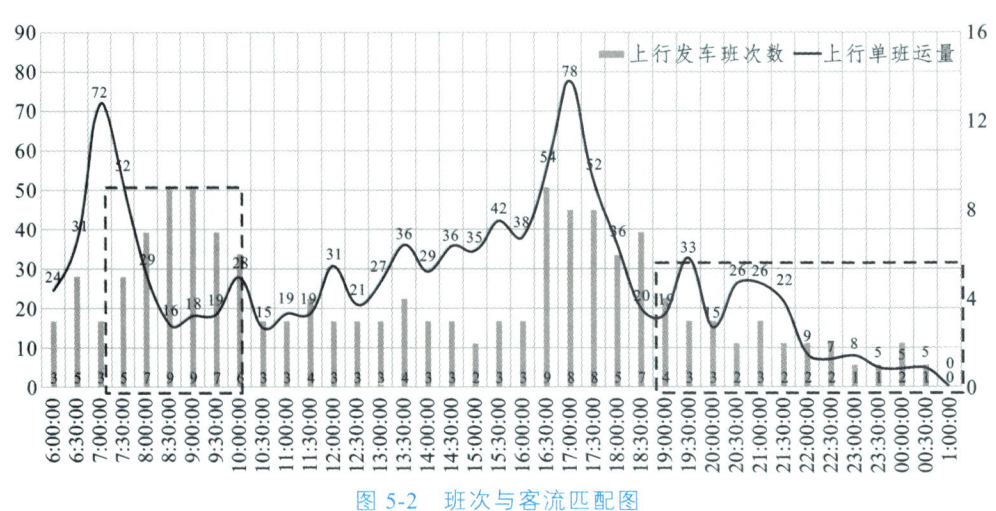

图 5-2 班次与客流匹配图

项目五　城市公交行车作业计划编制

随着大数据统计技术的提高，为统计各个时段的客流量、运营速度等提供了可能，行车作业计划可以得到更精细的制定及优化。

（1）依据各个时段客流变化制定行车作业计划。

通过对线路各个时段的客流变化分析，可以发现大多数线路上各时段乘客出行量并不是相等的，而是有高峰、平峰、低峰的差别。这就需要依据具体的客流变化制定线路行车作业计划。随着非零票支付方式的推广，能够及时地统计出线路上的客流量以及各时段的断面通过量，为精细化制定计划提供可实施性。

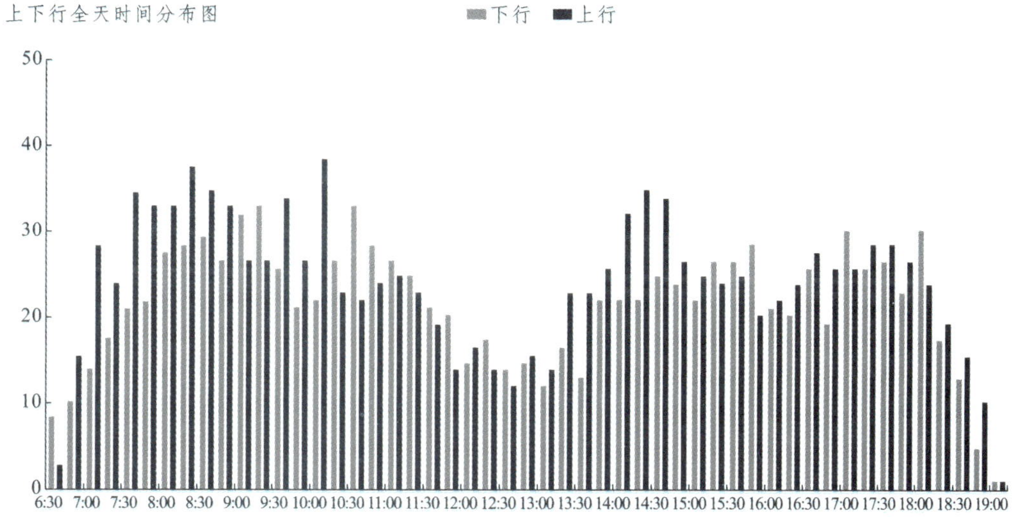

图 5-3　各时段客流变化图

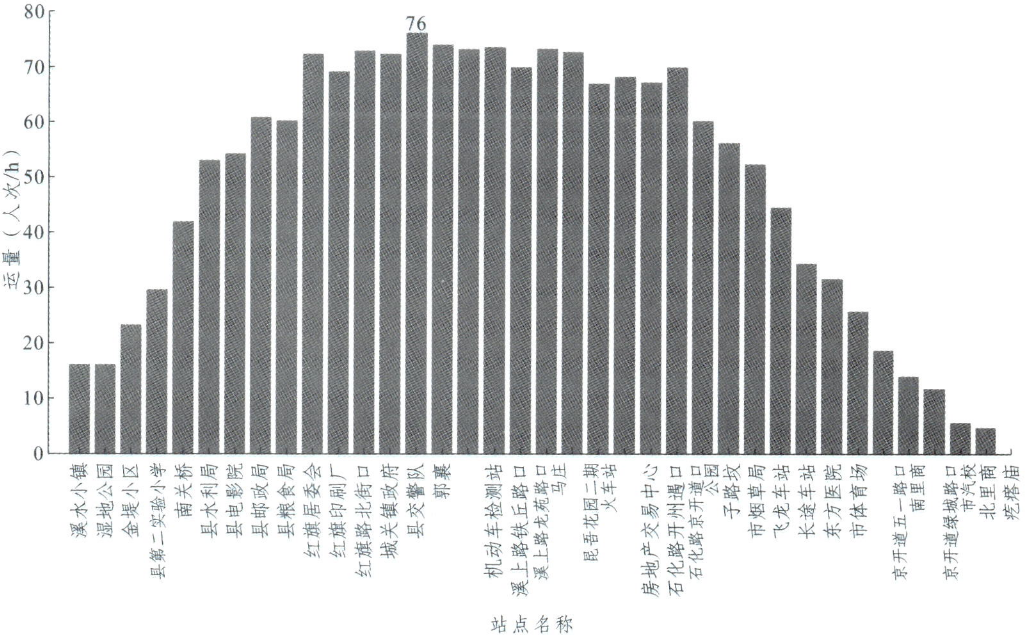

图 5-4　断面客流通过量分布图

（2）通过提高车辆周转速度，优化行车计划，提高运营组织效率。

随着车载 GPS 设备的普及，可以及时收集各时段发出班次的运营速度信息，通过对运营速度的分析，找出大多数驾驶员的运营速度，提高少数驾驶员的开车速度，可以间接提高车辆的周转效率；同时对 GPS 数据的分析，可以掌握不同时段发出班次的运营速度及周转时间，在制定行车作业计划时，周转时间的选取可以更准确，避免全天使用一个平均数，从而更精细化地制定计划。

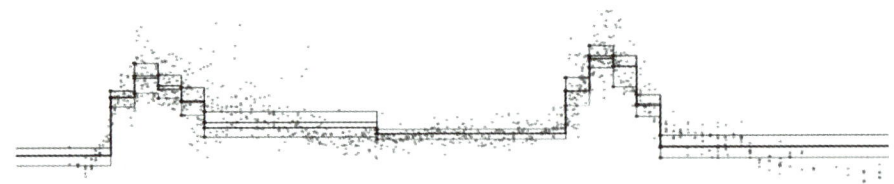

起始时间	结束时间	25%（分钟）	50%（分钟）	75%（分钟）	最大值（分钟）	平均值（分钟）	最小值（分钟）
—	06:20:00	76.39	79.86	82.84	92.95	80.09	72.3
06:20:00	06:50:00	97.46	101.02	103.29	112.07	100.84	90.78
06:50:00	07:20:00	102.46	107.8	113.23	126.23	108.68	96.08
07:20:00	07:50:00	100.59	103.85	108.88	116.53	105.13	96.57
07:50:00	08:20:00	94.49	99.26	104.45	118.4	99.67	81.8
08:20:00	12:00:00	86.62	89.88	95.76	127.52	91.85	78.6
12:00:00	16:00:00	85.61	87.6	89.26	96.93	87.71	80
16:00:00	16:30:00	97.63	102.98	107.67	121.77	103	86.33
16:30:00	17:00:00	111.24	114.52	119.15	132.07	115.47	100.38
17:00:00	17:30:00	104.41	111.7	115.54	133	111.74	97.57
17:30:00	18:00:00	93.73	97.57	101.47	113.42	98.12	85.82
18:00:00	23:00:00	78.7	82.82	86.88	97.9	82.54	67.4

图 5-5　不同时段周转时间分析

（3）根据线路运营需要，确定具体的停放场站，减少无效/低效里程。

根据线路客流在时间上的方向不均衡分析，确定具体的线路停放场站。线路在早高峰时下行客流高于上行客流、晚高峰时上行客流高于下行客流时，就需要夜间在主站停放车辆高于副站，在平峰时将休息的车辆停放副站，保障晚高峰时上行方向有相应的车辆储备。

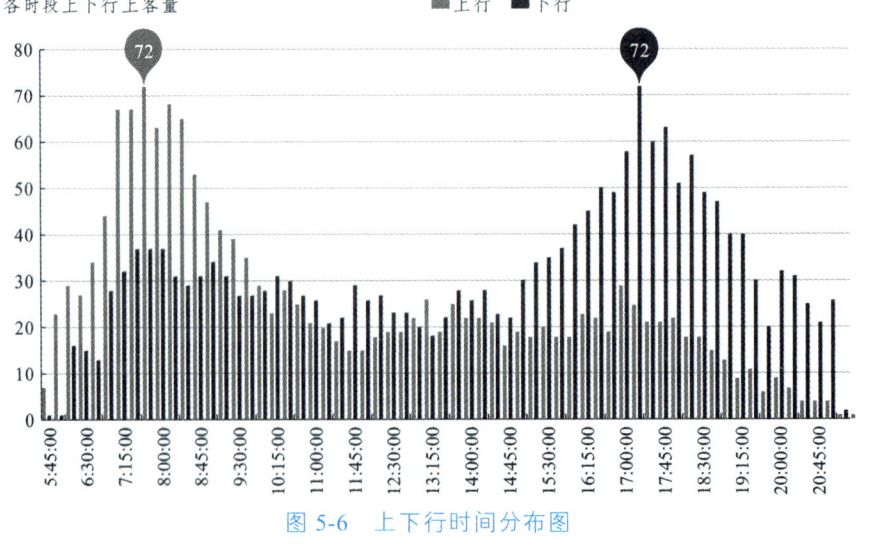

图 5-6　上下行时间分布图

项目五　城市公交行车作业计划编制

目前大多数企业的数据已可以支撑行车作业计划的优化提升工作，并且通过对各时段客流出行需求特征、各时段班次周转时间、主副站设置等内容的详细分析及优化应用，起到了一定的效果，进一步提高了运力与需求的匹配度，节约了企业运营成本。

任务 2　编制资料的汇总与处理

学习目标

1. 素质目标

- 培养认真仔细的工作态度。
- 培养善于沟通和聆听的能力。
- 培养善于观察并发现问题的能力。

2. 知识目标

- 掌握行车频率的概念及计算过程。
- 掌握行车间隔的概念及计算过程。

3. 技能目标

- 学会行车作业计划的演算方法。

视频：编制资料的
汇总与处理

发布任务

针对表 5-1 中的公交行车作业计划，阐述公交行车作业计划的流程，解析表中包含的行车作业信息。

表 5-1　某城市部分公交行车计划

线路编号	线路起止	计划出行	单程运行时间/min	行车间隔/min		发车时间	
				高峰	平峰	首车	末车
1	岭东路—汉口大街	12	40	12	15	5:20	21:00
						6:00	21:40
4	一中专—儿童医院	18	43	10	15	5:10	20:35
						5:50	21:20
17	中海水岸春城—般若寺	20	40	7	10	5:40	19:40
						6:00	20:20

121

续表

线路编号	线路起止	计划出行	单程运行时间/min	行车间隔/min		发车时间	
				高峰	平峰	首车	末车
18	卫星路—天普路	7	30	10	15-20	5:30	19:00
						6:00	19:30
115	吉林农业大学—长春站	21	48	8	12	5:30	19:00
						5:50	19:00
218	光华学院—朝阳公园	15	50	8-10	15-20	5:50	19:00
						6:40	19:50
218B	凯利中心—朝阳公园	5	55	30	40	5:40	18:30
						6:35	19:25
225	园丁花园—长春站	23	46	6-7	8-10	5:00	21:40
						5:40	21:40
238	中东市场—朝阳公园	24	48	6	10	5:30	19:00
						6:00	19:50
259	乐东—人民广场	16	40	8	10	5:30	19:40
						6:10	20:20
260	中东市场—太阳城	6	48	20	25	5:30	19:00
						6:18	19:48
268	劳动公园—人民广场	14	35	10	15	6:00	19:50
						6:35	20:30
278	东岭小区—长春站	10	35	10	15	5:50	19:25
						6:25	20:00
281	东方万达城—长春站	22	50	6	8	5:30	19:20
						6:10	20:10

任务实施

1. 知识准备

（1）行车频率的概念。

（2）行车间隔的概念。

2. 调研探讨

（1）表 5-1 中包括（　　）条公交线路，发车频率最高线路是（　　　　），行程时间最长线路是（　　　　），发车数量最多线路是（　　　　）。

（2）以表 5-1 中的信息为准，大致推算其中一条线路完整的行车作业计划。

3. 成果展示

以小组为单位，各组员轮流展示自己推算的行车作业计划。

4. 个人总结

城市公共交通运营管理

评价反馈

评分项目	分值	自我评价得分	教师评价得分
工作页已完成（全部完成为20分，其余为0分）	20		
知识掌握程度（任务工单准确率）	30		
能力获得程度（任务参与情况）	30		
素质目标实现程度（个人表现情况）	10		
个人体会和思考（个人总结）	10		
本次任务总体评价	100		

知识要点

一、线路车辆数

线路车辆数的计算值是指根据客流大小计算出来的理论需要的车辆数值。在确定线路车辆数值时，一般可以根据线路车辆数的"计算值"结果，按照一定的原则（如四舍五入原则）取整数作为线路车辆数的"调整值"，例如计算值为20.8台，则取调整值为21或20台；也可以适当考虑线路实际支配的运力情况、工作班制、工作效率以及服务水平等因素，尽量取一个与"计算值"相接近的整数作为"调整值"，例如计算值为20.8台，但是线路实际可以支配的车辆只有18台，则调整值也只能为18台。

二、行车频率

（一）行车频率的计算值

行车频率的计算值是指在分组时间内，用实际配备的车辆数可以发出的车次的理论数值，该数值按以下公式计算得到：

$$行车频率的计算值 = 线路车辆数的调整值 \times 周转系数$$

（二）行车频率的调整值

行车频率的调整值，即行车频率的实际值，是指在分段时间内发出车次的实际值。其数值以下方法来确定：根据"行车频率的计算值"，将该数值结果的小数部分舍去，而该数值的整数部分就作为行车频率的"调整值"，如行车频率的计算值为20.8车次/h，则行车频率的调整值为20车次/h。必须特别注意的是，这里的调整不能采用四舍五入的原则来处理小数，只能将小数部分全部舍去来取整数。

三、行车间隔

（一）行车间隔的实际平均值

行车间隔的实际平均值是指在分段时间内实际发车时前后两车的平均时间间隔。该数值可以按以下公式确定：

$$行车间隔的实际平均值 = 线路车辆数的调整值 \times 周转系数$$

（二）车间隔的分配与排列

在设计行车间隔的分配与排列方案时，其具体方案很多。在设计时，除了考虑客流需要外，还应该考虑保持前后各时间段之间的行车间隔的"均匀有序"，以尽量避免在以后编制计划的车辆路牌时出现矛盾的可能。对于计划中出现行车间隔跟实际客流需要不是十分吻合的情况，是可以通过实际运营工作中的现场调度来解决的。

四、排定各时间段发车时刻和到发时刻

1. 发车时刻的排定

这里的发车时刻是指行车计划预先安排好的车辆从一个既定起始站发出的时刻。发车时刻的排定方法为：按照已经设计好的各时间段内的"行车间隔分配与排列方案"，从该时间段开始的时刻依次列出各发车时刻。

例如，5:00~6:00时段的行车间隔分配与排列方案为"$7^{min} \times 2 + 6^{min} \times 1 + 7^{min} \times 2 + 6^{min} \times 1 + 7^{min} \times 2 + 6^{min} \times 1$"，该时段的开始时刻为5:00，则该时段各车次的具体发车时刻依次为：5:00、5:07、5:13、5:20、5:27、5:33、5:40、5:47、5:53。

2. 到发时刻的排定

这里的到发时刻是指车辆在经过前一个运行周转后可以进行下一个运行周转的最早时刻，即上一个运行周转的结束时刻就是到发时刻。其计算公式为：某到发时刻 = 前一个运行周转的发车时刻 + 该周转的周转时间。例如，在5:00~6:00时段中的一个发车时刻为5:00，该时段内车辆的周转时间为40 min，则该车辆紧接的到发时刻为5:40，即该车辆最早在5:40便可以运行下一个周转。

五、排定行车次序

1. 排定行车次序的方法

在列出各时段车次的发车时刻和到发时刻后，就可以开始排定行车次序了。其方法主要有两种：

（1）从头班车的起排方法。在表中，从头班车的时间开始，按照时间段顺序，从上而下，从左而右，依次填写每个车次的运行时刻，直到末班车为止。

（2）从最高峰的起排方法。在表中，从最高峰配足车辆的时间段开始安排车序，然后向前套排到头班车，向后套排到末班车。

2. 排定行车次序的注意事项

（1）在排定某个时段的行车次序时，需要认真考虑该时段内配备投放的车辆数是否与发车频率吻合，如果不吻合则说明有车辆在同一时段内发车不止1次，考虑时，切勿遗漏在该时段内有些车辆可以发出两个及以上车次的情况。

（2）根据就近原则，考虑前一个车次的到发时刻和下一个车次的发车时刻是否吻合。如果某车辆前一个车次的到发时刻可以连接其后的多个发车时刻，则选择最接近该到发时刻的那个发车时刻，作为该车辆的发车时刻序列。

六、判断正班车和加班车

根据工作班制，一般一个工作班的时间不超过 8 h。正班车在运营时间内连续在线运行的时间超过一个工作班；而加班车一般只在运营时间内某时段才进入线路，其在线连续运行时间少于一个工作班。有些加班车虽然在一天内的总运行时间不止一个工作班，但是其在线运行时间不是连续的，而是间断的。

七、确定路牌序号

按照各车辆的头班车车次发车时间的先后次序，给定正班车的路牌号分别为"正1，正2，正3，……"，而给定加班车的路牌号分别为"加1，加2，加3，……"。

【拓展阅读】

北京公交启用"节日行车计划表"，7大火车站周边加大运力投入

2024年元旦假期，北京公交制定节日行车计划安排，加强途经7大火车站的107条常规线路和17条夜班线路的监控，重点线路增加备车，根据现场客流情况适时加入线路运营，满足进出京旅客出行需求。

节日期间，公交集团密切关注市内重点景区、商圈途经线路客流的变化情况，重点加强前门、国贸、世贸天阶、王府井、东直门、三里屯、西单、五棵松、朝阳公园、九龙山等10处重点商圈途经45条线路的运营组织，严格执行行车计划安排，确保途经线路运力投入。

针对途经什刹海、北海、鼓楼等中心区景区的5路、103路、109路等重点线路增加机动车配备，并通过跨线支援增加线路运力，根据现场客流情况，通过采取重点区段区间措施来增加线路客流高峰区段的运力投入，以满足市民出行需求。

做好火车站地区的运输保障也是重点工作之一。公交集团加强与重点站区管委会及各站站办的协调对接，及时掌握列车客流信息，做好目前无地铁线路接驳的北京朝阳站的运

输保障工作，根据进出京旅客分布情况重点加强北京朝阳站地铁直达摆渡线路和连接地铁6号线专194路的运力投入。出京客流高峰期，北京朝阳站地铁直达摆渡线在地铁燕莎桥、东风北桥站周边安排备车，满足出京旅客出行需求。

　　此外，加强途经7大火车站的107条常规线路和17条夜班线路的监控；制定节日行车计划安排，重点线路增加备车，根据现场客流情况适时加入线路运营，满足进出京旅客出行需求。密切关注节日期间列车晚点抵京的变化情况，根据各火车站列车晚点、临客夜间抵京客流规模适时增加重点夜班线路运力投入。

　　节日后期，安排途经北京朝阳站、北京西站、北京丰台站、北京南站客流较高站总的夜7路、夜8路、夜13路、夜15路、夜17路、夜24路、夜36路、丰台夜间摆渡线等8条重点夜班线路配备机动运力，根据现场客流情况加入线路运营，确保站台无乘客滞留的情况出现。

　　1月1日首车起至同日8时40分，途经天安门广场东、天安门广场西、天安门东、天安门西、石碑胡同的1路、2路、5路、52路、82路、120路、观光1线、观光2线采取双向甩站措施。活动结束后，途经长安街、前门地区的1路、2路、5路、52路、82路、120路等线路加密发车间隔，增加线路运力，确保升旗仪式结束后观众的顺利疏散。

任务 3　编排行车时刻表

学习目标

1. 素质目标

- 培养主动思考的能力。
- 培养小组协作的能力。
- 培养理论联系实际的能力。

视频：编排行车时刻表

2. 知识目标

- 掌握时刻表的概念。
- 掌握时刻表包含的内容。

3. 技能目标

- 掌握时刻表的编制方法。

发布任务

学习表5-2中的各个行车时刻表，解析不同时刻表中表达的信息内容。

表 5-2　某线路的行车时刻表

(a)

龙北站	大庆站	龙北站	大庆站	龙北站	大庆站	龙北站	大庆站	龙北站	大庆站	龙北站	大庆站	龙北站	大庆站
5:25 阳光佳苑	6:00	7:30	8:30					11:45	12:45	13:48	14:48	16:00	17:00
5:30	6:20	7:40	8:40	9:48	10:48			12:00	13:00	14:00	15:00	16:15	17:15
5:45	6:40	7:50	8:50	10:00	11:00			12:15	13:15	14:15	15:15		
6:00	6:55	8:00	9:00	10:12	11:12			12:30	13:30	14:30	15:30	16:45	17:45
6:12	7:10	8:12	9:12	10:24	11:24			12:45	13:45	14:45	15:45		
6:24	7:24	8:24	9:24	10:36	11:36			13:00	14:00	15:00	16:00	17:15	18:15
6:36	7:36	8:36	9:36	10:48	11:48			13:12	14:12	15:15	16:15	17:45	18:45
6:48	7:48	8:48	9:48	11:00	12:00	13:24	14:24	15:30	16:30				
7:10	8:10	9:12	10:12					16:30	17:30	18:30	19:30		
7:20	8:20	9:24	10:24					17:00	18:00	19:00	20:00		
		9:36	10:36	11:30	12:30			17:30	18:30	19:30	20:30		
7:00	8:00	9:00	10:00	11:15	12:15			13:36	14:36	15:45	16:45	18:00	19:00

(b)

东风站	湖韵站	东风站	湖韵站	东风站	湖韵站
	6:32	7:44	8:56	10:20	11:32
14:20	15:32	16:45	18:00	19:30	
6:10	7:20	8:32	9:44	11:20	12:32
14:40	15:50	17:00	18:30	20:00	
	6:48	8:00	9:12	10:40	11:52
13:20	14:32	16:00	17:12		
	6:00	7:12	8:24	9:40	10:52
13:00	14:12	15:45	16:57	18:20	19:30
	6:16	7:28	8:40	10:00	11:12
13:40	14:52	16:15	17:27	18:40	
	7:04	8:16	9:28	11:00	12:12
14:00	15:12	16:30	17:42	19:00	
6:40	7:52	9:04	10:16	12:00	13:12
15:30	16:42	18:00	19:00	20:30	
6:25	7:36	8:48	10:00	11:40	12:52
12:20	13:32	15:00	16:10	17:20	
6:56	8:08	9:20	10:32		
12:40	13:52	15:15	16:26	17:40	

任务实施

1. 知识准备

（1）行车时刻表的概念：

（2）行车时刻表中的主要时刻包括：

（3）行车时刻表编制时应注意的事项有：

2. 调研探讨（以小组为单位讨论）

（1）表 5-2 的行车时刻表中，表（a）和表（b）都表达了哪些信息？

（2）表 5-2 的行车时刻表中，表（a）和表（b）有哪些不同？

（3）表 5-2 的行车时刻表中，表（b）中有哪些类型的行车区间？

3. 成果展示

针对表 5-2 的行车时刻表，分别计算（a）和（b）的发车频率和间隔并向同桌讲解计算过程。

4. 个人总结

___

评价反馈

评分项目	分值	自我评价得分	教师评价得分
工作页已完成（全部完成为 20 分，其余为 0 分）	20		
知识掌握程度（任务工单准确率）	30		
能力获得程度（任务参与情况）	30		
素质目标实现程度（个人表现情况）	10		
个人体会和思考（个人总结）	10		
本次任务总体评价	100		

知识要点

一、车辆行车时刻表

（一）关键站点的选定

1. 入线站点

入线站点是指在运营车辆投放入线路运行时的第一个车次的对应站点，即车辆进入线路的第一个发车站点。

2. 离线站点

离线站点是指在运营车辆退出运行线路时的站点，即车辆是从那个站点返回车场的。

3. 选定入线站点和离线站点的影响因素

选定车辆的入线站点和离线站点时，一般综合考虑以下因素：

（1）所在时间段的上、下行的客流量大小。
（2）车辆所在停车场（库）和入线站点之间的距离。
（3）运营线路沿线乘客对服务时间的要求。
（4）线路投放运力是否方便和经济。
（5）其他可能影响的因素。

对于加班车，由于存在多次进出线路运行的情况，所以根据实际需要，加班车的入线站点和离线站点会不一样。

（二）主要时刻的确定

车辆运行的关键时刻主要包括计划的出场时刻、入线时刻、离线时刻、入场时刻以及各车次的到站时刻与发车时刻。

1. 出场时刻

出场时刻是指车辆从停车场进入运营线路时在停车场的发车时刻。计算公式为：

$$出场时刻 = 车辆入线的第一个发车时刻 + 始末站停车时间定额 - 停车场与入线站点之间的单程时间定额$$

2. 入线时刻

入线时刻是指车辆进入运营线路时到达第一个发车站点的时刻。计算公式为：

$$入线时刻 = 车辆入线的第一个发车时刻 - 始末站停车时间定额$$

3. 离线时刻

离线时刻是指车辆从线路退出运营时离开线路的时刻。具体计算公式为：

$$离线时刻 = 车辆最后一个车次的到站时刻 + 始末站停站时间定额$$

4. 回场时刻

回场时刻是指车辆从线路返回并到达停车场（库）的时刻。计算公式为：

$$回场时刻 = 离线时刻 + 停车场与入线站点之间的单程时间定额$$

5. 发车时刻

这里的发车时刻是指每个车次从起始站发车的计划时刻。对于每个周转而言，其发车时刻有两个，一个是每次周转的起始站的发车时刻，这个时刻一般已经由行车间隔分配与排列方案给出；而另一个是每次周转的终点站的返回发车时刻，这个发车时刻的计算公式为：

$$每个周转终点站的发车时刻 = 车辆到达终点站的到站时刻 + 始末站停车时间定额$$

6. 到站时刻

到站时刻是指每个车次到达终点站的时刻。到站时刻的计算公式为：

$$到站时刻 = 每车次的始末站的发车时刻 + 该车次的单程时间定额$$

二、车站行车时刻表的编制

这里的主要车站是指起点站、终点站和中间调度站。

1. 各主要时刻的安排

依照已经编好的各车辆行车时刻表,依次将该时刻表中各周转的属于不同车站的时刻(包括出场时刻、入线时刻、离线时刻、入场时刻以及到站时刻与发车时刻),分别填在对应车站的"××站行车时刻表"中。

2. 标注司售乘人员的换班和就餐时间

根据工作班制的安排需要,在人员换班和就餐的时间处,分别用不同的符号来标明。

项目六
城市常规公交运营调度

任务 1　城市公交调度方法运用

学习目标

1. 素质目标

- 培养学生的公共交通服务意识。
- 强化学生的团队合作精神。

2. 知识目标

- 了解运营车辆运行定额指标及计算。
- 了解运营车辆运行参数指标及计算。

3. 技能目标

- 掌握车辆调度形式的选定方法。
- 掌握不同调度方法的应用条件。

发布任务

假设你是一位新上任的城市公交调度员，负责管理并优化一座大型城市的公交线路调度。近期，由于城市的发展和新区域的开发，原有的公交线路和调度方案已经无法满足市民的出行需求，尤其是在早晚高峰时段和节假日期间，公交车辆常常出现满载甚至超载的情况，导致乘客等待时间过长，服务质量下降。请综合运用本次任务所学内容，结合实际数据进行计算分析，并提出相关调度建议。

任务实施

1. 知识准备

（1）某城市公交线路的上行单程时间为 45 min，下行单程时间为 38 min，始末站停站时间均为 5 min。请计算该公交线路的周转时间和周转系数。

城市公共交通运营管理

（2）某公交线路单程时间为 30 min，请计算平峰期始末站停站时间。

（3）某城市公交线路在 48 min 内计划发出 11 辆公交车。为了简化调度，计划将行车间隔分配为 4 min 和 5 min 两种。请计算并确定这 11 辆公交车应该如何分配这两种不同的行车间隔，以确保所有车辆在 48 min 内发出，并且尽可能均匀地分配行车间隔。

（4）行车间隔排列的原则主要有哪些？

（5）线路运营车辆的运行参数主要包括（　　　　）、（　　　　）和（　　　　）等。

（6）车辆调度形式有哪些类型？

（7）请描述区间车的判断准则。

（8）请描述快车的判断准则。

（9）恢复行车秩序的基本方法有哪些？

2. 合作探究

首先，小组需要收集并分析过去一个月的公交运营数据，包括各线路的客流量、车辆满载率、行驶时间等关键指标。通过这些数据，对当前公交调度的现状进行评估，找出存在的问题和瓶颈。

其次，基于数据分析的结果，提出一套新的公交调度方案。该方案需要充分考虑乘客的出行需求、道路交通状况以及公交车辆的运营效率。可以考虑增加高峰时段的班次、调整部分线路的行驶路径或增设新的公交线路等方法。

最后，在制定好新的调度方案后，需要与相关部门进行协调，确保方案能够顺利实施。同时，还需要利用公交调度系统对新的方案进行实时监控，确保车辆按照预定的时间和路线运行。

3. 成果展示

小组成员制作成果展示 PPT，介绍小组任务实施过程、成果和结论，要求图文并茂，有数据分析。

4. 个人总结

_____
_____
_____
_____
_____
_____
_____
_____

评价反馈

评分项目	分值	自我评价得分	教师评价得分
工作页已完成（全部完成为 20 分，其余为 0 分）	20		
知识掌握程度（任务工单准确率）	30		
能力获得程度（任务参与情况）	30		
素质目标实现程度（个人表现情况）	10		
个人体会和思考（个人总结）	10		
本次任务总体评价	100		

知识要点

一、运营车辆运行定额

运营车辆运行定额是城市公交企业中一项重要的技术经济指

视频：运营车辆运行定额计算

标,它跟行车作业计划编制、线路调度工作落实和企业的经营效果等密切相关,确定车辆运行定额是一项细致的工作,要由运营组织的负责人或专业人员在分析公交线路实际情况的基础上适当地确定,既不能过高,又不能过低。

运营车辆运行定额主要包括以下几个方面的内容。

(一) 单程时间

单程时间是指车辆在一个单程的运输工作,由始发站发车开始到终点站停靠为止所耗费的时间,包括一个单程中的单程行驶时间和中间站停站时间,即

$$单程时间 = 单程行驶时间 + 中间站停站时间$$

1. 单程行驶时间

单程行驶时间是指车辆在一个单程中沿线各路段(站段)行驶时间之和。其中路段(站段)行驶时间是指车辆从路段一端的停靠站起步开始,经过加速行驶、稳定行驶、减速停车到达路段另一端的停靠站完全停车为止所耗费的全部时间。

影响单程行驶时间的因素主要有:车辆的技术速度、车辆的加减速性能、驾驶员的驾驶技术、载客量、路面状况、交通状况以及沿路交叉口的交通控制等。

通常,确定单程行驶时间时可以采用实际观测统计的方法,原则上应该分路段与时间段进行:① 在不同季节或时期内,按照不同路段与时间段的分布规律来确定其行驶时间;② 相对不同路段与时间段,取其平均值作为标定行驶时间的依据;③ 根据沿线交通情况,按各时间段分别确定行驶时间定额,例如在交通情况比较稳定时,只需按照高、平、低的客流峰别分别确定即可。

2. 中间站停站时间

中间站停站时间是指车辆在中间站完全停车后经过开门、乘客上下车以及乘客上下车完毕后关门后至起车前的全部停歇时间。

影响中间站停车时间的主要因素有:中间停靠站的交通状况(如到站车辆的数量),驾驶员在停车后开关车门的准备,旅客上下车的速度以及上下车旅客的数量等。

大量的统计观测表明,停车后至开关车门后至起车前的准备时间,平均每站(或站段)约为 6 s;平均每次旅客上下车时间为:一个车门的客车约需 1.5 s 上下车,两个车门的客车约需 0.9 s 上下车,三个车门的客车约需 0.7 s 上下车。

(二) 始末站停站时间

始末站停站时间是指车辆在线路的起始站和终点站的停站时间,包括调动车辆、签发行车路单、清洁车辆、行车人员休息、交接班、旅客上下车以及停站调整车辆间隔等所必需的停歇时间。在客流的高峰期和平峰期,对始末站停站时间有不同的要求,一般可以做以下考虑。

1. 高峰期始末站停站时间

客流高峰期间,为了加速车辆的周转,确定始末站停站时间时应尽量考虑始末站停站最

小时间，若无特殊情况，原则上车辆在始末站的停站时间不应该大于当时行车间隔时间的 2～3 倍。

2. 平峰期始末站停站时间

在客流平峰期间，始末站停站时间需要考虑清洁车辆、行车人员休息、调整车辆间隔、交接班以及车辆例行保养等，适当确定。

（1）在通常情况下，以单程时间为准，按下列公式确定平峰期始末站停站时间：

① 单程时间为 10～40 min 时：

$$平均停站时间（min）= 4 + 0.11 \times 单程时间$$

② 当单程时间为 40～100 min 时：

$$平均停站时间（min）= 0.21 \times 单程时间$$

（2）在平峰期内还需要规定每一辆正班车的上下午车班内，各有一次行车人员的就餐时间，每次以 15～20 min 为宜。

（3）多数城市在夏天三伏天时气温较高，一般在每日中午后一段时间内气温逐渐达到最高，此时应该适当增加始末站停站时间，以保证行车人员必要的休息，但增加时间一般不宜超过原停站时间的 40%。

（三）周转时间及周转系数

车辆从起始站出发，运行到达终点站后再运行回到起始站，称为一个周转。周转时间是上下行单程时间、始末站停站时间之和。周转系数是单位时间内（如 1 h）车辆完成的周转次数，它与周转时间成倒数关系。计算公式为：

$$周转时间（min）= 起点和终点站停站时间 + 上下行单程时间$$

$$周转系数 = 60/周转时间$$

由于在一日之内，沿线客流及道路交通量的变化均具有时间分布的不均匀性，因此车辆的沿线周转时间需要按不同的客流峰别分别确定。而在早晚客运低峰以及各峰期之间的过渡时间段，为了在满足客流需要的前提下尽量减少运力的浪费，线路车辆数或车次数将有明显的增减变化。此时，为了便于组织车辆运行，常常允许期间的车辆周转时间可在一定范围内变化，即规定期间的周转时间为一区间值。因此，各不同客运峰期内的周转时间应该尽可能与该峰期的总延续时间相匹配，或不同峰别的相邻时间段的周转时间与相应时间段的总延续时间段相协调。

（四）计划车容量

计划车容量定额是行车作业计划限定的车辆载客容量。计划车容量是根据计划时间内线路客流的实际需要、行车经济性要求和运输服务质量标准来确定的计划要完成的单车载客容量，采用下列公式来计算：

$$\text{计划车容量} = \text{车厢定员人数} \times \text{满载率定额}$$

式中：满载率定额，一般高峰期取 0.8~1.1，平峰期取 0.5~0.6；

车厢定员人数，首先取决于车辆载重量的大小，对有确定载重量和车厢有效面积的车辆，则主要取决于座位数与站位数的比例。由于各不同公交车线路的旅客乘车时间不同，所以考虑采用运营车辆的座位比例也有所不同：市内线路车辆的座位比例以 1：（2~3）左右为宜，郊区线路车辆的座位比例以 1：（0.5~0.7）为宜，而长途线路则不应该设站位。

不同车型的客车都有规定的车厢定员人数，城市公交车辆的车厢定员人数，可以通过下列公式计算得到：

$$\text{车厢定员人数（人/车）} = \text{固定座位数} + \text{站位面积} \times \text{每平方米站位定额}$$

式中的每平方米站位定额，一般按照 9 人/m² 计。

二、运营车辆运行参数

线路运营车辆的运行参数主要包括线路车辆数、正加班车数、行车间隔等。

视频：运营车辆运行参数

（一）线路车辆数

线路车辆数是指组织运营所需要的车辆总数与营业时间内各时间段所需要的车辆数。其基本计算公式为：

$$\text{线路车辆数（台）} = \frac{\text{最高路段单向通过量（人次/小时）}}{\text{计划车容量（人次/台）} \times \text{周转系数}} \quad (6\text{-}1)$$

根据不同需要，线路车辆数可以做如下分类。

1. 日线路运营车辆总数

日线路运营车辆总数是线路每天需要配备和投放的车辆总台数，一般依据日客流高峰时段的最高路段客流量、计划车容量和周转系数来计算。当有多种调度形式时，线路运营所需的车辆总数为各种调度形式所有车辆数的总和。

2. 各时段线路运营车辆总数

各时段线路运营车辆数是在每日运营时间的各时间内线路需要投放的车辆台数。一般依据该时间段的最高路段通过量、计划车容量和周转系数来计算。

3. 各种调度形式的线路运营车辆数

对于全程车、区间车和快车等调度形式的车辆数，在线路上采用两种及以上调度形式的时候，各种车辆的运行定额和参数不尽相同，确定各种调度形式的线路车辆数时，可以按照如图 6-1 所示的基本思路来进行。

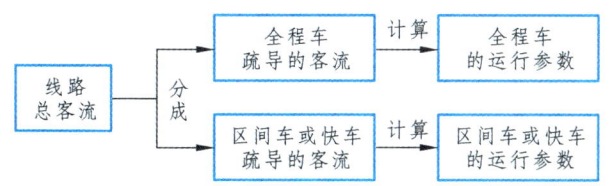

图 6-1　确定多种调度形式车辆的基本思路

首先，在分析线路客流情况的基础上，将线路总客流分成两部分：一部分是采用全程车调度形式疏导的客流，另一部分是采用区间车或快车调度形式疏导的客流。

然后，按照第一步分好的两部分客流情况分别计算全程车、区间车及快车的线路运营车辆数。

4. 线路允许的最小运营车辆数和最大车辆数

在各运营时间段内，客运高峰时间段内所需要的车辆数最大，此时线路车辆总数称为线路最大车辆数。考虑线路具体情况，线路最大车辆数量不能超过上限值，即运营车辆数最大限值。

而在客运低峰时间段所需的车辆数最少，此时线路车辆总数称为最低线路车辆数。考虑到客运服务质量需要，线路最小车辆数不能低于下限值，即运营车辆数最小限值。

以上两个限制值，可以按下式确定。

1. 运营车辆数最大限值

$$运营车辆数最大限值（台）=\frac{周转时间}{行车间隔允许最小值} \quad (6-2)$$

2. 运营车辆数最小限值

$$运营车辆数最小限值（台）=\frac{周转时间}{行车间隔允许最大值} \quad (6-3)$$

（二）行车频率

行车频率是指线路在单位时间内通过的车辆次数。行车频率与乘客量成正比，与计划车容量成反比，其计算公式为：

$$行车频率（车次/h）=\frac{最高路段单向通过量}{计划车容量} \quad (6-4)$$
$$=线路车辆数（台）\times 周转系数$$

或者：

$$行车频率（车次/h）=\frac{60}{平均行车间隔} \quad (6-5)$$

可见，行车频率与行车间隔成反比。

从运营调度的角度分析，行车频率同时具有时间性、方向性和断面性。

1. 时间上的行车频率

时间上的行车频率是指在具体时间内起止站共发出的车辆次数，但不表明哪个方向、哪个断面，仅从时间上来说明所发车次数，即频率。确定分组时间的行车频率是编制行车作业计划过程中的重要工作之一。

2. 方向上的行车频率

方向上的行车频率是指单位时间内起止站向某方向发出的车辆次数。分析方向上的行车频率是计划调度中研究方向上的运力与运量是否平衡的一项基本工作。

3. 断面上的行车频率

断面上的行车频率是指线路在单位时间内某一方向、某一断面所通过的车辆次数。

（三）行车间隔

行车间隔是指正点行车时，前后两辆车到达（或离开）同一站点的时间之差，又称为车距，单位为"min/车次"。

1. 行车间隔的计算

$$行车间隔（\text{min}/车次）=\frac{周转时间}{线路车辆数} \qquad (6\text{-}6)$$

或者

$$行车间隔（\text{min}/车次）=\frac{某时间段}{该时间段内发车的次数} \qquad (6\text{-}7)$$

一般，行车间隔允许最大值取决于客运服务质量的要求，如公交车服务质量要求行车间隔以 15~20 min 为宜。而行车间隔允许最小值则应该满足下列条件：

$$行车间隔允许最小值(\text{min}) \geqslant 线路中途站的平均停站时间+车辆尾随进出站时间+必要时等待交通信号的时间$$

在行车秩序正常的情况下，对大中城市客运高峰线路，行车间隔允许最小值一般以 1~3 min 为宜。

2. 行车间隔的分配

行车间隔的分配是指对行车间隔计算值的分配，对呈现小数的行车间隔值取整数处理，或者，根据实际需要将一个整数行车间隔分为其他大小不同的整数行车间隔的过程。

【例 7-1】 若在周转时间 48 min 内发出运行车辆台数为 11 辆，则行车间隔的计算值为 4.18 min；由于 4.18 min 不易掌握，可将其分配为 4 min 和 5 min 两种大小不同的行车间隔。

3. 行车间隔的排列

行车间隔的排列是指根据客流需要和一定的原则，将分配得到的大小不同的行车间隔进行次序排列。排列的目的就是使运营发放车次时更加符合客流变化的动态趋势。行车间隔排列的形式主要有以下三种：

（1）由小到大顺序排列。

在客流高峰向客流低峰过渡时，适宜采用这种排列形式。

（2）由大到小顺序排列。

在客流低峰向客流高峰过渡时，适宜采用这种排列形式。

（3）大小相间排列。

在客流变化不大时，可以采用这种排列形式来使得各行车间隔镶嵌均匀。

综上所述，确定某时间段内行车间隔的分配与排列方案的基本思路如图 6-2 所示。

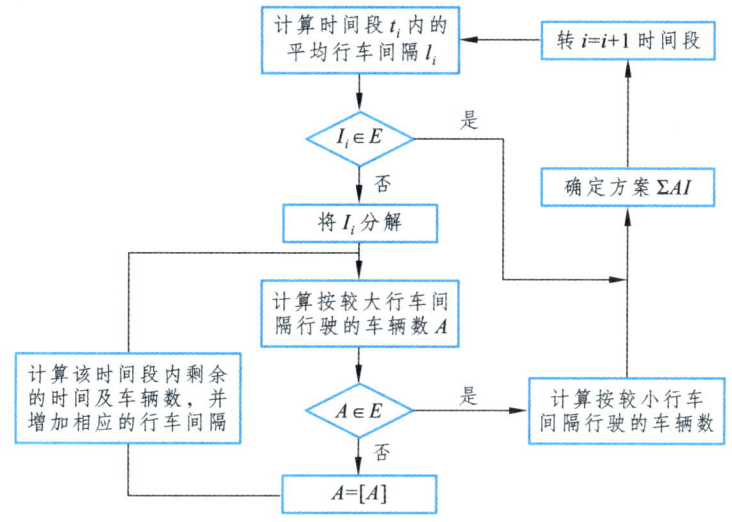

图 6-2　行车间隔分配与排列的基本思路

（四）运营速度

运营速度是指车辆在线路上往返行驶时的周转速度，单位为"km/h"。其计算公式为：

$$运营速度（km/h）= \frac{上行线路长度+下行线路长度}{周转时间} \quad (6-7)$$

运营速度的高低，直接关系到乘客乘车的方便程度，也是组织线路运营的主要参数之一。

三、车辆调度形式的选定

（一）车辆调度形式的类型

这里的车辆调度形式是指线路运营行车中所采用的运输组织形式，按车辆工作时间长短可以分为正班车、加班车和夜班车；按车辆运行及停靠站点不同则可以分为全程车、区间车、大站快车、直达快车、定点定班车和跨线车。

视频：车辆调度形式的选定

（二）常用车辆调度形式的选定方法

城市公交车运营线路需要以正班车和全程车作为基本的调度形式，并根据线路客流的分布情况辅以其他调度形式。在此主要对常用的区间车、快车这两种调度形式的选定方法进行介绍。

1. 区间车的判断指标

（1）站段通过量差：站段通过量差是指单位时间内线路某个站段的单向通过量与沿线该单向的平均站段通过量之差，即

$$站段通过量差 = 某路段单向通过量 - 该单向平均通过量$$

（2）站段不均匀系数：站段不均匀系数是指单位时间内线路某站段单向通过量与该单向的平均站段通过量之比，即

$$站段不均匀系数 = 某路段单向通过量 / 该单向的平均站段通过量$$

2. 区间车的判断准则

判断区间车的运行区间时，要按照以下步骤进行：

第一，分别计算线路上行和下行的各站段客流差或路段不均匀系数。

第二，依据表6-1所示的判断准则，任选一个来初步定出区间车运行的路段及站点。

第三，综合考虑线路站距、掉头车站以及调度工作方便等因素，拟定可行的运行路段及站点。

表6-1 区间车判断准则

判断准则	条　件	限制条件的数值 （2～4或1.2～1.4）
站段客流差准则	站段客流差≥（2～4）倍的计划车容量	当满载率定额较高时取较小值，反之取较大值
站段不均匀系数准则	站段不均匀系数≥1.2～1.5	

第四，确定区间车的运行定额和参数。这些定额主要包括区间单程时间、起点站停站时间、掉头站调整时间、区间周转时间及周转系数、计划车容量。而运行参数包括配备的线路车辆数、行车间隔、行车频率及运营速度等。

第五，编制区间车的行车作业计划时。其具体编制方法和要求参看有关章节。

3. 快车的判断指标

（1）站点不均匀系数：站点不均匀系数是指单位时间内线路一个单向某站点的乘客集散量与该单向沿线各站的平均乘客集散量之比，即

$$站点不均匀系数 = 单向某站点的乘客集散量 / 该单向平均站点集散量$$

（2）方向不均匀系数：方向不均匀系数是指在单位时间内整条线路两个方向中的高方向客运量与平均单向客运量之比，即

$$方向不均匀系数 = 高单向客运量 / 平均单向客运量$$

4. 快车的判断准则

考虑是否开通快车时，可以参照以下步骤：

第一，计算站点不均匀系数或方向不均匀系数。

第二，根据表6-2中的两个判断准则，作以下处理。

表 6-2　快车判断准则

判断准则	条件	限制条件的数值 （1.4～2.0 或 1.2～1.4）	适用情况沿线
站点不均匀 系数准则	站点不均匀 系数≥1.4～2.0	当满载率定额较高时， 取较小值，反之取较大值	若干站点乘客集散量超过各站平均集散量，并且长乘距客流较多，开辟大站快车以缓和乘车拥挤，消除留站现象
方向不均匀 系数准则	方向不均匀 系数≥1.2～1.4		线路两个方向的客流很不平衡，在客流较小的那个方向考虑开辟快车，以加快车辆运转速度、节省运力、增加效益

方向不均匀系数准则——先初步判断满足条件的大站点，然后根据客流量比例情况，找出连接这些大站点的其他相关站点，并且要求到达这些相关站点的客流量应该是大站点的大比例客流。使用这种处理办法的目的主要是疏导大站点的主要客流。

方向不均匀系数准则——先判断开辟快车的方向，若满足条件，则在客流低的方向开通快车；然后，根据该方向的客流量分布情况，选定快车沿途停靠的站点。使用这种处理办法的目的主要是加快低客流方向的车辆周转。

第三，确定快车的运行定额和参数。这些参数主要包括单程时间、始末站停站时间、周转时间及周转系数、计划车容量等。而运行参数主要包括快车的线路车辆数、行车间隔、行车频率及运营速度等。

第四，编制快车的行车作业计划。具体方法和要求可参看本书有关章节。

（三）影响区间车和快车调度形式选定的其他因素

在采用上述方法选择区间车或快车调度形式时，除了考虑客流因素以外，还需要结合道路条件、交通条件、企业自身的组织与技术条件以及运输服务质量要求等多项因素做综合的分析，使得调度方案和措施具有充分的可行性、良好的经济性和服务性。

四、现场调度的任务与内容

现场调度是指在运营线路的行车现场，调度人员为了使运营车辆运行与客流变化相适应，依据行车组织实施方案（如行车作业计划），直接对运营车辆及有关人员下达调度指令等一系列的活动，它是城市公交运营管理系统中的最基层的重要管理工作。

现场调度的任务是在运营线路的现场，根据客流变化与行车计划方案的要求，通过对车辆和人员下达调度指令，使运营作业计划、行车组织方案在实施过程中发挥其组织、指挥、监督和调节的作用，充分利用车辆的运载能力，适应乘客的服务需求，保证运营活动的正常进行，保证完成企业既定的目标。

现场调度的工作涉及范围很广，内容很多。由于各城市的基础设施和社会生活环境等的差异，其具体内容也不尽相同。按一般情况分析，可以将现场调度的内容归纳为以下几项。

（一）行车间隔的正常化

行车间隔，也称为行车间距，简称车距，是运营服务质量的重要标志之一。车辆在运行过程中，出于各种原因会遭到干扰，影响行车组织方案所规定的车距，造成行车秩序不正常。现场调度人员要及时采取措施，迅速恢复原来的车距或进行监督控制、均衡调节车距，逐步纳入计划运行。这是现场调度中最常见的基本工作之一。

（二）行车秩序的恢复

路线上的车辆是按规定的前后次序运行的，但当车辆发生故障等非常情况时，常常会使行车秩序前后发生颠倒。因此，现场调度应在不影响工作质量的前提下，尽可能及时恢复原来的行车秩序。

（三）行驶时间的延长或缩短

路线上的车辆一般是按规定的周转时间往返行驶的，但是在行车过程中会遇到各种意外情况，使原来的周转时间有余缺。这时，现场调度就要放长或缩短周转时间，用以调整车距，使行车次序正常化。

（四）运输能力的增减

调度人员必须随时注意运力的调节，以适应客流量的变化状况。在行车组织方案内所安排的运力，仅能适应于正常客流动态的一般规律。如果客流发生较大变化，在部分站段的实际客流量过分高于或低于原预计客流量时，现场调度应采取各种措施，增加或减少运力。

（五）行驶路线的变动

运营线路常会遇到道路受阻等意外情况，导致车辆无法通过，这时现场调度就需要当机立断，临时改变行驶路线，以适应乘客需要，保持通行。

（六）常规调度

常规调度也称为基本调度，是指当行车情况基本上符合行车组织方案的实施要求时，全线处于正常运行状况下的调度工作。常规调度的内容主要有：按时发出行车指令，注意加车或暂停运营时车距的调节；检查到站车辆状况，注意加入运营车辆，妥善安排行车人员用膳和交接班事项；正确、及时、全面地做好原始记录和调度日记的填写工作等。

（七）异常调度

异常调度是指当行车现场由于某种原因造成行车秩序混乱，不能符合行车组织方案要求时的调度工作。出现行车异常情况，其原因常常是错综复杂的，应该采取涵盖多种方法的综合调度措施。

五、现场调度的基本处理方法

按行车调度的内容和工作范围,现场调度的基本方法主要包括恢复行车秩序、调整运力和变动行车路线三大类。

视频:现场调度的基本处理方法

(一)恢复行车秩序的基本方法

车辆在日常运行过程中,常常会遇到计划外突然出现的各种干扰因素,打乱正常的行车秩序。在一般情况下,可以通过综合运用以下方法来使之正常化。

1. 调整车序

车序就是行车次序。线路运营车辆一般是按规定的顺序来运行的,但是在发生行车人员交接班、就餐、事故、纠纷及故障等情况时,就需要调整车辆前后顺序,以保持车距的均衡,这种方法称为调序法。调序法的原理就是将车辆序号临时重新组织,乃至经过运行调整,最后恢复到原来的正常运行次序。

根据互相对调的车辆数,调序法可以分为两车调序和多车调序。调整后车次的周转时间不能小于规定的运送时间,也就是说,调整车次前后的周转时间应大于或等于相应车次规定的运送时间。调整时,还应该同时考虑车距和车序两个因素。在较复杂的情况下,可以考虑先恢复正常车距,再调整车序。另外,调整车序应该尽量在车辆运行中进行。

2. 拉长车距

在发生车辆抢点、速度过快或提前到站的情况时,应暂时压住车辆不发,以便恢复正常的车距。车辆误点时间不多时,停站调度除了将该车提前发出外,还可以在前车未发出时,延长前车的发车时间,以便使行车间隔均匀。

3. 放站发车

当车辆误点时间较长时,单独采用时间调整的方法已经难以控制车辆运行的秩序,这时就可以采用放站发车的方法。所谓放站发车法,就是由调度员指定误点车辆,使其开出后不停靠若干常规的中途站点的运行方法。这种方法的目的是适当节约中途的停站时间,到达加快车辆周转,并使误点车辆重新按原计划规定的时刻到达某中途站或对方的始发站。

在一般情况下,平均每放一站最少可以争取 40~60 s。在实际操作中,放站发车的具体形式是多种多样的,如空车放站、载客放站等,都是以加速乘客运送和车辆周转、防止车辆与客流堆积为目的。在始末站,当车辆因为交通堵塞等原因晚点到达时,时间已经超过停站休息时间,这时也常用放站法来弥补晚点时间。有时,为了加快车辆的周转,也可采用放站法。

放站法的具体做法是:

(1)确定不停靠的具体站点。

为了节约停站时间又不影响服务质量,在分析客流情况的基础上,正确估计因不停靠站点能节省的时间,并全面权衡后确定好放站发车的中途不停靠的站点。

在特殊情况下，出现多辆车连续放站时，还要考虑每辆车不停靠的站点应尽量错开，以利于客流的疏导。通常采用交替放站的办法，防止乘客候车时间过长而严重影响服务质量的情况出现。

（2）估计放站后的节省时间和周转时间。

采用放站法，要事先估计可以节约的时间，并核算节约的时间是否能满足恢复正常运行的要求。放站后的节约时间和周转时间按以下公式计算：

$$放站后节约时间 = \sum 不停站点的停站时间$$

$$放站后周转时间 = 原周转时间 - 放站后节约时间$$

4. 区间掉头

当车辆晚点时间较长并产生若干车辆同时到站时，调度员可以指定某辆车缩短原计划的行驶全程，而在途中某个站点返回，以赶上下一车次的行车时刻。

区间掉头与放站发车一样都能缩短周转时间。放站发车只能缩短少量的时间，而区间掉头却能缩短较多的时间。因此，一般车辆到达始末站的晚点时间，超过全程周转时间的三分之一时，可采用区间掉头法来补偿已经损失的周转时间。有时为了提高运行效率，增加某些站点的运送能力，也需要采用区间掉头法来使运送能力平衡。

区间掉头的具体做法是：

（1）选好掉头的地点和方式。

选定掉头地点时，首要条件是要考虑该地点所在路段是否适合车辆掉头，如有无交叉口、立交桥等，还要了解掉头路段的客流和交通管制情况。其次要考虑在该地点掉头节省的时间是否足够。如果有两辆及以上的车辆掉头时，还应该尽量避免连续在同一地点掉头，同时掉头的站点和发车时间也应该错开。

对于掉头方式，主要有绕道掉头和原地掉头两种。采用哪种掉头方式，需要考虑道路条件、交通管制条件和乘客需求情况。

（2）计算掉头车辆节省的时间和周转时间。

区间掉头车辆节省的时间，可以按照以下公式来估算：

$$掉头后车辆的节约时间 = 2 \times 少行驶路段的行程时间 + 对站计划停站时间 - 调头地点的调整时间$$

而周转时间则为：

$$掉头的周转时间 = 原计划周转时间 - 掉头后车辆的节约时间$$

5. 提前发车

当车辆晚点到达始末站时，若其晚点时间不超过规定的停站调节时间，则可以采用减少其停站时间而提前发车的方法，以保持车辆在始末站能准点发车。在客流高峰时，道路拥挤、运营速度较低、计划单程时间不足，此时为了保持车辆在始末站能准点发车，也可采用提前发车的办法。

6. 填补车次

当线路上行驶的车辆因突然情况发生停驶时，会使得在计划规定时间内车次缺失较多，这时可以设法利用某些车辆来填补缺失的车次，这种办法称为填补车次。

可以用来填补车次的车辆主要有停站车辆、进场车、运行故障修复车、邻线停驶车、备用车辆等。

（二）调整运力的基本方法

行车作业计划中的车辆数和车次数，是根据计划期内预测客流变化的基本规律来进行安排的。但是，由于运营线路的实际客流变化具有随机性，或者客流量在数量上发生增减，这时，现场调度就应对运力的投放进行适当的调整，根据实际客流变化来增减车辆数或车次数，使之与客流需求相适应。

调整运力的方法，概括起来主要有以下两类。

1. 调整车次

（1）调整车次的条件分析。

调整车次一般通过调频法来进行：

当线路上某个时间段客流总量改变不大，但是在该时间段内的客流分布已经发生疏密不均的变化，在这种情况下，线路并不需要额外增加运力，只需要根据客流大小变化来适当地调整行车的频率，做到"客多车密，客少车稀"，就可以解决运力与运量的平衡问题，这种方法称为调频法。

（2）调整车次的具体做法。

调频法一般可以通过运用拉长车距、缩短车距及提前发车的手段来实现：

① 用拉长行车间距的手段来调整行车频率。在某个时间段中，将需要增加车次的部分时间段内的车距拉长，以减少车次，并为客运高峰积聚运力。值得注意的是，要尽量避免出现"拉长车距后由于车辆增加了本站的停站时间而影响到对站发车"这种情况。

② 用缩短行车间距的手段来调整行车频率。先将增车时间后段的运力提前发车以减少车次，再将所减车次全部加入增车时间段内后，通过适当缩短部分车辆的车距，并将车次发出，以弥补前面班次的不足。这时也要注意，车距的缩短造成了车辆在本站停站时间也变小，这样可能会相对增加本站运行工作的难度。

【例 7-2】 在 7:00—8:00 总发车次 10 车次，由于 7:20 后客流增多，将原来的行车频率做了调整，调整后在 7:20 前的行车频率少了 1 车次，7:20 后的行车频率多了 1 车次，但是总的车次数不变（见表 6-3）。

2. 调整车数

（1）调整车数的条件分析。

调整车数是在原计划车辆的基础上增加或抽停部分车辆的运行组织方法。在某个时间段内，当线路上客流量增减较多，仅用调整车次的办法已经难以解决运力与运量的平衡问题时，如果条件许可，可以考虑增加或减少投放的车辆数量，即调整车数。

表 6-3　行车时刻修正表

车次序号	原计划行车时刻	调整后行车时刻
	上行方向	上行方向
1	7:00	7:00
2	7:06	7:08
3	7:12	7:16
4	7:18	7:24
5	7:24	7:30
6	7:30	7:35
7	7:36	7:40
8	7:42	7:45
9	7:48	7:50
10	7:54	7:55

调度人员需要密切地、及时地了解本线路车辆与运量之间的两种不平衡状况，并做出处理：

① 运量超过运力的情况：当线路出现客流量远超过运力的情况，如果事先及时掌握，则应该通知场队调度室，动员本线即将退出运行的车辆加班行驶；如果事先没有掌握，而且本线路又没有车辆可用，也应该及时向场队调度室报告，组织场队内或机动点的备用车辆，或者抽调其他线路的车辆来支援。

② 运量少于运力的情况：如果线路客流明显地减少，则应该通知场队调度室后才可以适当减少班次，或者抽调车辆回库。

（2）调整车数的具体做法。

① 加车法：在原有行驶车辆中增加车辆的运行组织方法称为加车法。当线路上的客流突然增多而需要额外增加运力时，就需要使用加车法。有时因为种种原因使得实际周转时间过长，但又要保持原来的车距，在需要补充运力时也用加车法来处理。

为了使得增加车辆的前后车距均匀，需要对线路的车距进行计算调整。其具体做法分四步：

第一步，确定加车的数量和时间。在估计好现场客流增加数量的基础上，考虑增加车辆的数量，增加的车辆应该在客流增加的时间段内入线。

第二步，划定加车后所影响的时间范围。因为增加车辆后会发生车距不均匀现象，故必须对原有车距进行适当的调整，调整的时间范围越大，车距缩短的幅度越小，反之则越大；一般调整车距的影响时间范围，应该在客流增加的范围内。

第三步，计算加车后所影响时间范围内的新平均行车间隔。计算公式如下：

加车后新平均行车间隔 = 划定的影响时间 / 该时间段内的发出车次数

第四步，修正时间范围内的行车时刻。根据新的平均行车间隔，对影响时间范围内的车辆运行时刻进行分配与排列。

【例 7-3】 某线路估计 7:15—8:00 客流量相比往常增加了很多，现需加车增发 3 车次，试修正加车后的行车时刻。

解：
a. 确定影响时间范围。
加车影响的时间范围为 7:15—8:00，总共 45 min，7:15 之前和 8:00 后的行车间隔不受影响。
b. 计算新行车间隔。
受影响的时间范围内的平均行车间隔为：45/（7 + 3）= 4.5（min）；
c. 新行车间隔的分配与排列结果。
行车间隔的分配结果为：45 min = 5 min × 5 + 4 min × 5。
根据客流情况，行车间隔的一种排列方案为：45 min = 5 min × 2 + 4 min × 5 + 5 min × 3。
d. 修正发车时刻。
根据上面的排列方案，得到新的发车时刻如表 6-4 所示。

表 6-4 加车时刻修正表

原计划		加车后修正	
路牌号	发车时刻	路牌号	发车时刻
原 1	7:00	原 1	7:00
原 2	7:06	原 2	7:06
原 3	7:12	原 3	7:12
原 4	7:18	加 1	7:15
原 5	7:24	原 4	7:20
原 6	7:30	原 5	7:24
原 7	7:36	加 2	7:28
原 8	7:42	原 6	7:32
原 9	7:48	原 7	7:36
原 10	7:54	加 3	7:40
		原 8	7:45
		原 9	7:50
		原 10	7:55

② 抽车法：在原有行驶车辆中减少车辆的运行组织方法称为抽车法。
采用抽车法的场合主要有三种：一是当线路上的客流明显减少，为了避免运力的浪费，需要停驶部分车辆；二是有时其他线路客流增加，需要抽调本线车辆支援；三是车辆在线路上发生故障、纠纷、事故以及抢修车辆不能准时入线，造成线路缺车。

为了保证减车时刻前后的行车间隔保持均匀分布，需要对原来的行车间隔进行计算和调整。其具体做法分四步：

第一步：确定减车的数量和时间。根据以上三种不同的场合，考虑减车的数量及离线的时间。

第二步：划定减车后所影响的时间范围。如果减车是由客流减少造成的，则一般调整车距的影响时间范围，应该在客流减少的范围内。

第三步：计算减车后所影响时间范围内的新车距。计算公式如下：

$$抽车后新平均行车间隔 = 划定的影响时间/该时间内的发出车次数$$

第四步：修正时间范围内的行车时刻。根据新的平均行车间隔，对影响时间范围内的车辆运行时刻进行分配与排列。

【例 7-4】 某线路线路调度员在 7:14 时得知原计划 7:24 发车的车辆（路牌号为"原 5"）由于中途故障，估计 8:00 以后才能修复回站，而此时线路又无车调用。试用抽车法，修正减车后的行车时刻。

解：

a. 确定影响时间范围。

减车影响的时间范围：7:12—8:00，共 48 min。

b. 计算新行车间隔。

受影响的时间范围内的平均行车间隔为：[48/(8 − 1)] = 6.86（min）；

c. 新行车间隔的分配与排列结果。

行车间隔的分配结果为 48 min = 9 min × 2 + 6 min × 5。

行车间隔的一种排列方案为：9 min、9 min、6 min、6 min、6 min、6 min、6 min。即先连续发 2 辆 9 min 车距（行车间隔）的车次，再连续发 5 辆 6 min 车距的车次。

d. 修正发车时刻。

根据上面的排列方案，得到新的发车时刻如表 6-5 所示。

表 6-5 减车时刻修正表

原计划		减车后修正	
路牌号	发车时刻	路牌号	发车时刻
原 1	7:00	原 1	7:00
原 2	7:06	原 2	7:06
原 3	7:12	原 3	7:12
原 4	7:18	原 4	7:21
原 5	7:24	原 6	7:30
原 6	7:30	原 7	7:36
原 7	7:36	原 8	7:42
原 8	7:42	原 9	7:48
原 9	7:48	原 10	7:54
原 10	7:54		

（三）变动行车路线的基本方法

车辆在运行中，由于受到交通堵塞、市政施工、交通事故等影响，导致局部线路或全线不能正常通行时，为了尽量满足乘客服务需要，一般可以采用绕道行驶、分段行驶以及缩短行驶线路等办法。此外，当线路有富余运力时，为了支援运力不足的线路，也可以采用跨线行驶的调度办法，使车辆行驶多条线路，并提高车辆的利用率，增加效益。

1. 绕道行驶

所谓绕道行驶就是临时变更路线，绕过堵塞路段。采用绕道行驶时，行程长度和行车时间必然有所增减，此时需要根据周转时间和车辆条件，另外安排临时行车计划。如果车辆不足，则应向调度室联系支援。

2. 分段行驶

分段行驶就是把线路全程分成两段及以上行驶，并需要重新安排分段行驶的临时行车计划。采用分段行驶后，如果车辆有余，还应考虑抽停车辆的停放地点是否方便以后恢复全线通行。

3. 缩短行驶路线

堵塞地段若无其他道路可以绕行，则采用缩短线路的办法，其行车计划也需要另外作安排。

4. 跨线行驶

当相邻线路之间的高峰时间的出现时刻有明显差异时，或者本线路运力富余时，现场调度常采用跨线行驶来挖掘线路的运力潜能。有时在线路承接特约租车业务时，也需要应用跨线行驶来完成沿线的特约客流的运送。

跨线行驶要具备时间差的条件，也就是跨出或跨入的时间要与客流吻合，并准确估计跨线车辆的往返时间。其有关计算公式如下：

跨入线路使用车辆的时刻 = 跨出线路的发车时刻 + 跨入线路使用车辆的运行时间 + 调度调整时间

车辆回到原跨出线路的时刻 = 跨入线路开始使用车辆的时刻 + 车辆在跨入线路的运行时间 + 调度调整时间

【拓展阅读】

成都公交的区间车

"区间车"是成都公交通过创新营运方式，依托常规线路途经道路及停靠站点，开行的只在线路部分区间路段、站点运行的车辆，类似于轨道交通小交路，用于缓解客流压力，提升乘客通勤效率。

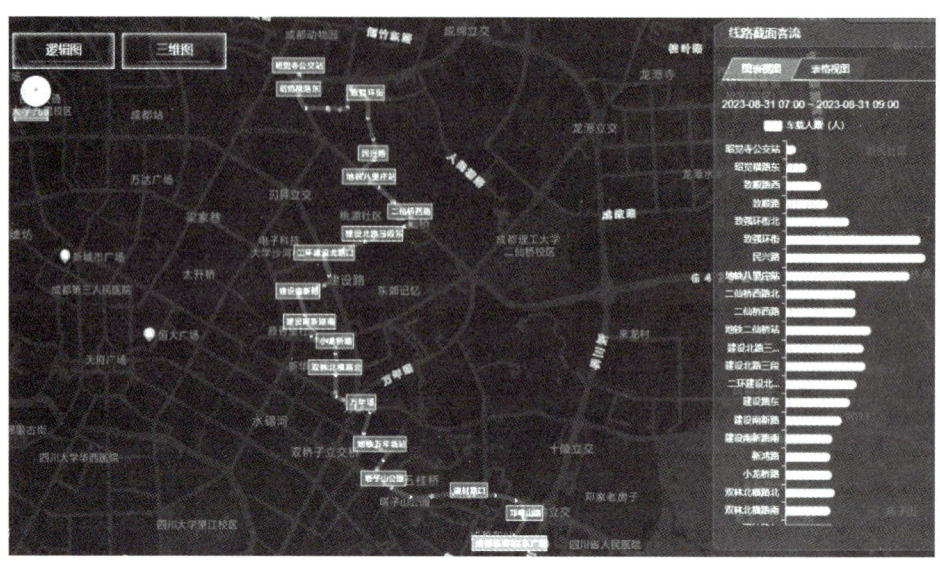

成都公交利用智慧蓉城公交运营调度（BOCC）系统，如上图所示，通过大数据精准画像乘客乘车起止点，科学分析线路各站点客流情况，筛选公交出行高峰时段大客流站点，开行具有距离短、客流大、接驳轨道等优势的"区间车"。"区间车"通过缩短原有线路运行距离，提高车辆周转效率，增强大客流站点疏散效率，使运力动态匹配站点客流，减少大客流站点乘客候车时间，使乘客乘车更舒适。

为强化"区间车"短、频、快的运行优势，"区间车"原则上在 6 千米范围内运行，并选取大客流站点停靠。此外，本批次"区间车"站点设置均接驳地铁站，有效提升公交"连轨网"服务，未来将丰富"区间车"连接功能，满足市民多元化出行需求。

以 71 路为例，成都公交 BOCC 系统识别分析出最大客流区间出现在致强环街至地铁八里庄站，超出同时段其他站点客流量的三分之一，通过 71 路"区间车"的运行，便可使线路高峰时段该区间拥挤度明显降低。

任务 2　调度工作及组织

视频：调度工作及组织

学习目标

1. 素质目标

- 培养对公交调度工作的强烈责任心，确保公交服务的连续性和高效性。
- 树立以乘客为中心的服务意识，确保公交服务质量和乘客满意度。
- 遵守职业道德规范，保持公正、公平、公开的调度原则。

项目六　城市常规公交运营调度

2. 知识目标

➢ 了解调度工作在公交企业中的作用。
➢ 理解调度管理的组织形式。
➢ 熟悉各级调度制的主要工作。
➢ 了解行车时刻表的贯彻调整与管理。
➢ 熟悉线站调度的相关工作。

3. 技能目标

➢ 在面对突发情况或紧急事件时,能够迅速做出正确的调度决策。
➢ 掌握行车时刻表的编制和管理、车辆技术管理、劳动管理、安全管理、服务管理、事务管理、调度通信信息、后勤工作、教育及培训工作、车队工作等具体工作流程。

发布任务

假设你是一名公交企业调度中心调度员,需要根据不同的线路和车辆资源,组织开展调度相关工作,请你根据设定的模拟调度工作场景,制定调度计划,调整行车时刻表,处理线站调度相关问题。

任务实施

1. 知识准备

(1)企业规模大,运营线路、车辆、人员较多,可设三级调度制,应分别如何设置?

_____

_____

(2)线路(车队)调度组的主要工作职责是什么?

_____

_____

(3)行车时刻表的编制程序是什么?

_____

_____

(4)城市公交企业的安全管理工作应从哪些方面开展?

_____

_____

（5）城市公交企业的培训工作主要包括哪些内容？

2. 合作探究

城市公交调度员应具备哪些职业能力？刚毕业的大学生应如何适应公交调度员岗位？请以小组为单位，通过访谈调研等方式，全面深入了解公交调度员的职业状态，形成调研报告，并与其他小组分享调研成果。

3. 成果展示

小组成员制作成果展示 PPT，介绍小组任务实施过程、成果和结论，要求图文并茂，有数据分析。

4. 个人总结

评价反馈

评分项目	分值	自我评价得分	教师评价得分
工作页已完成（全部完成为20分，其余为0分）	20		
知识掌握程度（任务工单准确率）	30		
能力获得程度（任务参与情况）	30		
素质目标实现程度（个人表现情况）	10		
个人体会和思考（个人总结）	10		
本次任务总体评价	100		

项目六　城市常规公交运营调度

知识要点

一、调度工作在公交企业中的作用

公交企业的运营车辆、司机和售票人员通过线站调度手段和措施形成了各线路的载运乘客能力。各线站的调度在上级运调部门的指导下，根据客流规律、线路的运营条件、企业的运输能力和公交企业社会效益、经济效益的指标要求编制出为乘客服务的行车时刻表。通过执行行车时刻表，将分散作业的各个车组纳入计划运营的轨道，使公共交通线路运营工作有计划、有节奏地进行。通过调度系统对线路运营状态的监控和现场适时、合理的调度指挥，保持运营生产的稳定性，保证公交企业较好地、均衡地完成客运任务和各项经济、技术、服务指标。

公交企业必须加强运营调度工作，不断提高调度系统各级人员的素质和政治业务水平，建立和健全与运营生产有关的各项规章制度，采用先进的科学技术，加强对运营车辆的监控和对运营质量的考核，使信息反馈及时。

二、调度管理的组织形式

公交企业的调度系统一般从属于负责经济核算一级的行政机构，并接受上级调度的指挥，担负着组织与指挥所属线路运营和各项客运指标完成或均衡完成的任务。所以，公交调度管理的组织形式要视企业规模大小和行政管理层次而定。大部分公交企业采取二级或三级调度的组织形式。

企业规模大，运营线路、车辆、人员较多，可设三级调度制。由公司总调度室、分公司（场）调度室和线（车队）调度组三级组成。即在公司总调度室下按区域位置设分公司（场）调度室。

在分公司（场）调度室领导下，设线路（车队）一级调度。

线路和车辆较少的公交企业，一般按二级调度制。即在公司直接领导下，设线路（车队）一级调度组织。

三、各级调度制的主要工作

1. 公司级总调度室

一般由主管副经理兼任主任，另设副职若干名，负责公司的调度管理工作。主要工作是：

（1）负责各种全市性客流调查的组织实施和资料的整理分析工作，定期汇总各区域、各线路的客流动态资料，用以指导各线路运营调度组织工作。

（2）拟定行车时刻表的编制程序，提出运营组织方案，审核分公司（场）行车时刻表、汇总表和重点线路行车时刻表。

（3）掌握分公司（场）线路的运营状态和有关指标的完成情况，发现问题立即纠正。遇有运营重大问题时，有权指挥各场各线路的调度人员，指导线路运营工作。

（4）出现全市性重大活动时，负责拟定全市各线路的行车组织方案。

2. 分公司（场）级调度室

由主管场长兼任主任，另设副职若干名，负责本场的调度管理工作。主要工作是：

（1）负责定期组织所辖线路的各种客流调查，整理全场各线路主要时组的客流资料（如早、晚、高、低峰资料），为拟定行车时刻表编制要求提出依据。

（2）依据客流资料，均衡本场各线路运输能力，编制所辖线路行车时刻表，确定行车调度措施。如行车时刻表由线路一级编制，场级调度需提出行车时刻表的编制要求和有关指标控制数并负责审批。

（3）了解和听取各线路运营情况汇报，有权指挥全场各线路调度工作。本场所辖线路临时性改道、断线等重大调度措施待上级批准后执行。

3. 线路（车队）调度组

由车队长或主管队长兼任组长，由一名专业调度人员任副组长。主要工作是：

（1）掌握本线路的客流规律，经常进行本线路各断面、各时组的目测客流调查。了解沿线各单位的乘车人数和乘车规律，积累调查资料，分析出本线路的客流规律及其特点，作为编制行车时刻表、指挥线路运行工作的重要依据。

（2）按照行车时刻表的编制程序、依据，编制本线路的行车时刻表。由场级调度编制行车时刻表时，线路调度组应负责贯彻执行。

（3）监控行车时刻表的执行情况，认真记录各项运营数据，保持原始记录的真实性，从中分析研究运营中出现的规律和问题。

（4）现场实时调度。影响线路正常运行的情况是经常发生的，线站值班调度员要根据对行车时刻表的影响程度，及时采取调度措施（一般应有若干种预案，以保证调度措施的正确性与规范化），均衡乘客候车时间，维持线路正常运行。

（5）遵守调度纪律，及时反馈运营信息。发生影响运营的重大事件应及时向上级汇报，如需采取措施，则需取得上级调度的批准与支持。采取二级调度制时，公司级和场级调度室的主要工作可合并为一级。

四、行车时刻表的贯彻调整与管理

行车时刻表是公交企业组织线路运营生产的作业计划，是计划调度的基本形式。通过行车时刻表，把分散作业的各车组司、售人员组织起来，纳入计划运输的轨道。行车时刻表根据乘客的流动规律，确定各时组的行车频率和调度方法，为乘客提供良好的乘车环境，为提高整体服务水平提供相应的条件。行车时刻表的编制质量和执行中的准确程度，直接反映调度工作的能力，反映企业管理水平的高低和社会效益、经济效益的优劣。所以，公交企业必须加强对行车时刻表的管理。

（一）行车时刻表的编制

提高行车时刻表的编制质量是非常重要的。编制质量直接影响执行效果，关系着服务质量的优劣、企业潜力的发挥、效率的提高和国家计划的完成。所以要想加强行车时刻表的管理，可以首先从提高编制质量入手，使之达到编制依据充分、调度方法恰当、潜力充分发挥、编制技巧熟练、可行性强的要求。

1. 编制原则

编制行车时刻表和拟采取的行车调度方法要遵守下列原则：
（1）必须符合客流规律。
（2）提高车辆的周转效率。
（3）经济合理地使用车辆。
（4）与邻近线路协调配合。

2. 编制依据

（1）掌握客流的活动规律是编制行车时刻表的主要依据。根据客流在时间上、断面上、方向上的不均衡规律，确定各时组的行车频率和调度方法，以此为据编制行车时刻表，即可满足乘客乘车的需求。

（2）依据下达的指标编制。国家计划、国情、企业承受能力、确定的社会效益和经济效益的指标要求，必须在行车时刻表中体现出来。

（3）公交企业的运输能力，是编制行车时刻表的基础。公交企业的运力是由司售人员和运营车辆组成的，是为乘客服务的基础，必须根据实有的劳动力和完好的运营车辆数编制行车时刻表。要力求充分发挥企业的运输能力，尽最大可能为乘客提供比较宽松的乘车条件。

（4）现行行车时刻表中存在问题的解决方法记录，是行车时刻表调整的重要参考资料。

（二）行车时刻表的编制和管理程序

1. 编制程序

（1）根据上级（公司、场）下达的行车时刻表编制要求做好编制前的准备工作。内容包括：
① 进行客运形势分析、运量预测。
② 明确时刻表编制中的有关指标要求（如运营里程控制数、高低峰满载率、线路配车数、劳动配班数、工时利用率、班里程、单程行驶时间、停站时间等）。
③ 确定在同一区域内并行线路的行车调度方法，做好行车间隔的组织协调。
（2）线路（或专职编制人员）编制行车时刻表工作程序。
根据上级下达的编制要求和指标控制数，依据本线路的客流规律、运行条件，总结上期行车时刻表编制上的问题，并征求车队干部职工意见，确立行车调度方法，编制出行车时刻表草案，填写行车时刻表汇总表报上级部门审批。
（3）上级主管部门负责审核、批准和指令修改线路行车时刻表。

2. 行车时刻表的贯彻执行

（1）行车时刻表批准后，编制出车辆进出场行车时刻表，编排劳动班次表，分配车组班次。

（2）本队应召开队务会、调度专业会，拟定贯彻措施，向职工介绍本期行车时刻表的主要概况，提出贯彻执行的要求。

（3）行车时刻表执行中的检查。主要检查各时组、各断面的运力配置是否符合运量要求，调度方法是否恰当，客流规律变化情况如何，运行秩序是否正常，与行车时刻表有什么关系等。属于司、售、调执行操作中的问题，由车队进行分析帮助解决；属于编制质量和客流规律发生变化的情况，应报上级部门提出修改建议。

3. 行车时刻表的调整

虽然行车时刻表是依据客流规律编制的，但是计划往往与实际状况会有一些偏差。此外，行车时刻表的执行中，客观条件也有可能会出现一些变化，所以进行一些调整、修改是正常的。

正常情况下，一份行车时刻表要依据春、夏、秋、冬四个季节（主要是依据客流的变化规律）进行调整或重新编排。

凡不涉及时刻表整体方案的调整，如个别班次的行车间隔，高低峰起落时间的提前或错后，不影响指标要求，由车队及时调整修改，报上级部门备案。

如果客流规律和运行环境发生了较大变化，运力配置不当，运行状况不好，需要重新编制或大幅度地调整行车时刻表时，要向上级（公司、场）提出修改依据和修改建议，经批准后由车队贯彻执行。

五、线站调度的相关工作

线站调度工作处在为乘客直接服务的位置上，是在乘客需求，计划要求，现有完好车辆、人员配备和必要的站务设施的条件下，在企业内部各部门的支持、协调下进行的。其完成情况是公交企业内部各个部门、各个环节工作质量好坏与管理水平高低的综合反映。调度工作既受到各部门的支持，也受到各部门的制约。所以，提高线路运营质量仅仅靠抓调度工作是不够的，脱离了公交企业内部各系统的工作质量管理这个基础是搞不好调度工作的。

满足居民出行的乘车需要是公共交通企业的根本任务，必须落实到企业内部各个系统的工作之中。贯彻"以运营服务为中心"，对运营生产过程中的服务质量、经济活动进行计划、组织、协调、监督，给运营一线提供为乘客服务所需的物质条件，通过调度以行车时刻表的形式和现场调度指挥的手段，保证城市生产、生活与经济建设的正常进行，真正发挥城市生活的"动脉"、工农业生产的"第一道工序"和精神文明建设的"窗口"等作用。

公共交通企业运营生产的全过程是多专业、多工种联合作业的过程。城市公交企业与一般工业企业不同，运营一线是在城市的市郊区大面积流动运转的，每个运营车辆既是公共交通整体运行中的一部分，各个车组又是分散作业、单车运送乘客、单独进行服务工作的。工作的性质要求企业内部各个相关的专业系统，以运营服务为中心，围绕着公交运营一线，做好组织与管理工作。

与线路运行直接有关的工作包括以下几项。

（一）车辆技术管理

车辆是线路行车时刻表拟定和实施的物质基础。车辆的完好状态对运行质量有重要的影响。因此，车辆技术管理成为与线站调度相关的一项重要工作。

1. 车辆选型

规划上要求公共电汽车应具有大容量、大马力、大车门、低踏板、低污染等特点。目前，在考虑了车辆的动力性、安全性、经济性的前提下，应选用适应道路通行能力、与线路客流量相适合的车型。

如果最小极限间隔为 3 min，立席以 9 人/m² 为标准，根据线路高峰小时客流量，应配置的车型见表6-6。

表6-6 车型配置参考表

车型	车型定员/人	小时车次	小时运力/人
解放单机型	80	20	1 600
解放通道型	146	20	2 920
黄河单机型	95	20	1 900
黄河通道型	180	20	3 600

根据表7-6进行计算：

线路高峰小时客流量在 1 500 人次以下时，应配置解放牌单机车型；线路高峰小时客流量在 1 500～2 000 人时，应配置黄河牌单机车型；线路高峰小时客流量在 2 000～3 000 人时，应配置解放牌通道车型；线路高峰小时客流量在 3 000～3 500 人时，应配置黄河牌通道车型。

2. 线路配置机动车

有条件时，应在线路行车时刻表的计划车数之外，另配10%左右的机动车，以备线路车辆、客流、行车间隔出现非正常情况时应急使用。

3. 提供完好车辆

加强车辆维修保养，防止重大隐患，保持车辆完好状态，使之安全运行。

4. 车辆设施整洁齐全

随时保持车辆设施齐全、整洁干净。

5. 及时抢修临时故障车辆

在多条线路的汇集站和重点线路的首站（或末站）设车辆抢修站，配备抢修人员，对车辆运营中出现的小故障及时抢修，维护线路正常运营。

（二）劳动管理

公共交通的客运力量（简称运力），由运营车辆和出勤出乘的司售人员组成，纳入行车计划后，形成载运乘客的能力。劳动管理尤其是司售人员的管理，是公交企业的基础管理。合理的劳动组织、定额和管理，可以不断提高司售人员的出勤率、出乘率，对运营生产的组织和实施是至关重要的。在线路运营工作中的劳动管理包括以下内容：

（1）挖掘劳动潜力，提高劳动效率，严格劳动纪律，保证劳动出勤，完成班里程、班工时定额，为行车时刻表的编制提供依据。

（2）根据行车时刻表的实施要求，做好各班次人员和预备机动人员的配备。

（3）根据行车时刻表，编制劳动班次，分配车组的运行班次；做好出勤人员和临时请假及预备人员调派等劳动考勤工作。

（三）安全管理

公共电汽车的安全运行，是公交企业司售人员对人民高度负责的体现。它使人民生命财产得到保障，企业和社会得到安宁，线路得以正常运营，高效完成运送乘客的目的得以实现。

认识和处理好安全行车和乘客需求的关系是非常重要的，公共交通是乘客的代步工具，乘客对公共交通的主要要求是迅速和准点。乘客的需求就是公交企业的使命，如果实际与需求的差距过大，乘客可能采用其他交通方式，公共交通的客运量必然下降，造成运营危机。

就公交企业内部工作而言，行车安全是非常重要的，如果发生行车肇事，既会造成人民生命财产损失，也必将打乱运行秩序，影响职工情绪和社会安宁。

乘客需求和内部安全管理必须统一认识，统筹协调。二者是互相联系、互为影响、互为依存的，不可孤立地强调任何一方面。在满足乘客需求的过程中，必须安全运行。在安全运行中不断提高技术操作水平，更好地为乘客服务。

安全工作必须做好以下几方面的工作。

1. 坚持预防为主的方针

掌握安全行车规律，制订安全措施，开展安全教育，总结安全经验，防患于未然。

2. 建立安全管理制度

加强安全检查，定期分析安全态势，采取有效措施，杜绝事故发生。

3. 加强岗位练兵

熟悉本线的道路交通条件、客流变化规律、准点行车要点以及特殊气候条件下的操作，不断提高驾驶技术水平。

（四）服务管理

公共交通服务质量管理的内容是很广泛的。它包括：公共交通的线网站点布局、票制票价、车辆质量及内部设施、营业时间、行车间隔、满载率、行车速度、准点程度、调度措施、安全行车、车厢服务等。只有全面提高服务管理水平才能为乘客提供良好的乘车条件。

公共交通的服务工作，更多地体现在运营一线的司售人员身上。司售人员是运营服务的主体，每位司售人员、每个车组都是整体服务链条中的一个环节，在客流量大、交通情况复杂的情况下，个别车组的失误，都可能给局部甚至全线路带来影响和损失。

售票员的车厢服务，是运营服务质量中的重要组成，售票员的工作对企业的收入、服务质量、行车准点、安全行车甚至企业的形象都起到了重要的作用。

在线路运营中乘务人员应做到：
（1）认真售票、收验票，杜绝跑、漏票。
（2）礼貌服务、语言文明、态度和蔼，避免纠纷。
（3）遵守运营纪律，提前进站，准点发车，服从调度指令。
（4）司售人员要密切配合，照顾好车厢内外情况，做好行车安全，准点运营。

（五）事务管理

票务管理包括：票价的制订，车票售后结账、收款、印票、配票及数字稽核等工作。公共交通企业以规定的票率向乘客收取运输费用。票款收入是对公交企业完成运送乘客中消耗劳动价值的回收补偿，也反映了服务量的大小与供需水平。

与运营一线直接有关的工作是：根据平日假日、不同季节所售出的车票张数、回收的票款，定时向车组收款、结账，减轻售票员的负担。按季节、行车班次为车组配票，保证票张供应。

推行无人售票制前，要修改票制、票价，确定收费方式及票箱的回收管理办法等。

（六）调度通信信息

通信和信息是搞好公共交通调度工作、提高运营质量必不可少的设施和手段。运营车辆在线路上流动、分散作业，客观环境瞬息万变，随时都可能对公交车辆的正常运行造成影响。通信设备和信息是调度工作的耳目，有了信息和通信，可以随时了解线路全面的运营状态，为调度反应灵敏、及时准确采取措施转变被动局面创造了条件。

通信和信息技术发展很快，世界各国一些大城市的公交企业，采用了包含车辆定位、运营质量检测、信息处理、通信技术的公交车辆监控系统，并不断改进更新，效果极佳。

在我国发展先进的调度通信信息事业，要根据道路交通情况和管理条件、车辆的设施和保养维修能力、资金能力，逐步引进、改造、开发实施。

（七）后勤工作

公交系统的司机、售票员每日在客流量大、交通环境复杂、时间要求高的条件下连续作业，非常辛苦，所以公交企业应把后勤工作作为工作的重点之一，认真落实。

在运营时间内，首站要安排适口的快餐。冬季要保证有热饭、热菜、热水，夏季要有防暑降温措施。还要有清洁卫生的休息室、简便有效的文娱设施等。其中应该强调的是水房和厕所，这是保障司售人员身体健康、工作正常的基本条件。其位置、容量都应该经过科学的论证和计算，必须保证清洁、方便。因为在客运高峰时，司售人员在前后车次之间的休息时间很短，一般计划为 3 min，若是车辆晚点，可能还会减少。

在向市场经济转变的过程中，后勤工作也逐渐从每个车队的独立食堂一类的"小而全"设施向社会化服务转变，如食堂就可能被快餐公司取代。

（八）教育及培训工作

城市公共交通企业作为城市的动脉、工农业生产的第一道工序和文明建设的窗口，必须广泛开展针对职工队伍文化技术业务、各种专业技能的培训工作，全面提高职工队伍的素质，以适应两个文明建设的需要。教育工作对运营一线尤为重要。

（1）管理干部除要求具有一定的文化知识外，还要开展针对本企业各专业的业务学习，熟悉本企业的工作特点、研究工作对象，不断提高企业管理水平和在市场经济中的竞争能力。

（2）针对职工队伍尤其是司机和售票人员应进行岗位培训，增强职业道德，实行持证上岗制。新职工要进行岗前教育，考核合格后再上岗。

司机要学习安全驾驶理论，掌握安全行车的主动权。通过培训，使司机头脑清楚，操作技术熟练，在复杂的交通条件下，适应能力提高，基本具备准点运行的技术和操作能力。

售票员的工作是在不断处理和解决乘客的需要与维持公交线路正常运营中进行的。要处理好和乘客的关系，应学习与乘客接触交往的心理学、关系学、语言学，提高服务层次，全面提高整体服务水平。

（九）车队工作

车队是带领本队司机、售票员、调度员、后勤和管理人员在运营一线直接为乘客服务的基层单位。要落实上级各项规章制度要求，处理车队的安全、服务、运营、后勤、人事、政治思想教育等事务，指挥线路运营生产。车队是展现公交服务水平、反映公交企业精神面貌、取得社会效益和企业经济效益的运营一线的指挥部。

在线路运营管理上要做到：

（1）车队长或副队长兼任线路调度组长，负责线路的运营工作。

（2）行车时刻表是线路运行工作的基础，要根据本线的特殊性与普遍存在的问题，向职工宣讲行车时刻表并提出具体工作要求。

（3）坚持上岗值班制度，掌握线路运行的第一手资料，纠正运行中的偏差，争取提高整体服务水平。

（4）重视调度工作，协调好调度员和司售人员的工作，建立服从调度指挥、遵守运营纪律的权威。

（5）听取调度工作汇报，强化对调度的管理，严格规范调度员签注运行单据、真实反映运行状况的工作。

（十）线站调度员工作

线站调度员岗位是集中了公交企业各专业、各环节的工作质量、效能，形成载客能力，付诸实施的一道重要工序和重要岗位。线站调度员负责编制、监督执行和临时调整行车计划，指挥线路运行工作。调度员的工作质量、业务能力对保证运营服务质量起着关键的作用。

在日常工作中应反复强调：

（1）熟悉线路行车时刻表的详细内容。

（2）了解本线路环境、客流规律、车辆和司售人员的特点，为分析解决运营中出现的问题，提供切实可行的方案。

（3）具有调度专业知识，在现场工作中，善于抓住关键问题，及时采取有效的应急措施，维护线路正常运营秩序。

（4）监控行车时刻表的执行情况，认真签注原始单据。

【拓展阅读】

城市公交企业现场调度员岗位安全操作要求

城市公交企业现场调度员是现场人员、车辆调配的直接组织实施者，是车辆运行过程的参与者和监督者，对公司的经济效益和社会效益的实现具有重要作用。

现场调度员主要协助车队调度员做好所属线路营运调度工作，保证正常的运行秩序。其应在车队调度员的安排下，严格执行行车作业计划，保证准点发车。同时时刻监控所属线路车辆运行情况，遇突发情况及时向调度员汇报，采取灵活科学的调度措施，在保障营运安全的基础上，最大限度地维护所属线路营运秩序正常。

现场调度员岗位安全操作要求如下：

（1）认真学习《安全生产法》相关业务的安全责任，落实一岗双责制度。

（2）了解和掌握本单位《安全生产规章制度》和各类应急预案的相关要求和规定。

（3）每天工作前进行个人风险识别，及时调整自身存在的安全隐患。

（4）对站房（调度室）进行后方安全用电检查，检查各类插排、插座和电器是否存在漏电等隐患。

（5）对站房（调度室）消防设施设备进行检查，发现问题及时整改。

（6）督促驾驶员早到单位，对车辆设施设备等进行检查，确保故障、隐患车辆不上路。

（7）做好驾驶员早出车签名叮嘱工作，并根据实际情况对早叮嘱内容进行添加和更改，确保叮嘱时效性。

（8）对新定车、新调入（复工）驾驶员进行重点叮嘱，必要时根据实际情况调整其工作时间。

（9）对包车、跨线等参加非营运任务车辆驾驶员进行线路走向介绍，并与其签订安全行车工作责任书。

（10）与驾驶员充分沟通，缓解矛盾冲突，疏导驾驶员情绪，及时了解驾驶员精神和身体状况，并据此安排排班计划，降低驾驶员个人安全风险隐患。

（11）通过酒精测试仪对驾驶员进行出车前检测，避免驾驶员违法驾驶。

（12）通过智能调度系统和监控系统，对运行车辆进行语音和短信安全提醒，特别是特殊时间或恶劣天气时的提醒。

（13）场区内外来人员有协助检查监督义务。督促驾驶员对乘客遗留物品进行监督检查，避免携带易燃易爆危险品入场。

（14）检查驾驶员按照"一圈一检"要求填写的记录，发现问题提醒整改。

（15）上站上线进行客流调查、护站等，注意个人安全和所在场所的隐患风险识别，及时消除隐患，避免发生事故。

项目七
快速公交 BRT 运营

任务 1　BRT 的应用及发展形势探究

学习目标

1. 素质目标
- 树立实事求是的工作理念。
- 培养良好的团队协作能力。
- 培养严谨的方案设计能力。

2. 知识目标
- 了解 BRT 系统组成和特点。
- 了解 BRT 系统与其他公交系统的区别和联系。
- 了解 BRT 的应用及发展形势。

3. 技能目标
- 能够根据 BRT 系统的特点，分析某城市是否适合建设 BRT。

发布任务

目前国内不少城市已开通 BRT，请选择其中一个城市，调研该城市 BRT 运营现状，结合 BRT 的特征，评价 BRT 与该城市是否适应。

任务实施

1. 知识准备

（1）（　　　　　　）是一种介于快速轨道交通（Rapid Rail Transit，RRT）与常规公交（Normal Bus Transit，NBT）之间的新型公共客运系统。

（2）BRT 系统由（　　　　）、（　　　　）、（　　　　）、（　　　　）、（　　　　）这五个部分组成。

（3）BRT 按照道路运行形式的不同分为三类，即（　　　　　）、（　　　　　）、（　　　　　）。

（4）不同类型 BRT 专用道的优缺点比较如下表，请填写表格。

专用级别		优点	缺点
一级	混行车道		
二级	路外侧专用车道		
三级	路中央专用车道		
四级	路面快速公交专用路		
	高架道路或地下隧道		

（5）BRT 车辆有什么特点？

_____

_____

（6）为保障其快速运营，BRT 采用的售票方式为（　　　　　）。

（7）一般情况下，BRT 系统单向高峰运载能力可以达到（　　　　　）。

（8）BRT 系统的优缺点有哪些？请填写下表。

优点	缺点

（9）快速公交系统的应用形式可以归纳为五种应用形式，分别为（　　　　　）、（　　　　　）、（　　　　　）、（　　　　　）、（　　　　　）。

（10）BRT 系统与哪些类型的城市适应性比较高，这些城市具备哪些特征？

_____

2. 合作探究

以小组为单位，选择开通 BRT 的城市并进行网络调研，通过资料分析，结合 BRT 的特征，评价该城市与 BRT 是否互相适应，并与实际运营现状进行对比验证。

3. 成果展示

各小组制作成果分享 PPT 并开展交流讨论。

4. 个人总结

___

评价反馈

评分项目	分值	自我评价得分	教师评价得分
工作页已完成（全部完成为20分，其余为0分）	20		
知识掌握程度（任务工单准确率）	30		
能力获得程度（任务参与情况）	30		
素质目标实现程度（个人表现情况）	10		
个人体会和思考（个人总结）	10		
本次任务总体评价	100		

知识要点

快速公交系统（Bus Rapid Transit，BRT）是一种介于快速轨道交通（Rapid Rail Transit，RRT）与常规公交（Normal Bus Transit，NBT）之间的新型公共客运系统，是一种中运量交通方式，通常也被称作"地面上的地铁"。20世纪70年代，快速公交系统开始出现在巴西的库里蒂巴市。它利用现代巴士技术（如大容量、低地板、低成本的巴士和先进的光学导向巴士），在城市中开辟公共交通专用道，再配合智能交通技术，采用轨道交通的运营管理模式（如加大站距、车站买票上车等），达到轻轨交通的服务水平。这种新的公共交通模式既保持了轨道交通快速、大容量的特点，同时又具有传统巴士公共交通的灵活性、便利性和经济性。

一、BRT系统组成

1. 专用行车道

BRT系统采用专有路权，在主要交通走廊上使用公交专用线或专用车道，使得BRT系统与其他车辆从空间上分离，体现了道路使用权的优先分配，从而确保了BRT实现快速、省时的目的。BRT按照道路运行形式的不同分为三类，即公交专用路、公交专用道和与合乘车共用。公交专用路是指在特定的城市道路上，公交车享有全部的、排他的绝对使用权；公交专用道是指在特定路段上，通过标志、标线等

视频：BRT系统组成

划出一条或几条车道给公交车专用，同时，公交车享有在其他车道行驶的权利；与合乘车共用是指在特定道路上划出公交车与合乘车共同使用的道路。

BRT 使用道路空间的形式依据 BRT 车辆与其他车辆的分隔程度以及专用车道位置确定。BRT 车辆的道路专用权限可分为 4 个等级（见表 7-1）。

表 7-1　BRT 系统专用车道形式

专用级别		优点	缺点
一级	混行车道	实现容易	易受干扰
二级	路外侧专用车道	便于公交站点布设，符合乘客使用习惯	受右转车辆和出租车上下客干扰，不利于公交车辆左转
三级	路中央专用车道	免受出租车、右转车及行人、非机动车辆的影响，运行车速高	对左转车辆通行有影响，车站用地不易保证，乘客到站不便，需配置左开门车辆
四级	路面快速公交专用路	运行环境良好且容易得到保障	受路网条件限制，实施困难
	高架道路或地下隧道	保证 BRT 系统运行不受任何外界影响	造价（改造）成本高

2. 车　站

BRT 系统的车站包括中间站、换乘站和终点站。中间站只提供乘客使用 BRT 系统服务；换乘站提供乘客换乘 BRT 接驳线路，并为换乘常规公交线路提供便利；终点站除乘客服务设施外，还需要增加线路调度、票务等管理功能。

沿高速公路或者公交专用道路的站点设置间距一般为 600～2 200 m；城市干线的车站设置间距为 300～1 000 m，以保证公交车高速行驶。BRT 车站多采用低站台，同时配备等待中乘客的安全庇护设施及提供 BRT 公交车线路的实时运行情况。BRT 采用车外购票系统，为乘客提供交通信息及水平上下车。

BRT 车站是对于常规公交车站的改进，最主要的改进内容如表 7-2 所示。

表 7-2　BRT 车站特点及改进

序号	改进内容	主要特点	目的
1	增加车站停车位	满足多辆公交同时进站上下服务	提高通行能力
2	增加车站超车道	满足车辆的跳站运行	提高运行速度和运量
3	建立独立车站	为乘客提供更舒适的候车空间，为更高级的车站设施布设提供平台	提高舒适性
4	提高站台高度	实现乘客水平上下车	提高运营速度
5	整合智能技术	乘客实时出行信息和车辆运行信息	保证运行可靠度
6	整合检票系统	实行车外售票	提高运营速度
7	车站综合开发	结合交通、商业、居住等实现整合式的土地发展	实现可持续发展

3. 公交车辆

BRT 系统多采用标准的或铰链式改良设计的车辆,如清洁环保车、双燃料(柴油/电驱动)运行系统、低底盘、多门、宽门车、专门设计的专用 BRT 车辆等。BRT 专用车辆将占到 BRT 系统费用的 50%以上。

BRT 车辆是影响系统运行速度、运输能力以及综合服务水平的重要因素。与传统公交车辆相比,BRT 系统对于车辆的改进如表 7-3 所示。

表 7-3 BRT 车辆特点及改进

序号	改进内容	主要特点	目的
1	普通公交车辆	与常规公交采用车辆相同,一般为单铰普通型	降低成本
2	加长公交车辆	采用单铰或双铰车辆	提高车辆载客能力
3	增加车门	配合车辆加长,增加上下车辆通道	减少停站时间
4	车辆车内设计	车辆底板平面化设计,增加舒适座椅、优化空间布局	提高乘客使用舒适性
5	车辆外观改进	独特标志性外观形状设计	加强系统形象塑造
6	增加先进辅助驾驶技术	结合智能交通技术实现车辆精确定位和自动导航	提高运行速度
7	采用新型环保推动系统	选择清洁燃料(电力、天然气等)	提高运行速度、降低环境污染

4. 智能交通系统(ITS)

BRT 系统应用的智能交通技术包括以下几个方面的内容:

(1)动态调度:通过车辆自动定位技术实现车辆的动态调度,应用收费系统实现客流出行数据的统计。

(2)辅助车辆驾驶技术:自动导向技术帮助车辆在路段运行期间保持平稳快速;精确靠站技术提高车辆在车站内的停靠准确度,缩短车站延误时间;安全保障技术保证车辆行驶过程中不受冲撞。

(3)信号优先技术:基于智能控制技术和车辆自动定位技术,在交叉口让 BRT 车辆优先通行。

(4)乘客出行信息服务:在车站上提供线路信息、车辆到站信息、换乘信息。车内提供实时运行信息,通过互联网、电话或客源集散点的查询终端提供 BRT 系统服务信息。

(5)服务方式:服务方式根据不同公交道路形式和不同的公交车辆而有所不同。多采用增加特种快车,且部分限站停靠,在现有线路基础上再增设其他站点形成辅助线路的方式。通过在 BRT 车站设置自动售检票系统、精确车辆停靠装置、显示到站公交车载客量以及与车辆地板平齐的高站台都使乘客能快速上下车。

5. 线路运行组织与管理

BRT 系统的运营管理改进包括利用先进技术的中央调度中心、系统内车辆实现统一调度，以及对 BRT、客运通道上的常规公交线路进行整合。

（1）配套地面公交线网调整：对原有道路上的常规公交线路进行调整，包括对一些平行线路的撤销和转移，建立与 BRT 干线相适应的接驳公交系统。

（2）中央动态调度：在 BRT 系统中利用先进的智能监控系统，针对需求和道路交通条件来控制车辆的运行状况，实现车辆运行严格按照计划时刻执行，确保系统的运营可靠性，避免乘客等候时间过长，减少车站车辆到站不均衡而引起的运行时间增加。

（3）跳站式运营：根据客流出行需求的特点，设计区间车和大站车运营模式，提高线路的运营效率和客运量。

（4）控制专用车道的运营车辆数：为提高 BRT 车道的使用效率，在系统运行初期，可以考虑常规公交车辆也在 BRT 专用车道上行驶，限制专用车道上的公交车辆数，确保 BRT 系统运营车速在 25 km/h 以上。

（5）售票方式：为保障其快速运营，采用车外售票方式，将售票系统置于公交候车站台内，在公交车辆进站前完成收费，从而实现快速简单的售票。

二、BRT 系统特点

1. BRT 系统的优点

BRT 系统通过新型大容量的交通工具、专用路权、交叉口信号优先、ITS 等交通运营管理方式，与其他交通方式相比具有以下优点：

（1）容量大：BRT 的车厢座位容量为 40～120 人左右，为普通公交车厢容量的 2～3 倍。BRT 系统独特的大容量公交车辆使得单车载客率上升，单方向小时断面流量将有较大提高，可达到与轻轨系统大致相当的运力。

（2）投资低：BRT 系统的投资一般是轨道交通的 1/5～1/20，运营成本是轻轨的 1/4。

（3）灵活性好：BRT 系统线网可分阶段实施，交叉口信号优先、乘客信息系统等技术也可以逐步引入。路面行驶方式保证了线路可以比较方便地得到修正或更改，当所吸引的交通流量达到系统上限时，可利用专用道建设容量更高的轨道交通系统。

（4）充分考虑乘客需求：新型的公交车辆车内宽敞，噪声振动减少，乘坐更为舒适。水平上车系统的采用，使公交乘客能够方便地乘车。乘客信息系统的采用，使乘客能了解公交系统乃至整个交通系统的情况，减少了不确定性，增加乘客对公交方式的信任度。

（5）速度快，准时性高：普通公共汽车运营速度为 16～25 km/h，轻轨为 20～35 km/h，地铁为 30～60 km/h，而 BRT 运营速度为 20～40 km/h，普遍高于常规公交，甚至可以接近轻轨和地铁的水平。BRT 系统受其他交通方式的干扰较小，易于和计划时间表保持一致。

（6）安全性高：专用道和交叉口优先使 BRT 系统与其他交通方式完全分离，降低了拥堵时可能发生的追尾、碰撞等事故的可能性;车内及站内安全系统的设置,更进一步减少了抢劫等暴力行为的发生。同时,车辆追踪系统和交通事故管理系统的采用,使得在事故发生时能够及时迅速地救援,增强了对乘客人身安全的保护。

(7)污染小,耗能少:新型公交车辆的设计,使得低耗能、低排放成为可能。同时专用道和路口优先提高了车速,避免了拥堵时反复的加减速和停车,也能有效地减少车辆的废气排放。在能耗方面,BRT 只有普通公共汽车的 60% 左右。

2. BRT 系统的缺点

(1)占用独立的道路空间,制约其他车辆使用:BRT 系统一般都要占据专用的车道,使本就稀缺的道路资源变得更加紧张。BRT 高效能在一定程度上也是以限制其他车辆对道路的使用为代价的。由于受发车频率和线路组织方式的影响,专用道的利用率较低。

(2)交叉口优先通行,增加其他车辆的路口延误:BRT 系统普遍采用的交叉口信号优先和优先通行措施,必将给其他方向和其他车道的车辆带来影响,增加其路口延误时间。此影响可以通过对交叉口的协调设计来降低到最低限度。

(3)可能会增加乘客出行的换乘次数:目前国外 BRT 发展多采用干线和支线相结合的线路组织形式,在降低专用道占地率、增加站点覆盖率、减少运营车辆、降低运营成本的同时又可能会增加乘客出行的换乘次数,增加出行时间。此影响可采用一票制的收费制度和合理规划换乘设施的方法来加以弥补。

(4)系统稳定性不高:BRT 专用道多采用物理隔离措施,但仍属于半封闭系统,尤其是在交叉口为平交方式时很容易受到其他交通流的影响。在车流高峰期,BRT 专用道为非物理隔离时,受其他车辆抢占车道、行人过街等横向干扰会明显增加。

三、BRT 系统与其他公交系统的比较

(一)与轨道交通的比较

视频:BRT 系统与其他公交系统的比较

与轨道交通比较,BRT 具有实施容易、服务灵活的优势,但规划建设的困难是专用车道对已有道路资源的占用、专用车站对于空间的占用以及可靠性与运量提高的限制。

(1)易实施性:相对于轨道交通,BRT 的主要优势是易实施。BRT 建设利用城市已有的道路空间进行局部改造,建设周期仅为轨道线路的 1/5~1/3,建设成本为轨道交通的 1/20~1/10。

(2)服务灵活性:与轨道交通相比,BRT 运行不受行驶轨道的限制,在 BRT 运行期间可以根据客流变化的特点调整线路走向,延伸或缩减线路的长度。BRT 系统的灵活性避免了轨道交通一次性投资过大的风险以及建成之后无法灵活更改线路的不足。

(3)道路资源的占用:轨道交通系统运营与其他交通方式基本不产生时空资源的共享冲突问题。BRT 规划建设则需考虑道路专用权实现方式,以及 BRT 实施占用已有道路资源对城市道路交通造成的影响。在一些道路资源匮乏的城市或城市局部区域,推行快速公交面临着实际困难。

（二）与公交专用道的比较

BRT系统本质上是公交优先措施的组合，即在专用道的基础上，通过一系列技术手段的整合，增加系统运营车速、提高运营效率和运行可靠性。

（1）运行可靠性和运送速度：BRT运行通过系统的整合设计，确保车辆按照运行组织计划执行。同时，通过乘客出行信息技术可帮助乘客实时了解车辆到站信息、换乘信息等，减少乘客出行的等候时间。而公交专用道仅能提供专用车道，由于过多的线路集中在公交专用道上运行，即使使用基于GPS/GIS的动态调度技术，也难以取得与BRT相似的运营可靠性，难以向公交乘客提供充分的车辆运行信息。

（2）高运量：一般情况下，BRT系统单向高峰运载能力可以达到1万～1.5万人次/h甚至更高。而公交专用道由于车站和车辆尺寸偏小等因素，制约了公交专用道的客运能力，在一般可接受的服务水平条件下，公交专用道的公交车通行能力只能达到0.72万～0.9万人次/h，超过该数值时，专用道上的公交车辆运营将极大地增加公交车辆进站延误和降低公交系统的运营可靠性。

（三）与常规公交系统相关性分析

BRT作为城市公共交通系统的一部分，介于轨道模式和常规公交之间，其与常规公交应该是相互补充、相辅相成的关系而非竞争关系，主要体现在以下几方面：

（1）针对不同出行距离，形成对服务的细分：BRT主要服务于中长距离出行；常规公交的功能将逐渐蜕变为提供中短距离出行服务以及为边远地区长距离出行提供服务。

（2）针对不同客流大小，形成对市场的细分：BRT适宜布置在有一定客流保障的客流主干线上；对于客流量较小的长距离出行，则适宜采用常规公交开行大站快车的形式，甚至开行快线小巴。

（3）常规公交形成BRT的喂给客流：常规公交应作为对BRT的喂给客流，保障BRT线路有充足的客流支撑。

四、BRT系统的应用形式

视频：BRT系统的应用形式

快速公交系统在城市公共交通系统中的应用形式可以根据各个城市的交通需求、城市土地规划以及城市的财政状况来决定。快速公交系统有以下五种应用形式。

（一）快速公交系统成为公交的主体

快速公交在建设成本、运营速度和居民出行成本方面，都处于适中的水平，这正符合许多中型城市的交通发展需要。在此类城市中，可以适时地建立完整的、覆盖城市大部分区域的快速公交网络，并配合常规公交线路作为接驳和线网加密，成为公共交通的主体。此类城市短期内没有必要再建设轨道交通系统，快速公交系统就完全能够满足居民的出行需求。

（二）快速公交系统应用于轨道交通的延伸

有些城市在规划建设轨道交通时盲目地将线路延伸到城市边缘，从城市用地、客流需求或是缓解道路拥堵等方面来考虑这样建设轨道交通都是不经济的。建设快速公交以延伸地铁、轻轨或加密轨道线网等举措都可以扩大轨道交通线网的覆盖范围，用更少的时间将更多的乘客输送到轨道交通线路中去，降低轨道交通出行的成本。

（三）快速公交系统作为轨道交通的过渡

在资金有限、客流尚未达到轨道交通建设规模时，可先建设快速公交，待条件成熟时再加以改造。应用这一发展策略，能够在城市急速扩张和交通出行方式转型期的关键时刻，掌握先机，迅速占领市场，与私人交通形成有效竞争。

（四）快速公交系统与地铁和轻轨混合使用

在轨道交通线路短期内不能实施时，可以通过建设快速公交系统来缓解交通压力，既可以为今后建设轨道交通保留用地空间，又能为未来的轨道交通运营培养客流。当具备经济条件时，在客流量提高到 BRT 无法承担时将快速公交系统升级为轨道交通系统。在城市外围地区或是新开发区，人口密度相对较低，建设快速公交所需要的道路条件比较成熟，可以使用快速公交作为轨道交通线路的延伸。而辅助汇集线路由常规公交承担，线路的布设以 BRT 和轨道线路为主干进行。

（五）独立式的快速公交系统

独立式的快速公交系统指的是建设一条或多条互不关联的快速公交走廊，从技术角度来说主要是建设几条主要客运走廊的公交专用道，这种系统往往在快速公交建设初期被广泛使用。我国目前大部分的快速公交系统都采用这种形式。随着快速公交系统的逐步发展与健全，独立式的快速公交可以组成快速公交网络。独立式快速公交系统有利于增加民众对快速公交这种新型交通方式的认识和了解，并增强认可程度，诱发潜在的客流。

五、不同类型城市 BRT 发展形势

快速公交系统的应用形式既可以混用也可以单独使用，不同类型的城市其快速公交系统的发展形势也不相同。

（一）特大型城市

特大型城市发展轨道交通是必然趋势，但是轨道交通只有形成网络才能发挥更大的作用。然而建成一个完整的轨道交通网络所需的时间是漫长的，对于采取的快速公交的发展模式，应在不同轨道交通的发展阶段分别进行考虑。

1. 轨道交通发展的初期

此时轨道交通的规模小，尚未形成网络，首先，应在城市的重要客运走廊上布设快速公交线路，与城市已有的地铁和轻轨共同作用于城市较大的客流走廊上，满足城市客流中长距

离的出行需求，发挥城市的客运骨干作用。其次，应该发展一些快速公交线路作为今后地铁或轻轨的建成前的过渡交通方式，这样既可以为轨道交通预留用地，还可以为今后建设的轨道交通保住客流。最后，在部分公交线路密集的路段上可考虑布置线路，用以代替常规公交。

2. 轨道交通发展的后期

此时轨道交通已经发展成具有一定服务水平的网络，城市交通需求大的交通走廊均被轨道交通覆盖，此时快速公交应该布设在轨道交通没有覆盖的放射线以及一些客流需求相对较小的交通走廊上。同时，考虑有些线路发挥衔接轨道线网的作用，往返于不同轨道线路之间，或应用于地铁或轻轨的延伸，逐步提高轨道交通服务对象和服务范围。

（二）大型城市

一般大城市由于受到经济能力或国家政策的制约不能建设大容量的城市轨道交通，故快速公交系统更适用于这些一般大城市。在城市建设初期，快速公交可满足一定程度的客流需求。随着城市道路条件的改善和客流需求的不断增加，远景可以考虑将快速公交系统发展为城市公共交通的主体，与常规公交共同发挥作用，用快速高效的公交服务网络引导城市居民出行方式的逐步转变，促进城市交通的可持续发展。

（三）中小型城市

在中型城市，快速公交的适用范围较小，宜采用独立式的快速公交系统，建设一条或多条互不关联的快速公交走廊。而在一些规模较小的小型城市，发展普通公交足以满足客流要求，没有必要再花费相对于普通公交高很多的费用去建设快速公交。

从宏观层面分析，应当根据城市的发展规模、城市形态、经济基础、管理体制、政策环境、机动化程度、交通规划等实际条件，从系统的角度分析 BRT 系统在不同城市的适应程度，如表 7-4 所示。

表 7-4　不同城市条件 BRT 系统适应性分析

条件类别 \ 适应程度	较好	一般	较差
城市规模	特大城市	大城市	中小城市
管理	带状、组团式、多中心	圈层式	单中心、地形特殊受限
经济基础	强	一般	弱
管理体制	一体化	不统一、可协调	部门分割、多头管理、难以协调
政策环境	宽松、政府和公众支持	无明显倾向	存在保障
机动化程度	低	中	高
公交系统	不发达、缺乏快速大运量方式	有轨道交通不发达、常规公交欠发达	发达
交通规划	规划可行	规划可调整	规划不可调整

【拓展阅读】

国内已经建设运营 BRT 有北京、广州、常州、成都、济南、杭州、郑州、兰州、合肥、大连、常德、枣庄、厦门等多个城市。

厦门 BRT，即厦门快速公交，于 2008 年 09 月 01 日正式投入使用，系统包括专用车站、高架专用道路和专用车道，狭义的厦门快速公交系统仅包含 3 条 BRT 快线，广义的厦门快速公交系统包含 3 条 BRT 快线（快 1、快 2、快 3）、11 条 BRT 连接线、1 条机场专线。这也是我国首个采取高架桥模式的 BRT 系统，如图 7-1 所示。

图 7-1　设置在高架上的 BRT 车站

广州市城市快速公共交通系统（Guangzhou Bus Rapid Transit，GBRT）筹划建设 4 年之久，耗资 13 亿元。2008 年 11 月 30 日，广州 BRT 动工，2010 年 2 月 10 日，广州 BRT 快速公交试验线正式开通。广州 BRT 的修建快，造价低，只有广州地铁系统的 1/10。其西起天河体育中心，东至黄埔夏园，全线总长 22.9 km。广州 BRT 停靠车站比普通车站长，BRT 师大暨大站单侧可同时停靠 12 辆公交车，全长 285 m，为亚洲最长的 BRT 站台。GBRT 现有 61 条公交线路，其中 31 条路线已被纳入 BRT 通道，其余 30 条进行路线调整，避开 BRT 通道。具体路线采用 30 条灵活路线加 1 条摆渡线的方式，其中摆渡路线从黄埔区夏园至天河体育中心，全程走 BRT 通道，其余的 30 条公交路线为部分路段行走 BRT 通道。

广州快速公交运营管理有限公司（以下简称"BRT 管理公司"），是广州市首家进行 BRT 快速公交运营管理的公司。BRT 管理公司的经营目标是实现 BRT 系统的规范营运、统一调度和管理，充分发挥 BRT 系统的运输潜能和效率，为市民提供便捷、快速、优质的公交出行服务。

任务 2　BRT 系统规划

学习目标

1. 素质目标
- 培养系统优化意识。
- 培养良好的团队协作能力。
- 培养严谨的方案设计能力。

2. 知识目标
- 了解 BRT 规划的层次与程序。
- 了解 BRT 系统线网布局规划。
- 了解 BRT 系统线路规划。
- 了解 BRT 的站场规划。

3. 技能目标
- 能够运用 BRT 规划的步骤、思路，针对目标城市或区域开展调研分析、完成该城市或区域 BRT 规划建设方案的初步编制。

发布任务

以小组为单位，自行选择某特定城市或区域，综合运用本次任务所学知识，通过网络文献调研、资料查找和实地调研等方法，完成该城市或区域 BRT 规划建设方案的初步编制，并制作成果分享 PPT 交流研讨。

任务实施

1. 知识准备

（1）BRT 系统规划分为（　　　　　）、（　　　　　）和（　　　　　）三个层次。

（2）BRT 系统规划分为哪几个步骤？

（3）开展 BRT 系统规划之前应调查的主要内容包括哪些？

（4）BRT 系统规划包括哪些方面的内容？

（5）城市快速公交线网规划时应具体考虑哪些影响因素？

（6）BRT 线网结构一般有（　　　　）、（　　　　）、（　　　　）。
（7）潜在交通出行走廊的识别主要方法有（　　　　）、（　　　　）。
（8）线网生成分三步进行，依次是（　　　　）、（　　　　）、（　　　　）。
（9）线路形态选择主要分为哪几种？

（10）线路通过停站设计实现不同的运营模式，一般分为（　　　　）、（　　　　）和（　　　　）三类。

（11）请填写以下 BRT 站点分类表。

按功能分类	
按售验票方式划分	
按车站位置	
依据道路断面特征、道路隔离带的布置形式以及专用道的位置	

（12）中途站点设置位置可以在（　　　　）、（　　　　）、（　　　　）中选择，不同的设置位置会对站点周边的车辆和行人产生不同的影响。

（13）由于快速公交的线路有限，同一条道路上设置的线路不会太多，所以一个中间站点最多需要（　　　　）个泊位数，枢纽站点的站台需要容纳（　　　　）辆车。

（14）考虑到乘客上下通道、检票设施和各种辅助设施以及站台边缘的安全带宽度，一般站台宽度不宜小于（　　　　）m。

2. 合作探究

以小组为单位，以某特定城市或区域为对象，制定小组任务分工，明确调研计划，通过网络文献调研、资料查找和实地调研等方法获取资料和相关规划数据，制定该城市或区域 BRT 规划。

3. 成果展示

各小组制作成果分享 PPT，各小组开展交流讨论。

4. 个人总结

_____
_____
_____
_____
_____
_____
_____

评价反馈

评分项目	分值	自我评价得分	教师评价得分
工作页已完成（全部完成为 20 分，其余为 0 分）	20		
知识掌握程度（任务工单准确率）	30		
能力获得程度（任务参与情况）	30		
素质目标实现程度（个人表现情况）	10		
个人体会和思考（个人总结）	10		
本次任务总体评价	100		

知识要点

一、规划的层次与程序

视频：规划的层次与程序

BRT 系统规划分为 BRT 系统总体规划、BRT 项目规划和施工方案设计三个层次。各个阶段的主要工作内容如图 7-2 所示。总体规划是从宏观层面上确定 BRT 系统在城市交通系统中的发展方向和设施形态，规划主要内容包括：确定 BRT 在城市客运交通系统和公共交通系统中的功能定位以及与轨道交通、常规地面公共交通的关系，客运走廊选择和 BRT 系统布局，BRT 系统核心要素对城市其他规划的要求。在项目规划阶段，需要根据道路条件与运行标准，确定 BRT 路权形式、车站布置，车辆选型和车场布局，BRT 线路运营组织方案，以及 BRT 走廊的地面公交线路、站点调整规划等。

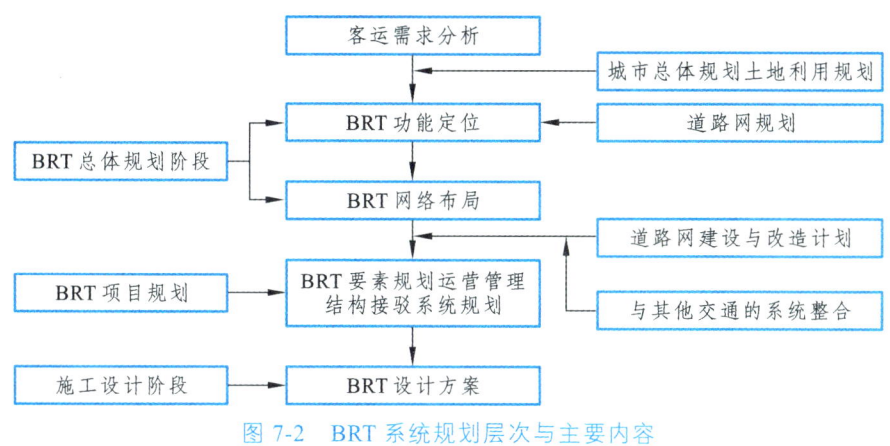

图 7-2 BRT 系统规划层次与主要内容

BRT 系统规划分为调查分析、需求及服务水平预测、系统规划、评价。

1. 调查分析

调查资料的获取涉及 BRT 的源和流、BRT 设施以及与 BRT 有关的社会、经济、自然、土地利用等方面的内容。调查的主要内容包括：社会经济发展情况、人口结构与用地规划、BRT 设施现状及规划情况、BRT 流量情况。

2. 需求及服务水平预测

BRT 出行需求预测是利用资料调查与分析的成果建立各种预测模型，并运用这些模型预测规划各时期 BRT 需求状况。对 BRT 用地、BRT、运营企业及 BRT 基础设施布局、数量和容量进行调查分析，预测 BRT 系统的服务水平。需求与服务水平预测则是为 BRT 系统的规划和评价提供依据。

3. 系统规划

系统规划包括 BRT 系统发展战略规划、BRT 线路布局、BRT 基础设施布局、BRT 运营模式设计以及 BRT 信息系统规划。

（1）BRT 系统发展战略规划。根据调查分析和 BRT 需求，制定 BRT 发展战略规划，包括 BRT 系统的定位、BRT 基础设施发展规划、BRT 发展的相关政策的制定。

（2）根据 BRT 的整体发展规划确定 BRT 建设的线路布局，包括分布模式和数量；同时，相应布置 BRT 基础设施，包括站台、综合车场等。

（3）BRT 模式设计，即决定 BRT 的投资、建设和管理营运主体。

（4）BRT 信息系统规划。BRT 信息电子化是发展趋势，包括智能调度中心、站台售检票系统以及出行信息的发布等。

4. 评 价

在空间分析上，要结合城市的规模、格局、社会经济发展水平和自然环境等因素，考虑整个 BRT 系统的建设水平、布局质量、数量规模和容量大小，分析整个网络的几何拓扑结构、联结服务质量、覆盖密度和 BRT 供给能力等性能。在时间分析上，不仅要考虑 BRT 网络的运输效率、能力及可达性等，还要分析 BRT 线路的服务水平，包括单条线路的高峰运送能力、与其他交通方式的接驳效率等，同时评价信息网络的时延、响应时间、带宽、资源利用率等性能。最后，在对 BRT 系统的空间、时间的静态、动态评价分析的基础上，进行综合分析。BRT 系统总体性能评价框架如图 7-3 所示。

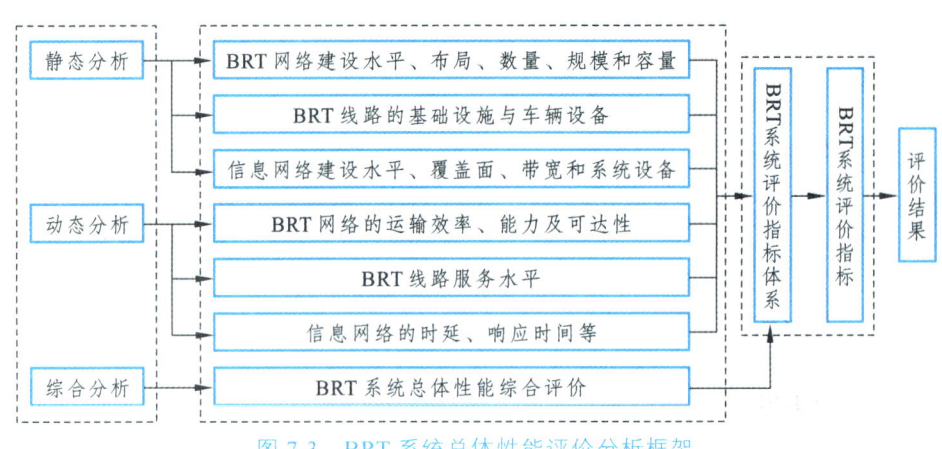

图 7-3　BRT 系统总体性能评价分析框架

二、线网布局规划

（一）BRT 线网布局影响因素

影响快速公交线网布局的因素有很多，包括外部设施、公共交通政策、与其他交通方式的整合、交通需求、道路条件等。综合起来，城市快速公交线网规划应具体考虑以下几个因素的影响。

视频：线网布局规划

1. 交通方面的需求

城市客运交通需求包括出行数量、出行分布和出行路径的选择，是影响快速公交线网规划的首要因素。在一定的服务水平要求下，客运需求量大的区域要求布置的快速公交线网客运能力较大，理想的快速公交线网布局应具有服务范围广、非直线系数小、出行时间短、直达率高（换乘率低）、可达性高等特点。

2. 城市道路条件

城市道路是快速公交线网布置的物质基础和前提，并非所有的道路都适合快速公交车辆的行驶，还要考虑道路几何线型、路面条件等因素。在进行快速公交线网规划以前，可以将所有适合于快速公交车辆行驶的道路定义为快速公交线网规划的"基础道路网"，然后，将快速公交网布置在"基础道路网"之上。

3. 不同交通方式间的整合

快速公交与轨道交通、常规公交的角色分工及功能定位，都是在进行快速公交线网布局时需要考虑的因素。因此，快速公交线网布局规划除考虑系统本身的效益之外，与其他交通方式之间的关系协调与整合也应一并考虑进去，以免公共交通内部形成恶性竞争，造成运输效率的整体下降。

4. 外部基础设施和运营条件

城市快速公交系统对基础设施和运营条件都有一定的要求，因此场站条件、快速公交车辆和城市道路等基础设施将是快速公交线网布局规划的重要限制条件。

5. 其他因素

现实环境中存在的其他一些因素也起到了一定的影响，包括相关主管部门的政策因素、投资力度、企业营运的既成范围、经济和文化因素等。

（二）BRT 线网结构

BRT 线网结构形式一般根据各城市的地形结构、土地利用、道路网布局和主客流方向等因素确定。当城市规模不大或城市的地理情况比较特殊，城市主客流方向集中单一时，BRT 路网构架形式相对来说比较简单，即连接城市中心区与居住区之间。随着城市规模的增大，BRT 线路长度和条数的增加，所构成的路网结构形式就越复杂。

1. 放射状结构

放射形结构的路网由若干直径线组成，所有的线路都经过市中心向外呈放射状，如图 7-4 所示。

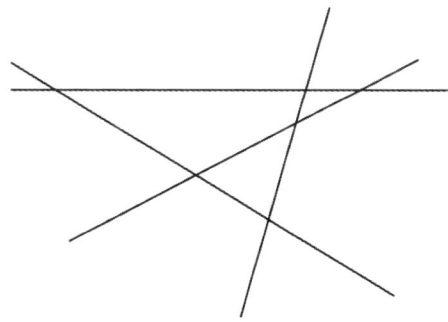

图 7-4　放射状结构

优点：郊区乘客可以直达市中心，从一条线路至另一条线路只需进行一次换乘。

缺点：增加了市中心的过境客流量和市中心的线路负荷，从某郊区至相邻郊区的乘客需绕行，增加了出行时间。

2. 放射+环状结构

当放射形路网规模较大时，往往在放射形路网的基础上增加一条环线，环线的基本作用是弥补放射形路网结构的不足。环线应规划在客流密度较大的地方，并要尽量多贯穿大的客流集散点。

优点：除具备放射形的优点以外，环线还起到疏解市中心客流的作用，减轻市中心区的线路负荷，提高环线上乘客的直达性并减少换乘次数。

缺点：相邻郊区之间的乘客需进行两次换乘。

3. 棋盘形结构

由若干纵横线路组成路网，主要是由于城市的道路呈棋盘形。

优点：线路网布局均匀，纵横线间的换乘方便，在路网覆盖范围内连通性好，客流分布均衡、交叉点分散，使换乘客流分散。

缺点：线路走向单一，对角线、平行线间换乘次数较多。

（三）BRT 线网布局方法

视频：BRT 线网布局方法

确定 BRT 网络形态的主要依据是客流需求，根据城市总体规划、用地布局确定客运走廊，在此基础上根据道路网布局形态和设施条件，确定具体的线路走向。为了保证规划方案的实施可行性，BRT 系统布局规划阶段必须同时确定主要构成要素的形式，包括道路断面、车站、车场布局和规模、线路服务形式等。

1. 潜在交通出行走廊的识别

（1）方法 1：经验判断法。

根据城市人口与岗位分布情况，设定影响范围，通过对线网覆盖率的判断来确定线路的走向。将人口与岗位分摊到交通小区中形成相应的人口与岗位分布图，在此图上根据经验判断并画出线路走向。这种方法目前虽使用较多，但仅考虑了人口密度的分布情况，忽视了人员出行行为的不同，因此在线网布设时可能与实际客流方向不完全吻合。

（2）方法 2：出行期望径路图法。

规划年出行预测并得到远期全人口、全方式 OD 矩阵；将远期 OD 矩阵按距离最短路分配到远期道路网上得到出行期望流量图，按出行期望流量图上的交通流量选线，产生初始线网。

2. 主要枢纽点的确定

确定 BRT 线网初始方案的走向之后，关键是确定 BRT 线网枢纽点的位置，这种由"枢纽到网络"的做法改变了传统由"网络到枢纽"的规划方法，可使产生的初始线网的站点与大型客流集散点有很好的衔接，有利于最大限度地吸引客流。

城市客运枢纽点包括两大类：一类是确定型枢纽点，一类是待定型枢纽点。确定型枢纽点是由城市总体规划确定的大型客流集散点，待定型枢纽点是城市范围内换乘量大的地点。

对于组团式结构的城市而言，确定型枢纽点主要包括以下五类：行政中心点，如市中心、区中心；交通枢纽点，如火车站、机场、客运港口、公交站场；文化商业点，如大型的公园广场、旅游点、体育场馆、大型商业中心、商业街等；大型企业点，如大型工矿企业和事业单位等；大型社区，如居住人口在 10 万人以上的居住中心等。将上述五类确定型枢纽点分别列出，分析各客流枢纽点的相对重要度，排定确定型城市客流枢纽点在城市中的地位，从而确定 BRT 线网初始方案中枢纽站点的设置。

BRT 枢纽站点的设置除了应考虑城市确定型枢纽站点外，还应考虑待定型枢纽站点。对于待定型枢纽点来说，BRT 枢纽站点设立的位置至少包括两个方向或两种方式的客运交通线路，通常位于道路网的节点附近，从某种程度上说，分析 BRT 待定型枢纽站点的选址问题转变成了选择道路网的节点问题。

3. 线网的生成

线网生成分三步进行，依次是市区级线网、市域级线网和局域级线网的生成。

线网首先生成连通市中心与城市副中心的市区线网，一般为一条环线、数条径线的形式。数条径线将穿越市中心并在此相交，由市中心向城市的各个方向放射，在保持线路尽量为直线的情况下，尽可能地连接更多的城市大型客流集散点，环线连通城市的副中心与其他的大型客流集散点。这样形成的骨架线网将满足现状多数城市交通需求走廊的要求，但对一些城市而言，这些骨架线网需要以地铁为主的轨道交通，在这种情况下，快速公交必须与轨道交通有效配合组织线网，在空间上起到补充的作用、在时间上起到替代的作用。

在确定市区线网之后，开始连通卫星城与骨架线网的市域线网。枢纽之间客流量很大，但沿途客流量较小，快速公交将发挥大站快车的作用。市域线网尽可能利用郊区主要公路，尽可能地经过集镇，以方便乡间乘客的换乘和带动沿途经济的发展，形成沿快速公交线的经济增长带，有利于促进城市向多中心轴线式布局发展。

市域级和市区级线网形成后，一般还剩下局部区域的客流集散点的连接问题，在规模大、客流集散点多的卫星城内可按中心城区的骨架线网形式布设该区域的加密线网。在市区范围内用加密线网连接剩余的节点，覆盖交通走廊。

4. BRT 线网布局优化

城市快速公交线网设置是否合理直接影响居民出行所需的时间、换乘次数以及系统运行成本。合理的布局，可以充分发挥快速公交的优势，提高运营效率，改善服务水平，方便居民的出行；同时，也可以减轻其他方式交通量对城市道路资源的占用，减轻城市道路系统的交通压力，在有限的城市用地发挥最大效能。

从对常规公交和轨道交通的研究中可以得知，无论是常规公交线网还是轨道交通线网的布局规划，它们的优化目标和约束条件都是根据各自的特征来确定的，因此对 BRT 线网进行优化也有着不同于其他交通方式的特征。BRT 线网规划要满足的目标很多，其中既有定性的也有定量的，定量目标和定性目标可以一起用来指导 BRT 规划，确定其发展重点和方向。为了实施有效的 BRT 线网优化，提高城市公共交通对客流的吸引力，必须选择合适的优化目标。

可以将城市快速公交系统快速和大运量两个特点作为出发点来确定 BRT 线网布局的优化目标。基于快速的特点进行考虑，由于 BRT 采用公交优先措施后大大减少了各种延误和不确定性因素，所以可以假设车速能稳定在较高水平，由此使乘客在 BRT 线路上的出行距离最接近空间直线距离，则乘客出行耗时最小，可以表示为直达客流平均绕行系数最小。基于 BRT 大运量的特点考虑，为充分利用 BRT 的运输能力，希望单位线路长度完成的直达乘客运输量最多，可以表示为直达客流运输密度最大。

三、线路规划

（一）线路形态选择

视频：线路规划

1. 穿越型线路

这种线路是穿越市中心区的，能使车辆调度、交通的集散变得较为方便，直接满足城市中心区的运量需求，用以形成都市快速干线公交系统的主干线。通常这种线路形态不考虑与其他地区间的联系，因此容易造成城市中心区过多的转车次数，增加转乘的不便，并且增加了市中心的交通负荷。

2. 衔扣型线路

衔扣型线路由呈L状的线路穿过市中心区，以成对相扣的方式形成线网，这种线网具有平衡路线两端运量、减少转车次数、使整体系统运转更具弹性的优点。与网格状线网相比，衔扣型线网形态可同时服务东西走向与南北走向两个方向的客运需求，而网格状线网需在东西向及南北向的穿越型线路都布设完成之后，才能发挥穿越型路网形态的功能；与辐射状路网相较，它的折线形线路在市中心区附近相互衔扣，使其服务范围既可涵盖较大的面积，又可以满足市中心区外部运输走廊部分的客运需求，因此线路布设具有很大的弹性。

与穿越型线路一样，如果快速公交采用这种形式的线路，通常是单独使用快速公交，并在城市公共交通系统中发挥骨干作用。

3. 切线型线路

切线型线路指垂直于穿越型线路或衔扣型线路，满足非向心的特殊客运需要，这种路线为不经过市中心区的过境路线，通常为外围边缘区的两个重要节点之间的连线。

如果快速公交采用这种形态的线路，通常情况下轨道交通为穿越型线路或衔扣型线路，承担大部分向心客流，而不经过中心区的客流则由快速公交的切线型线路承担。

4. 主支型线路或接驳型线路

这种线路为主干线的延伸，主线与支线属于同一快速干线系统，主线一般为轨道交通，支线为快速公交线路，通常服务于运输需求比较少的地区，满足接驳的旅运需求。有些城市在建设交通时盲目地将轨道线路延伸到城市边缘，从城市用地、客流需求或是道路交通状况等方面考虑，可能建设轨道交通是不经济，因为虽然根据城市的远期总体规划，在规划交通服务范围内会有较大幅度的土地开发以及人口与职工数的增加，但是近期的客流需求可能不需要使用轨道交通便能满足。另外，由于城市边缘或是城市新开发区，建设快速公交所需要的道路条件较成熟，因此，可以使用快速公交作为轨道交通的延伸来降低投资与公交运营成本，将快速公交的终点与轨道交通的起点紧密地结合在一起。

5. 环状线路

环状线路是指城市外围，以中心区外一定半径范围成封闭环状的线路。通常配合环状线路的是连通城市的各个重要节点的轨道交通或快速公交的辐射线路和穿越性线路，并作为其他线路的辅助线路。环线的基本作用是弥补放射型线网结构的不足，起到缓解市中心客流的作用，减轻市中心区线路的负荷，并提高环线方向乘客的直达性。一般情况下，快速公交就能满足环线客流需求，且可以利用城市环状快速路，给快速公交提供较好的运营环境。

（二）车道布置

BRT 车道是公交专用道的一种，其规划设计对保证运行车速、保证空间专用不受其他车辆影响等方面的要求更为严格。车道布置应充分考虑道路条件和 BRT 运行要求，采取灵活的规划设计方案。

由于 BRT 线路服务于城市主要客运走廊，一般布置在主要干道上，根据 BRT 车道在道路横断面的相对位置，车道布置有以下几种形式：

（1）多车道干道的中央车道作为 BRT 专用道。中央车道有利于保证 BRT 系统的运行服务水平，运行车速可在 25 km/h 以上，并且不易受其他车辆的影响。但中央车道和车站的规划形式，必须考虑乘客到达的安全性，通常需要增加人行天桥或地道设施，并与车站进行整合设计。如果道路有中央绿化分隔带，则可以布置岛式车站，但中央车道与岛式车站配合时，要求车辆左侧开门。

（2）主辅道结构的干道 BRT 车道布置在主线路侧车道。主辅道结构指通过车行道分隔，将地方短距离交通与中长距离出行车辆分离、出入主线车辆提前分离，减少由于车流合流、分流对道路运行的干扰。将 BRT 车道布置在主线边侧车道，不仅可以在保证运行车速的同时，兼顾乘客到达的便利性，也有利于 BRT 系统与其他公交线路的衔接。

（3）在多车道干道的路侧布置 BRT 车道。在已建城市道路且中央无分隔带的情况下，布置中央车道以及路中车站所需的道路空间的要求往往很难得到满足。采用路侧车道，道路改造量少且较易实施。但是，难于转向车辆必须穿越 BRT 车道以及在 BRT 外侧的非机动车道，均会对 BRT 车辆产生干扰，使得平均运行车速较难达到 25 km/h 的要求。

（4）在高架道路路侧布置 BRT 车道。在高架道路上设置 BRT 车道，可以彻底解决 BRT 车辆通过路口的延误问题，从而提高 BRT 系统的运行车速。但是，无论 BRT 车站布置在高架还是地面，出入高架道路的车流与 BRT 车辆在匝道区段均可能存在交织，对 BRT 车辆运行的可靠性产生影响。

（5）BRT 专用道路。在规划的 BRT 通道上无法通过道路空间功能调整、辟出专用 BRT 车道的情况下，需要建设专用的高架道路为 BRT 系统提高设施条件。

（三）线路营运规划

1. BRT 线路与车站管理

线路与车站的管理，实际上是营运规划与运行环境的协调。线路投入运营前应明确以下几点要求：

视频：线路营运规划

（1）营运线路与站台关系。根据客运能力设计，检验车站停靠泊位、线路数及各线路发车频率的匹配，并估计是否会出现车辆等待泊位的情况，评估对运行速度、按时刻表运行的影响。

（2）确定收费方式以及对车站设施的布置要求。如果明确换乘免费（不再重新售票），车站布置也需要评估转换客流候车空间需求，以及对上下客的影响。

（3）营运线路与车道关系，主要是车站区段的车道断面布置。如果车站采用港湾设计、行车道在车站区段作为超车道使用，可以设计线路不同的运营方式，从而提高车道客运能力。但车辆进入港湾站需要增加进站、离站时间，可能会降低运行车速。

（4）车辆与站台关系。需要检验车辆技术参数与站台几何参数的衔接关系，包括车底板高度与站台高度、车门数、车门宽度与站台门、重要车站的客流量与车站停靠泊位。

（5）系统运能配备。用高峰时间的发车间隔来计算所需投放的车辆，根据实际运行后的客流量，允许调整车型，也允许在高峰与平峰时段采用不同的车型。

（6）车辆事故处置。BRT 车道与邻侧车道的分隔，应不妨碍救援车辆进入。

2. 线路运营模式

线路通过停站设计实现不同的运营模式，一般分为每站必停、大站快线和点对点三类。这三种运营方式可在 BRT 系统内局部或全段使用，主要根据客流需求的时间变化、依据站点 OD 的空间变化进行具体设计，如图 7-5 所示。

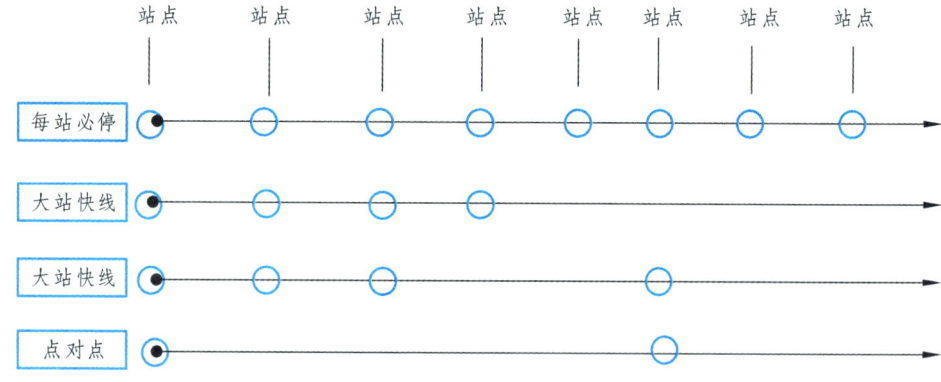

图 7-5 每站必停、大站快线、点对点等 BRT 线路营运模式

BRT 走廊所处的道路类型不同，其服务的模式和营运时间也不尽相同（见表 7-5）。

表 7-5 不同道路类型的 BRT 服务模式和营运时间

道路类型	服务模式	运营时间	
		工作日	休息日
运行于主干道的 BRT 专用道	每站必停	全天	全天
快速路或高速公路	点对点	全天	全天
BRT 专用车道	大站快线	高峰小时	—
BRT 专用道路	每站必停+大站快线	全天或高峰小时	全天

对于运行于主干道上的 BRT 线路，其走廊上的客流分布比较均匀，且穿越性的客流较少，因此基本考虑采用每站必停的方式。对于设置在快速路或高速公路上的 BRT 线路，为了尽可

能减少对道路交通的影响，一般采用点对点或大站快线的方式。对于营运于 BRT 专用道路的线路，当其在站点处设置超车道时，可以考虑采用全天每站必停方式，而在高峰小时加开大站快线方式。每站必停与大站快线两种方式结合，既提供了快速性又能充分考虑走廊沿线乘客的出行需求。

3. 营运时段

营运时段由客流分布时段决定，营运机构应根据客流需求、其他换乘衔接系统的营运时段确定首末班车时间。作为城市公交主干线路，BRT 营运时段至少是 6 时至 22 时，工作日和周末的营运时段尽可能保持一致，但班次密度可以做出调整。

基于交通安全考虑，局部同向 BRT 车道可以实施部分时段专用，逆向 BRT 车道应当全天专用，接驳线路也可实施高峰时段营运。

4. 发车方式

发车间隔和发车方式直接影响乘客候车时间和客运能力。为降低发生车辆等候进站的概率，如果有平交路口，则 BRT 线路高峰发车间隔一般不宜小于 2 min。如果客流量增加，根据 BRT 专用车道通行能力、路口信号优先控制条件，推荐采用编组发车方式，即在起点站同时排队发车以提高客运能力，有利于提高站台停靠泊位的使用效率。

发车间隔主要根据线路的客流量和 BRT 车辆的载客量来确定。采用不同服务模式的 BRT 线路其发车间隔是不一样的，大致的发车间隔范围如表 7-6 所示。

表 7-6　不同 BRT 服务模式下的典型发车间隔

服务模式	发车间隔/min		
	高峰小时	白天	晚上
每站必停	3~5	5~8	8~15
大站快线	8~12	10~15	—
接运线路	5~15	10~20	10~30

5. BRT 线路营运规划

BRT 营运规划中需要考虑的因素主要包括以下几个方面：

（1）规划的 BRT 营运模式应与其所在城市布局和结构、BRT 专用道类型、潜在的客流市场相适应，其服务模式对于乘客来讲应该是容易理解的。

（2）对于提供点到点服务的 BRT 线路应考虑在发车密度和服务水平之间的平衡，在规划期最好能考虑设置几条发车间隔较短的线路。

（3）对于在 2 h 之内（最长不超过 3 h）能运行一个来回的线路，其营运模式最好能采用每站必停的方式。

（4）对于整个 BRT 线网中的营运方式，应考虑采用不同的模式，如基本的每站必停、大站快线、点对点服务等。对于每站必停的营运模式，应该实行全天服务，对于大站快线、点对点服务等，可以考虑在高峰小时和工作日开行。

（5）基本的 BRT 线路发车间隔在高峰小时应为 5～10 min，平峰期间可以延长到 12～15 min。

（6）对于一些车流量较小的 BRT 专用道，可以考虑对其他公交车开放。

四、站场规划

（一）BRT 站点分类

视频：站场规划

（1）按功能划分，BRT 站点可分为中途停靠站、换乘站和首末站。中途停靠站规模较小，只提供乘客上下服务，较少地考虑与其他公交线路和交通方式的换乘问题。换乘站规模较大，除提供本站附近乘客上下车的服务外，还需要重点考虑与其他公交线路和交通方式的换乘问题。首末站规模很大，应具有足够的场地提供车辆停放、调度和维修，同时须配备停车场和必需的生活服务设施以方便与其他交通方式的换乘和乘客候车。

（2）按售验票方式划分，BRT 站点可分为开放式车站和封闭式车站。开放式车站站内不设售验票系统，功能相对简单，宜于维护，一般采取车上售票的收费方式，车站的造价较低，要求配备电子地图、公交电子查询设备、实时车辆到达信息系统、自动售票机等。封闭式车站设有收费区和不收费区的隔离措施，车站须设置售验票系统，并需要工作人员职守，封闭式车站采取车下售验票的收费方式，车站的造价较高。

（3）按车站位置，BRT 站点可划分为路中型车站和路侧型车站。路中型车站适用于路中型专用道形式，具体又可分为岛式车站和侧式车站，车站的规划与设计必须慎重考虑行人通道问题，避免造成对其他交通方式的干扰，车站造价较高。路侧型车站适用于路侧专用道形式，其设计可简单化，交通组织类似于常规公交车站，只是为了配合 BRT 车辆的构造，其设计有所不同。

（4）依据道路断面特征、道路隔离带的布置形式以及专用道的位置，BRT 站点分为港湾式、侧式（岛侧式）、岛式。当车道位于道路中央时，通常采用的是具有轨道交通车站特性的岛式站台或侧式站台，当专用道位于道路两侧时，尽量采用港湾式。

（二）BRT 站点规划设置原则

BRT 站点是 BRT 的基本组成部分，也是乘客利用 BRT 服务的第一个连接点，它提供了始发、到达和换乘的功能。

1. BRT 起始站

BRT 起始站的主要功能是为 BRT 线路的车辆提供开始和结束运营、等候调度以及购票、检票和提供 BRT 车辆信息的必要场所。起始站点是 BRT 站点的一部分，通常其中应该至少有一个具备停放车辆和小规模保养作用的服务设施，起始站点的设置主要包括起始站点的位置、规模、作用的确定以及站点设计等几部分。

（1）BRT 起始站点的设置应与城市道路网络的建设及发展相协调，宜建设于客流的集散点附近和主要客流的同侧。BRT 起始站点的选址应确保起始站点设置后不对道路交通造成严重影响。

（2）BRT 起始站点的规模由站点所服务的线路配备的车辆数和选用的车型决定，而配备的车辆数与 BRT 的线路形式有关。

（3）BRT 起始站点的作用与站点附近用地情况有关，若站点附近无空地，起始站可以不具有停放和保养 BRT 车辆的作用。BRT 车辆需要利用附近的道路调头并在路边或路侧空地作暂时停靠，因此，站点附近应具有较富裕的道路和停车用地。由于 BRT 准点率高，线路需要的停车空间比相同发车频率的普通公交的需求小。当站点具有停放 BRT 车辆的功能时，与起始站点相连的出入口道路应为服务水平良好、交通饱和度不高的道路，且尽量避免设置在交叉口附近，必要时可设置信号控制，减少对道路交通的干扰。

2. BRT 中间站点

BRT 中间站点的功能是为乘客提供车辆信息、等候、换乘以及购票、检票的场所。BRT 中间站点的规划主要包括选址、规模、站距的确定以及站点设计等几部分内容。

（1）BRT 线路通过的区域通常是现状或规划中的高密度用地区域，BRT 中间站点应设置在 BRT 线路沿途经过的客流集散中心附近。

（2）如果 BRT 中间站点沿街布设，站址宜选择在能按 BRT 要求完成车辆停放和通行任务的地方，并且能提供 BRT 站点所需用地。

（3）BRT 中间站点所在道路断面的位置由专用道的位置决定。

（4）BRT 中间站点的站距受乘客出行需求、站点所在区域条件和交叉口间距等因素的制约。

（5）BRT 中间站点附近通常要规划停车设施，以便为尚需使用其他交通方式的乘客提供便利的换乘条件。

3. BRT 枢纽站点

BRT 枢纽站点是指 BRT 与其他交通方式之间客流转换相对集中的场所，合理设置的枢纽能够使乘客安全、迅速地换乘，同时也使车辆进出枢纽时对道路交通的影响降低到最低程度。BRT 枢纽通常包括对外换乘枢纽和对内换乘枢纽两种，对外换乘枢纽是 BRT 与市际交通的联系点，在用地允许的情况下通常可设置在铁路客运站、长途汽车站、航空港口和城市出入口等地的道路上，对内换乘枢纽是城市区域内 BRT 客流的换乘点。BRT 枢纽站点的设置主要包括枢纽的选址、规模的确定以及枢纽站点设计等几个部分的内容。

（1）BRT 枢纽站点的选址和规模主要受客流需求强度、需要换乘的交通方式、用地情况以及周围环境条件等因素的影响。

（2）BRT 枢纽站点内部空间设计与需要换乘的交通方式和收费制度有关，应尽量使交通方式之间有效衔接，形成集约换乘。

（三）BRT 站点规划

1. 合理站距分析

快速公交站点受到乘客出行需求、车辆的运营管理、道路系统、交叉口间距和安全等多种因素的影响，应合理选择。一般而言，较长的车站间距可提高车辆的平均运营速度，但会使乘客从出行起点（终点）到上（下）车站的步行距离增大，给换乘带来不便；站间距缩短则反之。当站间距很小或很大时，总出行时间都会较大，而在这之间存在着某个最优站间距（或者最优站间距的某一邻域），使总的出行时间最小，这个最优站间距即为快速公交的合理站点间距。

一般而言，BRT 专用道的独立性越高，需要的站间距越长；道路沿线土地开发强度越大、客流需求越高，需要的站间距越小；BRT 专用道越靠近市中心区，站间距越小；越远离市区，站间距越大。从 BRT 专用道的使用特性来讲，其站点间距与轻轨站距相近，不同的城市区域 BRT 站点的平均间距建议分别为：中心区 800~1 000 m，中心区外围 900~1 200 m，城市郊区 1 000~1 500 m。

2. 站点的位置选择

中途站点设置位置可以选择在交叉口进口道、出口道、路段中间三种位置，不同的设置位置会对站点周边的车辆和行人产生不同的影响。

对于设置在中央车道的公交专用道，为了保证乘客上下站台的便捷性，其站点的位置通常布置在交叉口的进口道或出口道，通过加宽行人过街横道的宽度来达到迅速疏散下车乘客的目的。

（1）进口道：站点设置在交叉口进口道，由于公交车需要完成上下客后再利用本相位绿灯时间以通过交叉口，这种方式通常会造成相位绿灯时间的浪费（在绿灯时间内到达的公交车无法完成上下客）。

（2）出口道：公交站点设置在出口道，可以有效避免相位绿灯时间的损失，同时也是实现公交优先控制的需要。

站点设置在交叉口可能会产生安全和视距问题，而设在路段上时就不会。但路段上车速较高，站点处必须留有足够的宽度供其他车辆通过。车站处的公交车道需要有三四个车道宽度，保证运行车辆能避开到站车辆超车。有时需要在路中修建专门的过街设施，从而增加了建设成本。行人在路段中部穿越道路，降低了道路交通效益，增加了相交道路附近快速公交出行者的步行距离。

不同路边型站点位置的优缺点和使用条件如表 7-7 所示。

表 7-7　路边型 BRT 专用道车站在不同地点设置的优缺点

站点位置	优点	缺点
出口道	◇ 将右转车辆和 BRT 车辆的交织减小到最少； ◇ 通过提供专用道给社会车辆使用增加了额外的右转通行能力； ◇ 减少了右转车辆视距受阻的问题； ◇ 通过交叉口减速缩短了 BRT 车辆的减速距离； ◇ 如交叉口信号优先等措施可以被应用	◇ 有可能因为站点处停靠 BRT 车辆过多导致交叉口拥堵； ◇ 会对直行车辆视距产生干扰； ◇ 对于过街行人可能产生视距干扰

续表

站点位置	优点	缺点
进口道	◇ 当出口道的交通压力较大时，可以减少干扰； ◇ 当红灯时允许乘客上下车； ◇ 当交叉宽度足够时 BRT 车辆可以变道行驶	◇ 增加了与右转车辆的交织冲突； ◇ 使交叉口信号优先应用变得复杂化，假如站点位于停车线附近或者是右转车道上会减低效率或需要一个额外的信号
路段中间	◇ 将行人和车辆的视距问题减少到最少； ◇ 可以减少候车区的乘客拥挤情况	◇ 需要额外的距离来限制附近的禁止停车； ◇ 增加行人过街的绕行距离

根据不同站点设置位置的优缺点，其适用范围也是不一样的。进口道设置站点特别适用于路段客流量和公交车流量都比较大、整体交通状况比较良好、在高峰时段内禁止路边停车的情况。出口道设置站点主要适用于路边车道为 BRT 单独享有、在高峰小时（或全天）禁止路边停车、交叉口 BRT 享有信号优先等情况。路段中间设置站点在实际应用中并不多见，特别适用于城郊区域 BRT 专用道上有多条线路经过、需要大片上下客面积的情况，也适用于两个交叉口之间的间隔比较长，同时在路段中间有客流集散区域的情况。各种位置在不同的标准下的方案选择如表 7-8 所示。

表 7-8 选择站点位置的标准

标准		选择方案			
		交叉口下游	交叉口上游	路段中	
				远离人性横道	靠近人行横道
安全	乘客的活动安全	√		√	
	车辆行驶安全	√		√	
	其他交通活动		√		√
车辆运营	方便行人活动		√		
	方便车辆转弯	√	√		√
	与机动车的冲突小	√			
对交通流的影响	红灯右转对交通影响小	√	√	√	

3. 站点的规模

快速公交站点设置受城市用地条件的限制较大，当线路周围用地紧张，可用的用地面积不能满足站点用地要求时，需要调整站点位置，有时甚至会影响实施方案的选择。

（1）站台长度：由于快速公交的线路有限，同一条道路上设置的线路不会太多，所以一个中间站点最多需要 2~3 个泊位数，公交车长度取 18 m，一个泊位长度可按 20.5 m 计算。通常普通站台一般可容纳 2~3 辆公交车停留，枢纽站点的站台需要能容纳 4~5 辆。

（2）站台宽度：考虑到乘客上下通道、检票设施和各种辅助设施以及站台边缘的安全带宽度，一般站台宽度不宜小于 2.5 m。

（3）站台高度：为了方便所有乘客上下车，减少乘客上下车时间，设计 BRT 站台高度时力求使 BRT 乘客能够水平登车。

（四）BRT 换乘枢纽

换乘站是 BRT 线路上除首末站之外的大型站点，它通过连接其他常规公交线路来集散换乘乘客，不仅提高了 BRT 系统的利用率，还简化了 BRT 和常规公交的服务形式。

对于 BRT 换乘枢纽规划，需要遵循以下几条原则：尽可能将 BRT、公交接运线路、私家车交通隔离，并给予其他交通方式与 BRT 换乘的优先权。多方式之间的换乘设施和"P + R"设施（Park and Ride）可以设置在 BRT 线路的一边或者两边，建议最好设置在 BRT 通向市中心的一侧。在规划中要考虑到尽可能缩短乘客的步行距离并减少乘客与公交车辆之间的交织冲突。

对于客流量较小或受规模限制的枢纽，BRT 车辆可以在同一位置上下客，但是对于大运量的枢纽站点，只有通过上下客分离，才能实现乘客的快速上下车。

换乘枢纽一般设置在常规公交线路相交或接近 BRT 站点处，当存在多条接运线路时，应尽可能提供路外换乘设施。根据 BRT 走廊和接运线路的相交情况，有以下两种换乘枢纽平面布置示意图。

第一种情况（见图 7-6）适用于 BRT 与接运线路之间的换乘量不是很大的情况，可以设置于路边或路外，乘客换乘需要经过楼梯，从而增加了换乘距离。

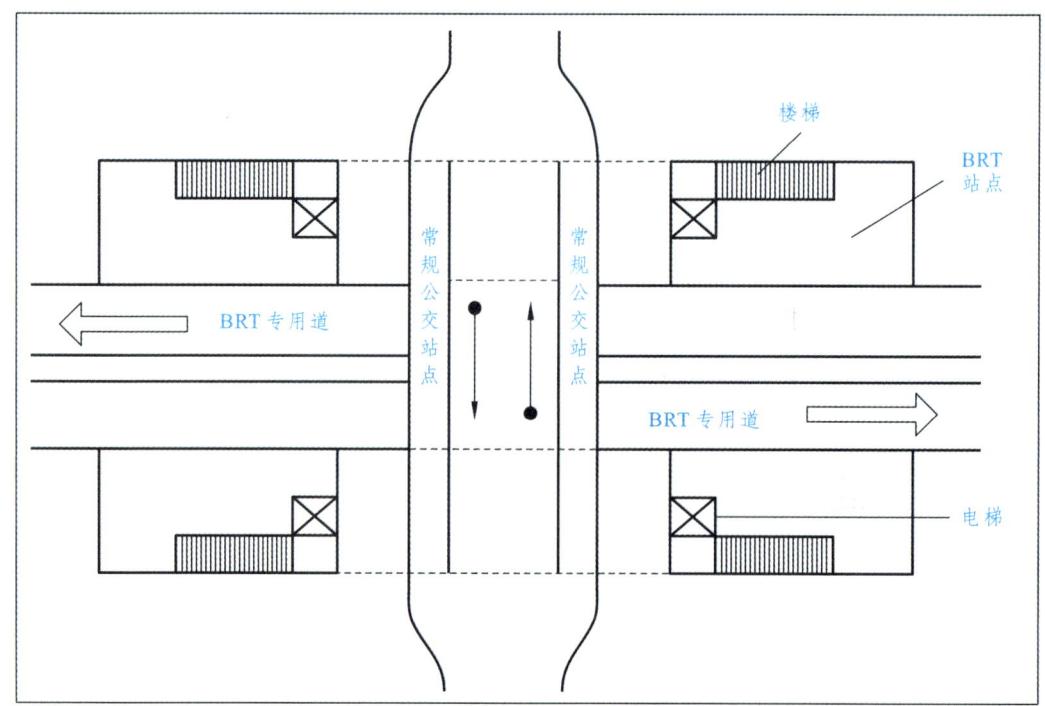

图 7-6　BRT 与接运线路相交时换乘枢纽平面布置图

第二种情况（见图7-7）适用于BRT与接运线路之间的换乘量较大的情况，通过BRT与接运线路之间的共享站台，可以快速地实现换乘，其换乘距离相对第一种布置要减少很多。

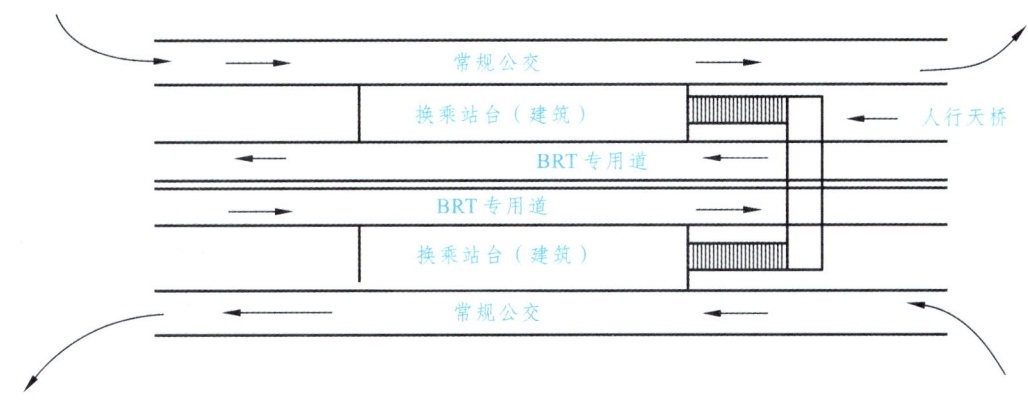

图7-7　BRT与接运线路平行时换乘枢纽平面布置图

"P+R"（停车换乘）设施一般设置在拥有大量乘客的区域，而且这些乘客居住的区域步行到BRT站点的距离太远，或者缺少有效的公交接运线路。通过"P+R"设施的设置可以节省BRT乘客的出行时间并扩大BRT站点的吸引范围。

"P+R"设施一般设置在道路交通状况良好的路段附近，通过良好的可达性并预留未来扩容的余地，其规模主要根据BRT站点的运量来决定。典型的"P+R"设施布置图如图7-8所示。

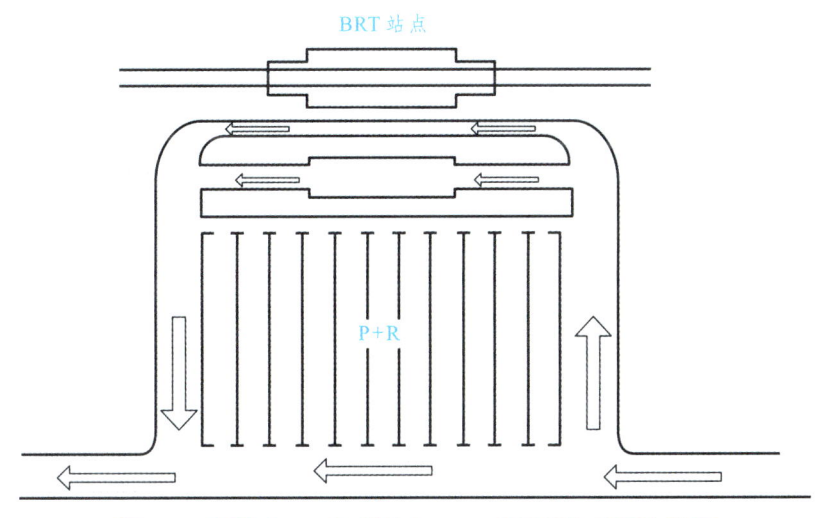

图7-8　典型"P+R"设施与BRT换乘枢纽平面布置图

（五）BRT停车保养场站

由于BRT车辆与普通公交车辆有所差别，其停车保养场站对用地、保养技术以及维修设备都有特定要求，需单独规划建设。

停车保养场站是为 BRT 车辆提供加油、加水、内外部清洗等日常服务，以及储存和发放车辆的燃料的场所，承担营运 BRT 车辆的高级保养任务及相应的配件加工、修制，为下班线路营运车辆提供合理的停放空间、场地和必要的设施。

BRT 场站规划用地大小按所承担的保养车辆数和保养级别、保养周期计算。如选用 18 m 长的 BRT 专用车辆，基本用地面积按 300 m^2/车的标准计算，并乘以用地系数 K。K 值的选取方法如下：

（1）当保养车辆数小于或等于 100 辆时，K 取 1.2。

（2）当保养车辆数在 150 辆左右时，K 取 1.1。

（3）当保养车辆数在 200 辆以上时，K 取 1.0。

停车场用地面积的大小要保证公交车辆在夜间全部回场停放情况下，车辆出入顺畅。停车方式一般采用垂直式或斜列式，每辆 BRT 车辆的单位停车面积如下：

（1）如按垂直式考虑，1 辆 18 m BRT 铰接车辆所需的单位停车面积约为 100 m^2。

（2）如按 45°斜列式考虑，1 辆 18 m BRT 铰接车辆所需的单位停车面积约为 90 m^2。

【拓展阅读】

了解我国典型城市 BRT 情况

20 世纪末，我国开始引入快速公交理念。1997 年 6 月 25 日，北京市首条公共交通专用车道正式开通。2004 年 12 月 6 日，正式开通的北京 BRT 示范线南中轴线是我国快速公交线路发展史上的里程碑。

图 7-9　北京 BRT

广州 BRT 为开放式，采用"封闭走廊，灵活线路"的设置模式，与 BRT 线路重叠较少的普通公交线路可在 BRT 通道内运营。BRT 通道内设置公交线路"30+1"条（30 条灵活线路，1 条 BRT 摆渡线）。

图 7-10　广州 BRT

厦门快速公交通过在闹市区建设高架桥，全线路只有极少量红绿灯，并且在地面车流量越来越大的情况下依然不受影响，可以保持车速。具有票价便宜、快速、方便等优点。

图 7-11　厦门 BRT

重庆快速公交线路特点：相比普通公交提速了一倍、摄像头调控发车频率、快速公交可控制红绿灯。

图 7-12 重庆 BRT

任务 3　BRT 专用道（路）设置与设计

学习目标

1. 素质目标
- 树立公交优先的发展理念。
- 培养严谨的方案设计能力。

2. 知识目标
- 了解 BRT 专用道设置形式。
- 了解 BRT 交叉口的设计原则。
- 了解 BRT 站点设计原则。

3. 技能目标
- 能够掌握 BRT 专用道、交叉口和站点的设计方法。

发布任务

拥有专用道是 BRT 区别于常规公交的一个显著特征，请选择一个典型城市的 BRT 系统作为调研对象，重点调研 BRT 的专用道类型、车站类型、交叉口的设计特点，形成调研报告。

项目七 快速公交 BRT 运营

任务实施

1. 知识准备

（1）思考不同类型 BRT 专用道的优点、缺点和适用范围分别是什么并在下表中填写完整。

专用道类型	优点	缺点	适用范围
路中式			
路侧式			
次路侧式			
单侧双向式			
单侧单向式			
逆向式			
BRT 专用道			

（2）请画出一个典型设置 BRT 专用进口道的无左转交叉口示意图。

（3）BRT 站点可分为两种形式，即（　　　　　　）和（　　　　　　）。

（4）路边型专用道中途站点布设形式有哪几种？各自分别有什么特征？

（5）不同类型的 BRT 设站形式有什么优缺点，请补充填写在下表中。

设站形式		优点	缺点
有中央分隔带	左侧式站台		
	右侧式站台		
	拆分隔离带设置站台		

续表

设站形式		优点	缺点
无中央分隔带	路侧式站台		
	岛式站台（左侧开门）		
	岛式站台（右侧开门）		
	占道站台		

2. 合作探究

以小组为单位，明确任务分工，调研一个城市处于运营状态的 BRT 的专用道类型、车站类型、交叉口的设计特点，形成调研报告。

3. 成果展示

各小组制作成果分享 PPT 并开展交流讨论。

4. 个人总结

评价反馈

评分项目	分值	自我评价得分	教师评价得分
工作页已完成（全部完成为20分，其余为0分）	20		
知识掌握程度（任务工单准确率）	30		
能力获得程度（任务参与情况）	30		
素质目标实现程度（个人表现情况）	10		
个人体会和思考（个人总结）	10		
本次任务总体评价	100		

知识要点

一、BRT专用道设置形式

（一）路中式专用道

视频：BRT专用道设置形式

在路中式的BRT专用道上，快速公交车辆靠路中央行驶。根据道路横断面形式不同，又分有中央分隔带和没有中央分隔带两种情况，如图7-13所示。没有中央分隔带的道路，专用道布设于路中线两侧，停靠站空间是通过对道路局部进行渠化或拓宽获得的；有中央分隔带的道路，专用道布设于分隔带两侧，利用分隔带来布置公交停靠站。

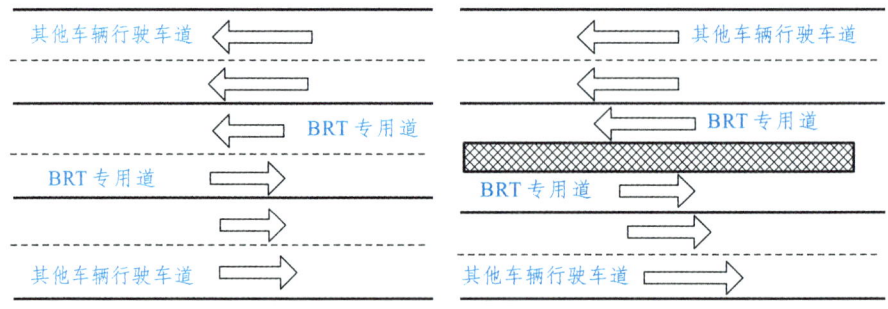

图7-13 路中式BRT专用道

路中式专用道的最大优势就是车辆行驶不受外界因素干扰。对于不设中央分隔带的道路，可以把双向专用道集中在一起进行物理隔离，这样做既保证了快速公交专用道的专用性，又可以使公交车辆利用对向车道进行超车；而对于设有中央分隔带的道路，可以根据实际需要对其进行灵活处理，必要的时候也可以将分隔带改建为快速公交专用道的一部分与专用道一起进行隔离。

车辆沿中央分隔带行驶并且停靠，乘客上下车就要穿越道路，与路侧的BRT专用道相比，这种中央专用道会使乘客穿越道路的次数增多，路侧专用道乘客完成往返出行只需要穿越一次，非往返出行需求者则无须穿越道路，而中央专用道的乘客每乘一次公交车便要穿越两次道路，安全性大大降低。由于一般道路中央分隔带宽度有限，是不方便设置人行天桥或地道的，增设行人过街信号又将给正常的车流造成延误。

由于我国的交通规则是车辆靠右侧行驶，所以公交车辆的车门也都开在右边，这种中央式专用道不方便乘客上下车。如果要利用中央分隔带作停靠站，则车门就应该设计在左侧，但必须整条公交线路都设有这种类型的 BRT 专用道，或者说停靠站都在路的左侧，否则有某些站在路右侧，公交车同样不方便上下客。另外，从车辆调度的角度来看，如果城市中这种左侧车门的公交车和普通公交车同时使用运营，则左侧车门的公交车只能行驶在固定线路上，不能随时调用到其他线路上，同时公交线路也不宜作变动。

总体来说，路中型 BRT 专用道由于受干扰比较少，对路幅的要求不高，投资少，实施方便，在合适的路段设置可以更好地体现公交优先，使公交系统高速、准时地运行。但其缺点是对社会车辆的行驶造成一定的阻隔，使其不能随意变换车道，同时专用道也容易被社会车辆占用，且公交车停靠不方便。

（二）路侧式专用道

这种形式的 BRT 专用道设置在双向机动车道的最外侧车道，停靠站点设置在机非隔离带上或者占用局部的非机动车道空间。这种形式的专用道是目前我国城市采用得最多的，如图 7-14 所示。

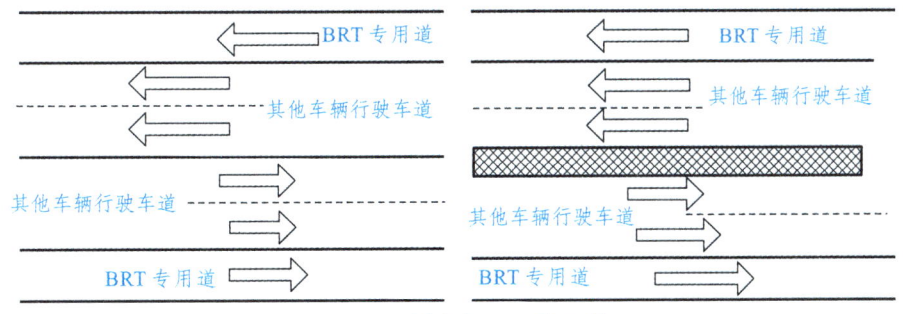

图 7-14　路侧式 BRT 专用道

路侧式专用道的优点：乘客进出站台和上下车很方便，道路改造少，可以使用现有的公交设施。由于这种形式的 BRT 专用道在路段上阻断了所有到达性车流，断绝了车辆"右进右出"道路的可能性，对于道路沿线开口比较多、土地开发强度比较大、交通发生和吸引比较强的路段，这种形式的专用道就会面临一个两难选择：若禁止这种"右进右出"交通，则会使这部分车辆进出道路很不方便，从而产生很大的负面效应；若不禁止这种交通，专用道的"专用性"和"通畅性"又不能得到保障。这种不可调和的矛盾决定了该种形式的专用道适应性不强，仅适合道路沿线土地开发强度低、交通发生和吸引不高的地段。而且路侧式专用道与路中式专用道相比，车辆容易受到路侧非机动车辆和行人等横向因素的干扰，从而影响 BRT 车辆行驶速度。

这种路侧 BRT 专用道的停靠站符合人们的出行心理，且对路幅要求低，实施方便易行，投资少。专用道设置在路侧，更容易具备设置港湾停靠站的条件，可以减少公交车辆的停车对社会车辆产生的干扰，方便公交车辆超车。但是这种形式的 BRT 专用道如果不采用物理隔离，往往会受到社会车辆的干扰，特别是出租车辆任意停靠的情况，有时甚至还会因一些车辆的违章停车阻塞了车道，影响专用道的正常运营，同时这种 BRT 专用道的设置也限制了其他社会车辆的路侧活动。

（三）次路侧式专用道

这种形式的 BRT 专用道是路侧式专用道的一种改进形式，一般是利用路段非机动车道在原来路侧式专用道的右侧再开设一条辅助机动车道，供沿街车辆和相交小路上车辆右进右出、出租车上下客和不允许使用快速公交专用道的常规公交行驶使用，如图 7-15 所示。

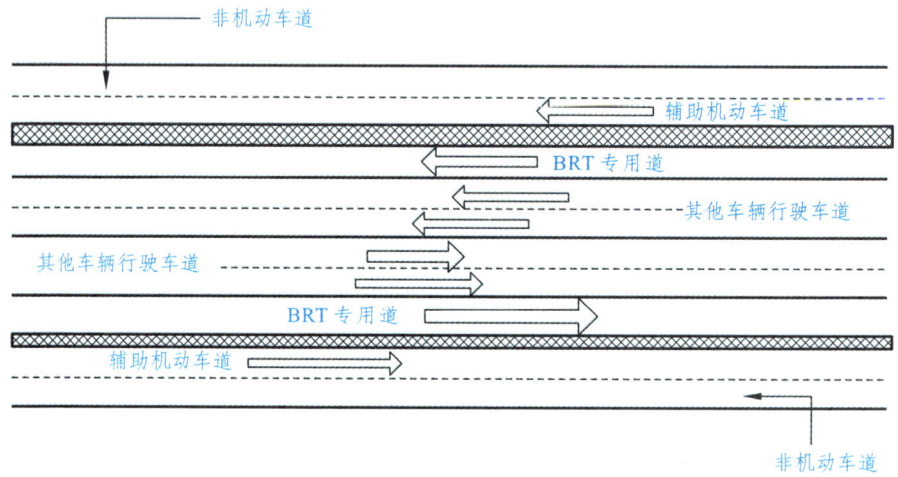

图 7-15　次路侧式 BRT 专用道

它的优点是克服了路侧式专用道的缺点。但它仍具有一个明显的缺陷，即对于非物理措施隔离的专用道，辅助车道上需要左转的车流在进入交叉口之前需转入专用道左侧车道，与 BRT 车流相互交织，从而影响专用道上车辆的行驶，尤其是当左转车流量比较大时，这种影响会使专用道的设置失去其意义。

此外，路侧式 BRT 专用道允许道路沿线土地有一定开发，但是强度不能太大，以避免产生太多的进出车辆。

由于车辆在这种类型的 BRT 专用道上行驶时不受路边因素干扰，因此可以高速行驶，且 BRT 专用道可以一直延伸到交叉口，减少公交车与社会车辆的交织，也便于为公交车辆提供优先通行信号。但公交停靠时要到路边，并需变换车道，将对社会车辆的正常行驶产生干扰，因此这种形式的 BRT 专用道最好设置在无停靠站的路段，如交叉口间距较短的路段或开行大站快车的情况。

（四）单侧双向式专用道

单侧双向式专用道是指将专用道集中布设于道路一侧，其他车辆行驶于另一侧的情况，如图 7-16 所示。

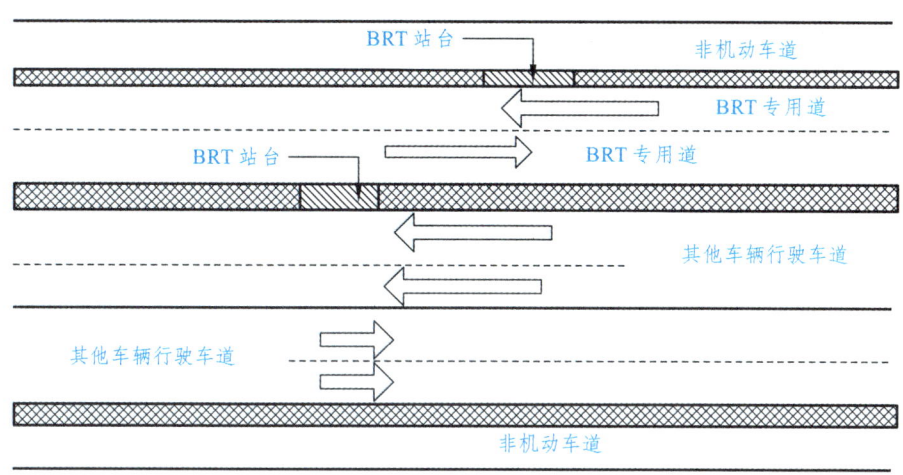

图 7-16　单侧双向式专用道

这种形式的公交专用道的一个显著优点就是路段车道安排灵活，车辆可以利用对向车道超车；另一个优点则是当公交线路为环状的时候，若将环内侧设为公交专用道，将会有效简化公交车辆在交叉口运营的复杂程度，免受社会车辆对公交运行的干扰。其缺点则体现在交叉口的运行组织方面：对于一般的 BRT 公交线路，如果在交叉口处 BRT 车辆既有直行又有转弯，那么交叉口处 BRT 车辆与其他社会车辆的交通冲突会明显增加，相互干扰严重，交通信号的协调组织也会变得相当复杂，处理较为麻烦。

这种类型专用道的缺点决定了它只适用于单线式快速公交线路，尤其适用于环形线路。对于沿线的土地开发则集中在一侧（如沿河道路）进行，路口交叉形式多为"T"形交叉的情况下，也可以选用这种类型的专用道。可以根据沿线客流和车流的具体情况决定 BRT 专用道到底设置在哪一侧，如果出于方便乘客到达沿街单位的考虑，可将专用道设置在靠近用地开发的一侧，若出于沿线单位车辆进出道路方便的考虑，可将专用道设置在另一侧。

（五）单侧单向式专用道

单侧单向式 BRT 专用道是指专用道设置在道路某一侧并且只沿一个方向行驶的专用道，如图 7-17 所示。这种形式的专用道多出现在单行道路上。在这种情况下，公交线路双向分两条道路行驶，并要求这两条道路相互平行且间距不大。

这种形式的专用道对道路网的密度有较高要求，基本类似于单向交通的设置标准，一般适用于道路狭窄、路网密集的老城区。

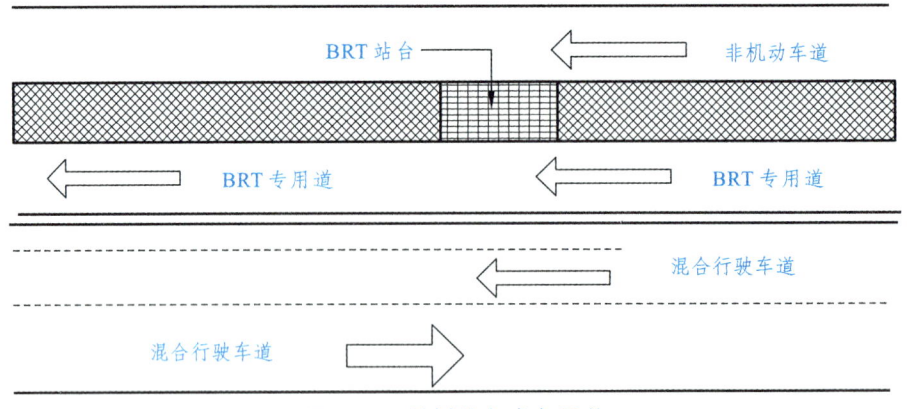

图 7-17　单侧单向式专用道

（六）逆向式专用道

BRT 逆向式专用道是指 BRT 车辆行驶方向与其他车辆行驶方向相反的专用道，一般也多用于单行道路上。这种形式的专用道优点是 BRT 车道不易被其他车辆占用，布设在单行道上时，反向乘客乘车方便。其缺点是不符合我国规定的行车习惯，与对向左转车流有冲突。交叉口处由于专用道车流与其他车辆没有统一的行驶特性，为 BRT 车辆安排的信号优先措施会给其他车辆造成更多的延误。

（七）快速公交专用路

快速公交专用路（地下、高架、专用街道、高速公路）是指整条道路都为 BRT 车辆所用的道路。单从 BRT 的运营效果方面考虑，这种形式的专用道采用全封闭式管理，具有独立性好、速度快、运量高等显著特点，无疑是最理想的专用道形式，但其占用道路资源也最大。若综合考虑我国城市的土地开发模式和布局、城市道路空间容量、成本效益、社会效益和建设周期等限制条件，国内大多数城市都不宜采用这种专用道，因此其适用范围十分有限。

各种类型的 BRT 专用道的优缺点和适用范围分析结果如表 7-9 所示。

表 7-9　不同类型的 BRT 专用道特性分析

专用道类型	优点	缺点	适用范围
路中式	外界干扰因素影响少	需设置专门的行人过街设施、对道路横断面要求较高	单向三车道及以上道路，使用范围广
路侧式	乘客上下车方便、道路改造少、可利用现有公交设施	易受外界干扰因素影响、车速低、通畅性较差、社会车辆右进右出受阻	沿线土地开发强度低、客流产生和吸引不高的单向三车道及以上道路，适用范围窄
次路侧式	乘客上下车方便、道路改造少、与路侧式专用道相比外界干扰因素有所降低	与左转社会车流存在交织、车速较低	沿线土地开发强度不高、进出车辆尤其是左转车辆少的单向三车道及以上道路

续表

专用道类型	优点	缺点	适用范围
单侧双向式	车道安排灵活、可利用对向车道超车	交叉口干扰多、运行组织复杂，沿街对面乘客乘坐不便	仅适用于沿线土地开发集中于一侧或公交线路为环状的道路，使用范围不高
单侧单向式	对路幅宽度要求不高	对路网密度要求高、双向分不同道路设置、不便换乘	适用于道路狭窄、路网密集的老城区
逆向式	专用道不易被其他车辆侵占、反向乘客乘车方便	不符合行车习惯、与对向左转车流有冲突、交叉口处与其他车流行驶特性不统一、BRT信号优先措施会明显增加社会车辆的路口延误	适用范围较广但实际运用中可操作性不高
BRT专用道	独立性好、速度快、运量大、效率高	道路资源占用多、建设成本高、周期长	仅适用于道路资源丰富的城市郊区，适用范围十分有限

结合各种类型 BRT 专用道的优缺点和使用范围，再结合城市的土地发展规划和道路交通条件因地制宜地确定适用的专用道类型。

二、交叉口的设计

视频：交叉口的设计

交叉口是 BRT 车辆在专用道上运行时可能受到外界干扰最大的区域，也是其他车辆受 BRT 车辆运行影响最大的区域。BRT 专用道经过的交叉口，尤其是平面交叉口必须进行适当处理，使由于建设 BRT 而对道路交通系统造成的不利影响降到最低程度。

为了减少车辆在交叉口的总延误时间，可以通过改善进口车道设计的方法实现，常用的方法有以下两种：

（1）增加车道，在用地条件允许的前提下，扩宽进口道，增加 1 条或 2 条车道。

（2）在进口道排队区设置两条停车线，前一条停车线用来控制 BRT 车辆，后一条停车线用来控制非 BRT 车辆运行。当红灯亮起时，非 BRT 车辆在后一条停车线前停止，使 BRT 车辆在进入排队区时可以根据运行方向分布在各个进口道等候通行信号。

对于普通交叉口，BRT 车辆还是经常会受到其他车辆的干扰，延长了 BRT 的运行时间，降低了 BRT 的服务水平，因此，必须采取适当措施保证 BRT 的优先行驶。可以采用的做法是在交叉口的适当位置设置停车等待区，通常在以下两种情况时需要设置停车等待区：一是平交道路 BRT 中央专用道；二是 3 幅路和 4 幅路（立交和平交道路）的部分非机动车道作为机动车道使用且 BRT 专用道设置时。

针对 BRT 路侧专用道左转车辆易与 BRT 专用道内侧直右车道的直行车辆发生干扰的问题，此时对 BRT 车辆的干扰相对较小，当左转交通量较大时，可将 BRT 路侧专用道内侧直右车道设置为专用右转车道，消除左转车辆与该直右车道的直行车辆间的干扰。

在信号交叉口的进口道中,有一条或多条进口道为公交车辆专用,其他社会车辆(不包含特殊车辆)不允许进入,则为 BRT 专用进口道。它保证公交车辆在交叉口同社会车辆分离,红灯时不需排在其他社会车辆之后等待,而是直接到达停车线处,这样就能够在绿灯亮的时候第一时间通过交叉口,减少 BRT 车辆在交叉口的延误。BRT 专用进口道的设置形式如图 7-18 和图 7-19 所示。

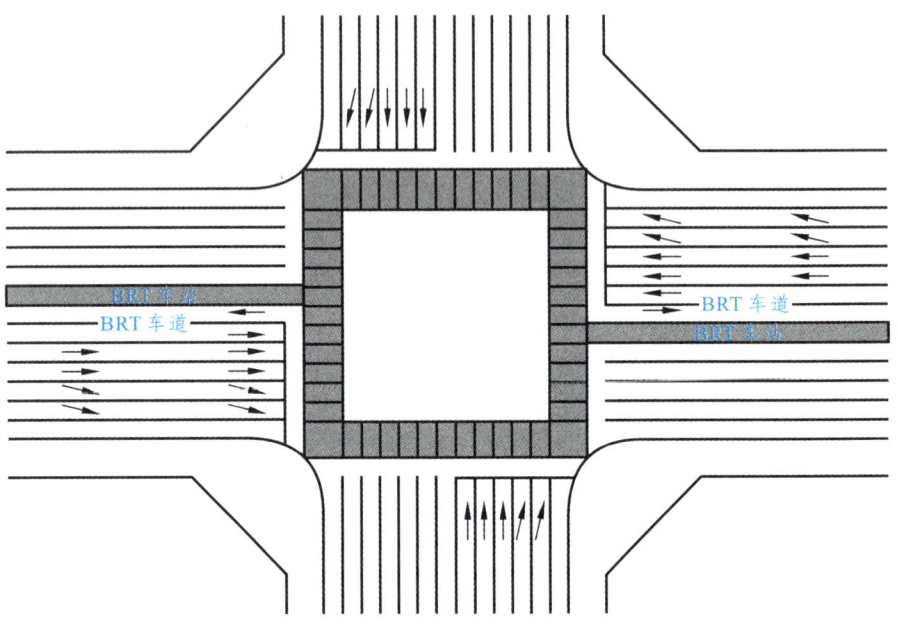

图 7-18 典型设置 BRT 专用进口道的无左转交叉口示意图

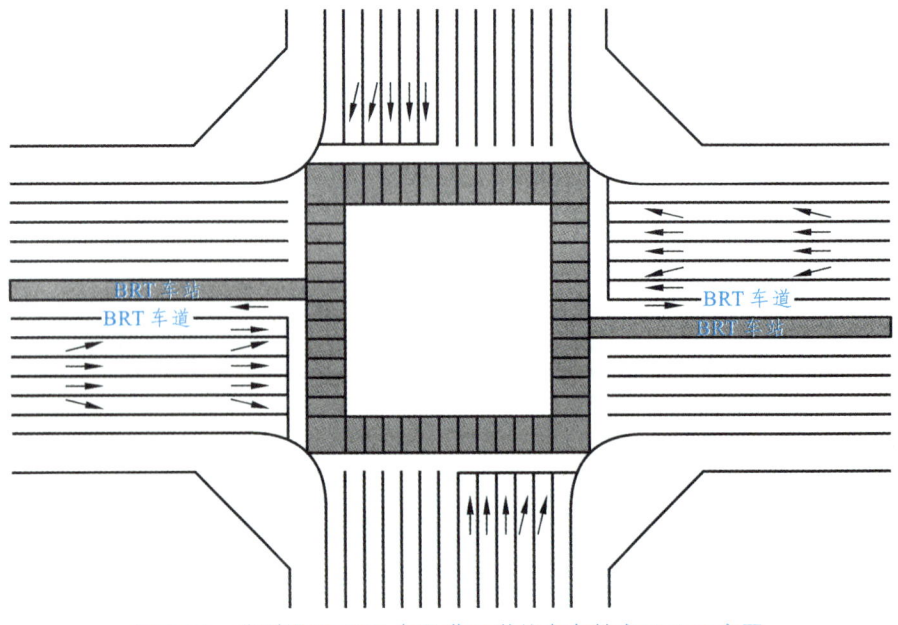

图 7-19 典型设置 BRT 专用进口道的有左转交叉口示意图

通过在交叉口设置立交，将 BRT 专用道和交叉口完全分离，可以避免所有的交织冲突。但是在中心区受用地限制和景观影响，大多只能采用隧道形式，导致造价昂贵，使用范围有限。

三、站点设计

（一）BRT 站点形式

视频：站点设计

BRT 站点可分为两种形式，即港湾式站点和非港湾式站点。港湾式站点是道路在 BRT 站点处向站点方向增加车道，此车道是专门为 BRT 车辆停靠服务的；非港湾式站点是指 BRT 站点沿路侧设置，BRT 车辆占用专用道停车。

BRT 站点形式的选择与 BRT 的运营方式、线路形式以及道路交通状况和用地情况都有密切关系，具体如下。

1. 港湾式站点

港湾式站点的最大优点是可以明显减少站点停靠车辆对其他车辆之间的干扰而产生的时间延误。对于在有中央隔离带的双向 4 车道道路上设置的路侧港湾式公交站，根据交通流量不同，约可减少一般车流延误的 20%～50%。通常在没有提供超车道、用地有富余并且有需求，或者超车需求量较大而且用地允许的情况下，可选用这种站点形式。

2. 非港湾式站点

非港湾式站点相对港湾式站点具有节约用地的特点，对于用地紧张的城市道路而言，非港湾式站点的这一特点常常在决策中起到决定性的作用。非港湾式站点在许多情况下成为 BRT 的优选方案，选用 BRT 站点的情况大致有以下几种：

（1）BRT 专用道包括超车道或道路交通饱和度较低，可以利用邻近机动车道超车。

（2）BRT 线路采用干支结合的形式，并且 BRT 车辆在每个站点均停靠，在这种情况下，BRT 车辆在站点几乎没有超车的需求，非港湾式站点便成为最佳选择。

（3）BRT 站点周围用地受限制，而且 BRT 站点处需要超车的车辆比例较小，不会形成交通瓶颈。

（二）路边型专用道中途站点布设方式

路边型专用道没有非机动车道时，BRT 中途站点就可以沿路侧设置在人行道上，根据具体的道路和交通条件可以设计成直线式停靠站和港湾式停靠站。路边型专用道有非机动车道时，公交车的停靠将受到更多的干扰，停靠站的设置形式可以分为以下三种：

（1）停靠站设置在机非隔离带上，为直线式，如图 7-20 所示。

这种形式的停靠站对非机动车没有干扰，但对其他社会车辆干扰较大，适用于道路宽度有限，非机动车流量较大，机动车流量不大的路段。

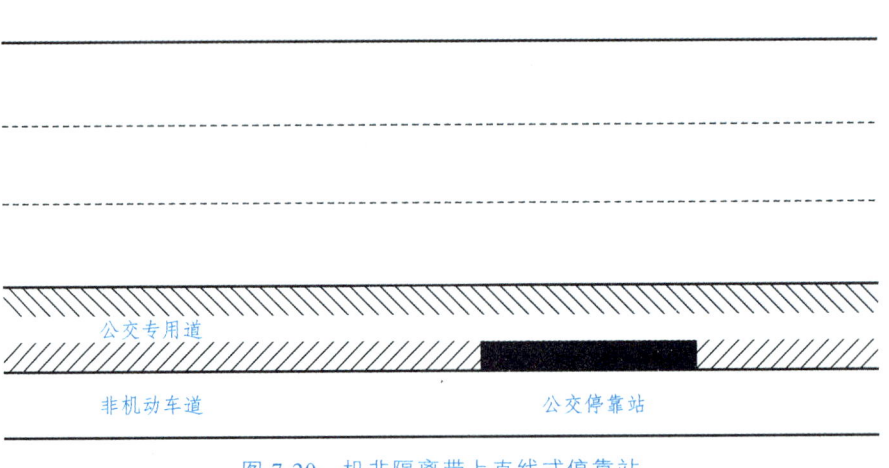

图 7-20　机非隔离带上直线式停靠站

（2）将道路在停靠站的断面处向外拓宽，非机动车道向路边侧移，公交专用道的右侧相应拓宽，停靠站设置在公交专用道与非机动车道之间，形成港湾式，如图 7-21 所示。

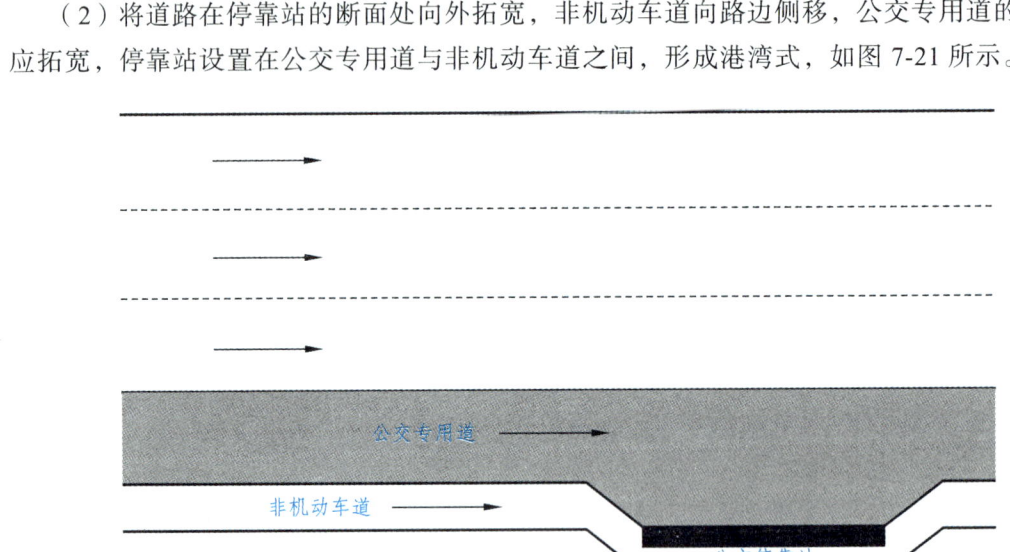

图 7-21　机非隔离带上右拓宽港湾式停靠站

这种形式的停靠站通过拓宽的道路断面设置了公交车辆的超车道，对非机动车干扰不大，只需稍稍改变一下方向，对其他社会车辆的干扰也很小，适用于道路宽度可以适当改造的路段。

（3）道路宽度不变，BRT 专用道向两侧拓宽，右侧占用部分非机动车道，形成港湾式停靠站，左侧占用部分社会车辆的车道，相邻社会车辆的车道也相应向左侧偏移，宽度减小，停靠站设置在公交专用道与非机动车道之间，如图 7-22 所示。

这种形式的停靠站通过占用两侧相邻车道作为超车道。由于占用了部分非机动车道，因此对非机动车的干扰较大，而社会车辆只是改变行车方向，相邻车道宽度是渐变的，因此所受干扰不大。此种形式适用于道路宽度有限、非机动车流量不大的路段。

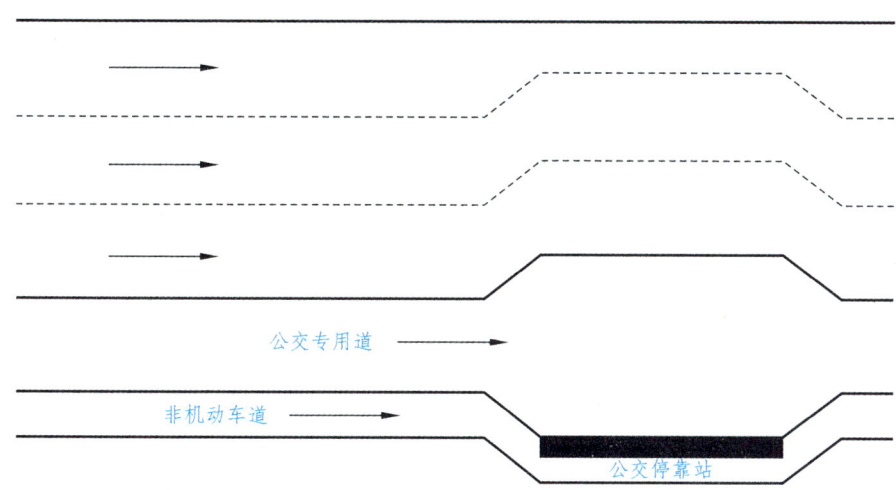

图 7-22 机非隔离带两侧拓宽港湾式停靠站

（三）路中型有中央分隔带的 BRT 专用道停靠站布设方法

对于有中央分隔带的道路，BRT 停靠站布设原则是：在保障停靠站布设有足够空间的同时，尽量不拆除或少占用绿化带面积。

（1）左侧式站台：对于分隔带宽度条件比较充裕（一般要求 3 m 以上）的道路，双向专用道分列于中央分隔带两侧，站台设在分隔带上供双向使用（见图 7-23），这是目前最为常见的路中型专用道站点设置形式。

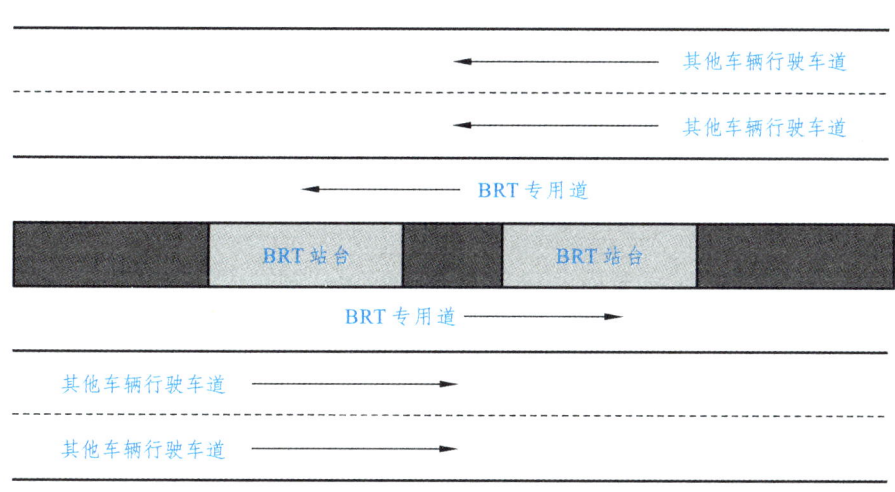

图 7-23 左侧开门的 BRT 站台示意图

这种形式的站台要求车辆左侧开门，它存在的问题是：如果单向只有一条行车道，过往的 BRT 公交车就会受停靠站停靠车辆的影响。为保证过往公交车辆不受影响，可在停靠站处进行局部拓宽，如图 7-24 所示。采用这种形式的站台时，专用道的车流组织也可以采用逆向式，即 BRT 车辆与其他车辆逆向行驶，如图 7-25 所示，这样车辆就可以右侧开门，但是公交车逆向行驶，违反了人们的习惯，乘客容易坐错方向。

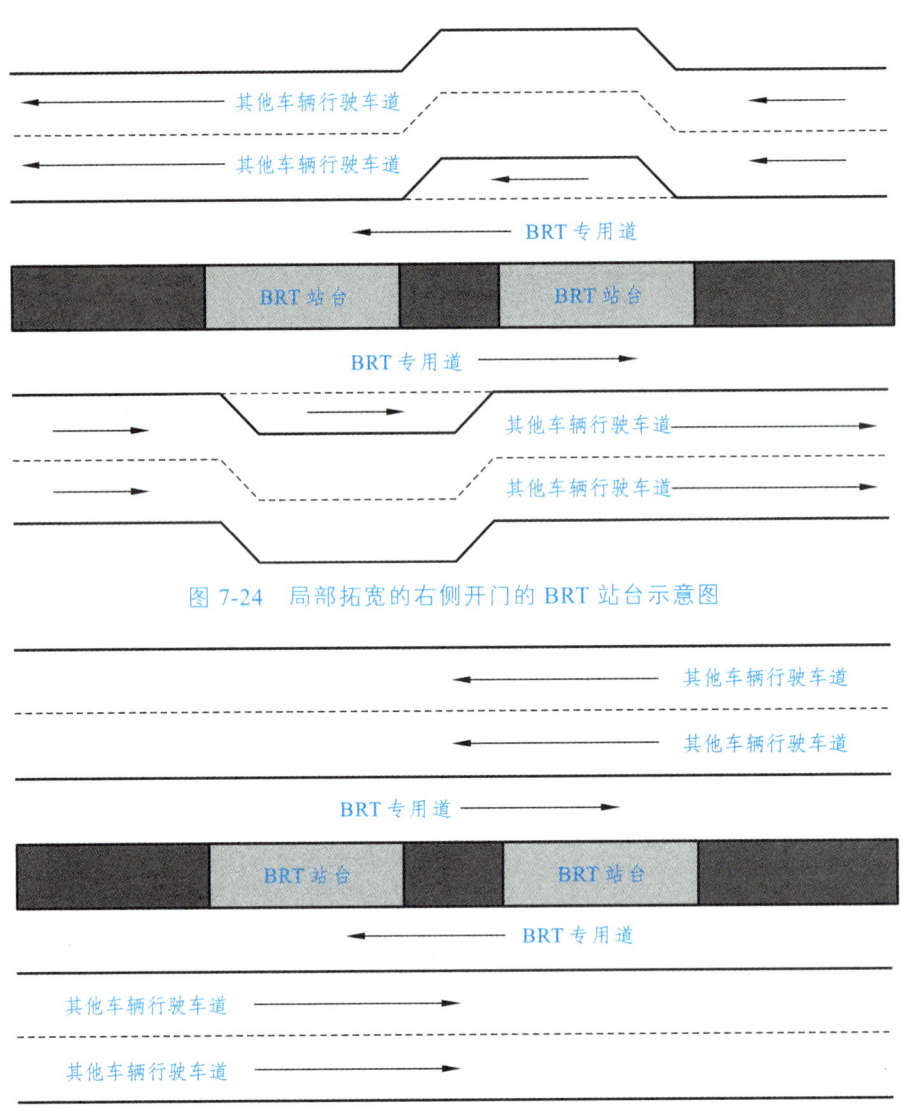

图 7-24 局部拓宽的右侧开门的 BRT 站台示意图

图 7-25 逆向行驶的右侧开门的 BRT 站台示意图

（2）右侧式站台。所谓右侧式站台就是把中央分隔带局部拆分为两个右侧站台，如图 7-26 所示。对于中央分隔带宽度较大（一般要求 6 m 以上）的道路，采用这种形式的站台还具有一个明显的优势，就是可以在站台区成功实现超车；此时，在非站台区就可以采用隔离护栏对专用道进行完全隔离。为避免车辆抛锚阻塞车道，只需在中央分隔带每隔一定距离设置一处紧急停车区即可，如图 7-27 所示。

相对于左侧式站台，这种形式更具优势：公交车辆可以在站台区进行超车，在非站台区公交专用道可以采用隔离栏与其他车道进行隔离；车辆的行驶和乘客上下车均符合常规习惯；不受中央分隔带宽度限制，只要能在站台区拓宽出满足车站的宽度即可，因而，其适用范围更为广泛。

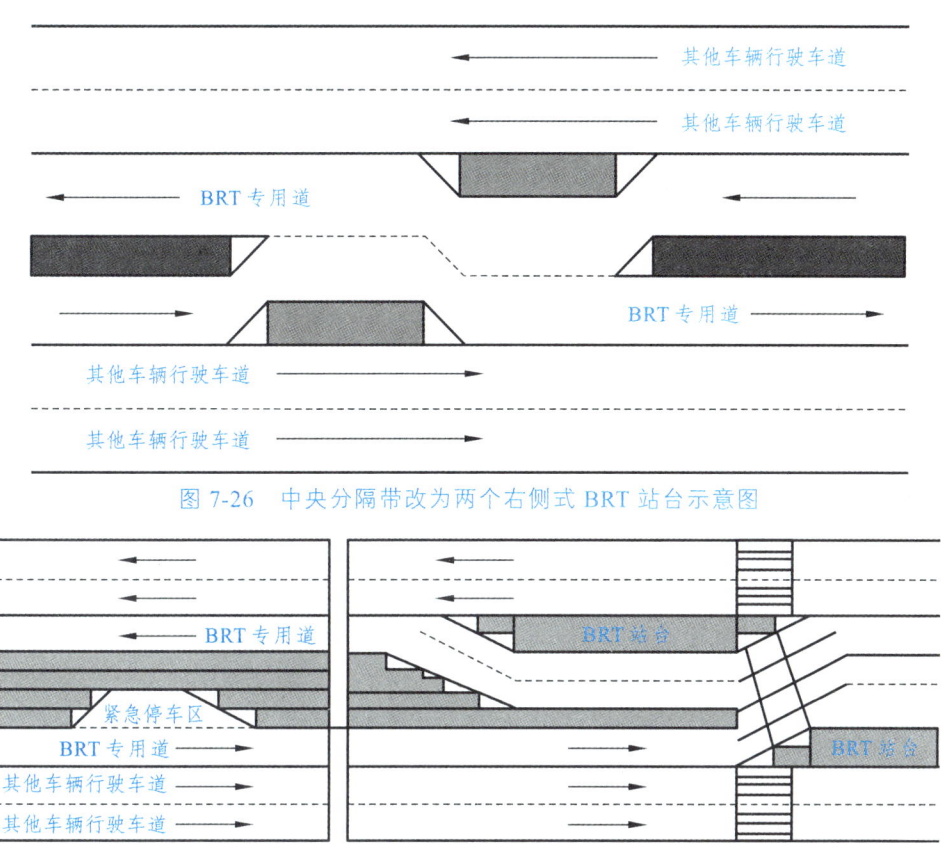

图 7-26 中央分隔带改为两个右侧式 BRT 站台示意图

图 7-27 BRT 专用道紧急停车区示意图

（3）拆分隔离带设置站台。对于中央分隔带宽度足够大（一般要求 6 m 以上）的道路，为了解决车辆超车问题和物理隔离措施所带来的负面影响（比如车辆一旦抛锚则引起单向交通流中断），采用将分隔带全线拆分为左右两条分置于专用道两侧的方法，并将 BRT 站点设置在两侧的隔离带上，如图 7-28 所示。

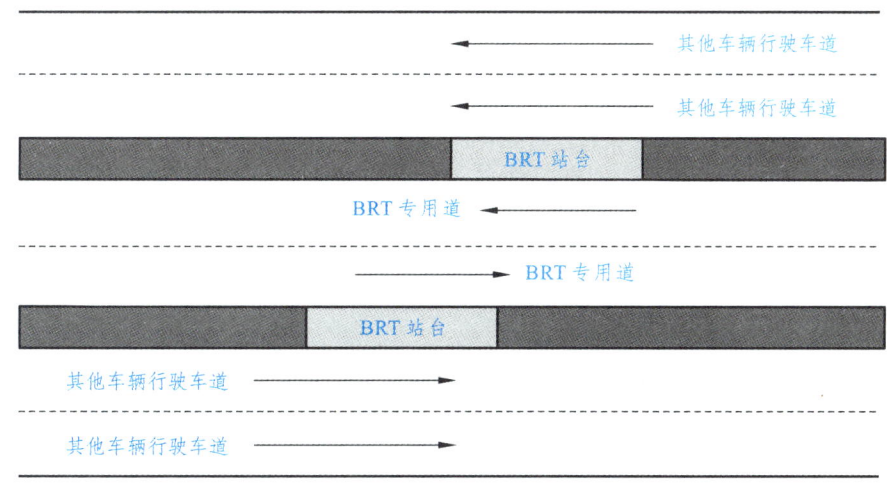

图 7-28 拆分中央分隔带设置 BRT 站台示意图

这样做可以保证车辆右侧开门，改造后的隔离带使专用道和其他车道独立出来，其优势体现在：将专用道双向车道集中在一起，BRT 车辆可以利用对向车道进行超车；将其他车流对专用道的影响降低到最低限度；双向专用道还可以设置三条车道（中间一条双向共用），这对于 BRT 线路较多的路段十分有利。

因为这种改造对原有分隔带的宽度要求比较高，当分隔带宽度不足时，也可以通过采用站区局部拓宽的办法来获得 BRT 停靠站足够的宽度。当对原有窄路进行拓宽时，可将原有路面设为专用道，原有绿化带保持不变，而将新拓宽的道路提供给其他车辆使用。

（四）路中型无中央分隔带的 BRT 专用道停靠站布设方法

对于无中央分隔带的道路，在布置路中型 BRT 专用道时，往往需要对道路进行一定的渠化或局部拓宽，以获得足够的停靠站空间。无中央分隔带专用道最大的优点是：路段上可以采用物理措施对专用道进行隔离，车辆可以利用对向车道进行超车，其设计的关键在于停靠站及其附近路段的处理。

1. 路侧式站台

这种站台一般都布设在专用道的右侧，如图 7-29 所示。这是路中式无中央分隔带专用道站台最为常见的布设法，它要求道路双向 4 个车道以上，布设的关键在于所处道路能否拓宽出站台所需空间（一般要求横向两个车站宽，纵向两个车站长）。

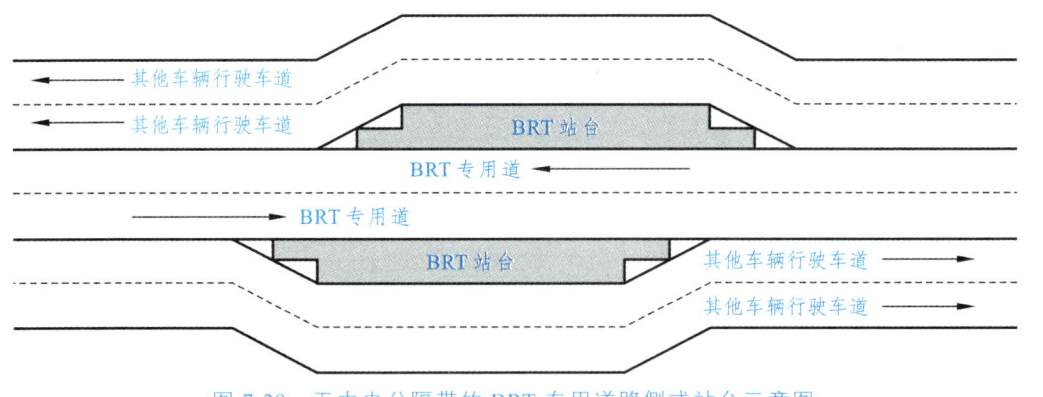

图 7-29　无中央分隔带的 BRT 专用道路侧式站台示意图

这样设置站台的最大优点就是 BRT 车辆可以利用对向车道进行超车，因此，路段上 BRT 专用道也可以采用隔离护栏进行隔离，实行全封闭式运营管理。

2. 岛式站台（左侧开门）

当道路沿线拓宽比较困难时，采用在专用道中央设置一个岛式站台的方法用以满足双向公交车辆的停靠，如图 7-30 所示。这样可以有效提高站台利用率，纵向只需拓宽一个站台长度即可，节省用地，但是要求车辆左侧开门，并且为了避免双向车辆同时到达时造成站台拥挤，一般需要设置两组人行横道线并加以信号控制来保证快速集散乘客。

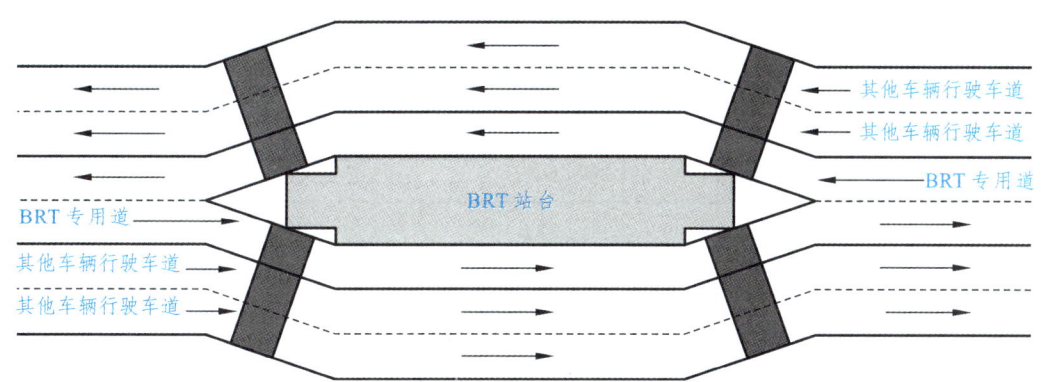

图 7-30　无中央分隔带的 BRT 专用岛式站台示意图（左侧开门）

布设这种形式站台的专用道，在路段上 BRT 车辆也可以使用对向车道超车，在站台处却不能超车，无须停靠的车辆只能尾随停靠车辆行驶，因此，站台区域是专用道交通流的"瓶颈"路段。另外，道路双向设置两条人行横道线，也会影响其他车道车辆的通行速度，降低其他车道的通行能力。

3. 岛式站台（右侧开门）

若想实现岛式站台右侧开门上下车的需要，只需将站台区附近的车流组织做相应改变即可，如图 7-31 所示。这样做虽然会产生两个冲突点，但在站台附近车速都比较低的情况下，所造成的延误是有限的，这种线路组织形式基本上也是可行的。

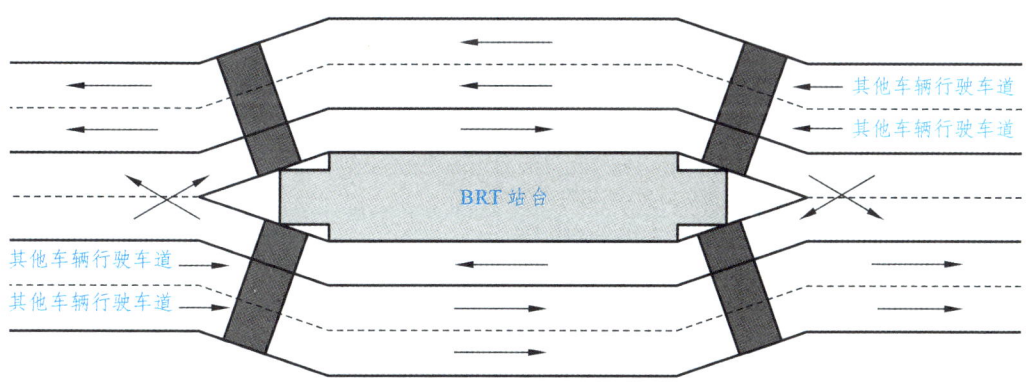

图 7-31　无中央分隔带的 BRT 专用岛式站台示意图（右侧开门）

4. 占道站台

所谓占道站台就是停靠站不需要另外拓宽车道而直接设置在专用道上面，如图 7-32 所示。这种形式的站台在设计上的一个明显的缺陷就是使停靠站成了 BRT 专用道公交运行的"瓶颈"。这种站台布置法只适合道路沿线用地紧张、拓宽空间严重不足而 BRT 双向交通流量又比较小的路段使用，其适用性不高，除非万不得已，一般不予采用。

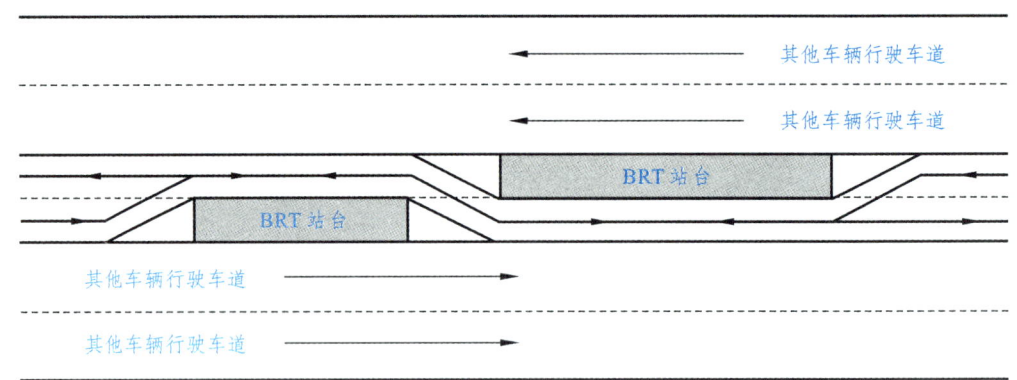

图 7-32　无中央分隔带的 BRT 专用道占道站台示意图

路中型 BRT 专用道各种设站方法的优缺点分析和适用情况如表 7-10 所示。

表 7-10　路中型 BRT 专用道各种设站方法的优缺点分析和适用情况

设站形式		优点	缺点	适用情况
有中央分隔带	左侧式站台	双向停靠站设在一起，站台总长度的减少可降低"瓶颈"作用对道路的影响范围	对分隔带宽度要求较高，站台区超车一般需要局部加宽车道	适用于分隔带宽度 3 m 以上的道路
	右侧式站台	不受分隔带宽度限制、车辆行驶和乘客上下车符合站台区超车常规习惯、分隔带宽度充裕时可实现站台区超车	分隔带宽度较小时，双向站台总长增加，"瓶颈"作用对道路影响范围较大	适用范围广
	拆分隔离带设置站台	车辆行驶和乘客上下车符合常规习惯、路段上可利用对向车道超车、受外界干扰因素影响小、车速高	对分隔带宽度要求较高	适用于分隔带宽度 6 m 以上道路
无中央分隔带	路侧式站台	右侧开门乘客上下车符合常规习惯、可利用对向车道超车、可以实现封闭式运行管理	对沿线用地紧张时，需占用两侧其他车辆行驶车道	适用于沿线用地条件较为充裕地区
	岛式站台（左侧开门）	因为对沿线用地条件要求较低因而适用性较高	站台区不能超车、产生"瓶颈"路段、影响其他车道	适用于沿线用地条件紧张区域
	岛式站台（右侧开门）	右侧开门乘客上下车符合常规习惯、对沿线用地条件要求较低	与左侧开门岛式站台相比，站台两侧会产生两个冲突点	适用于沿线用地条件紧张区域
	占道站台	不需要拓宽车道	站台区"瓶颈"影响严重、双向车流相互干扰严重、车辆延误增加	只适用于沿线用地十分紧张而 BRT 双向流量很小的路段

四、路中式 BRT 专用道乘客过街问题

乘客过街问题是路中式公交专用道需要解决的主要问题。由于路中式 BRT 专用道停靠站设置在道路中央,乘客进出站台都要横穿若干条机动车道,由此会带来诸多问题:过街乘客与机动车流产生冲突,不仅影响机动车行驶速度,而且过街乘客的安全也受到威胁。受站台空间限制,下车乘客若不能及时疏散,容易导致站台拥挤,不仅降低专用道的服务水平,还会增加乘客违章穿越马路的可能性,影响交通安全。

如何解决乘客过街问题其中一个原则就是要与城市交通中的行人过街问题统筹考虑;对于公交车站设置于交叉口或已有的人行天桥(地下通道)附近的情况,解决的首要方法就是充分利用现有的行人主体过街设施,难以利用时可以在站台区增设人行横道,必要时还需配备信号灯控制,也可以在站台区增设人行天桥或地道。对于修建天桥或地下通道的情况,虽然其工程造价比较高,但考虑到行人过街问题历来是城市交通规划的一个重要问题,若能利用布设 BRT 专用道的机会把这个问题解决好,对城市交通将大有裨益,其付出的代价也是值得的。

对于在站台区增设人行横道的情况,需要特别注意的是要与邻近的既有行人过街设施协调布置,在保证站台乘客有效疏散的同时,尽量避免对其他机动车流的频繁干扰。

BRT 车道布置形式下的行人过街设施如表 7-11 所示。

表 7-11 BRT 车道布置及行人过街设施

BRT 车道布置形式		道路	交叉口	BRT 车站	行人过街设施
中央	高架快速路	双向 6 车道以上、高 7 m 以上		岛式车站、全封闭式	专用的人行天桥
	地面快速路	双向 6 车道以上		根据分隔带宽度设置车站、岛式车站或侧式车站、全封闭式	专用的人行天桥
	城市干道 1(车站拆分隔离带)	双向 6 车道以上	信号优先、专用进口道	根据分隔带宽度设置车站、岛式车站或侧式车站、全封闭式或开放式	路段处:人行天桥或地道 交叉口处:行人过街横道
	城市干道 2(全线拆分隔离带)	双向 6 车道以上	信号优先、专用进口道	侧式车站、全封闭式或开放式	路段处:人行天桥或地道 交叉口处:行人过街横道
	城市干道 3(无中央分隔带)	双向 6 车道以上	信号优先、专用进口道	车站处需至少拓宽 3 m,侧式车站、全封闭式或开放式	路段处:人行天桥或地道 交叉口处:行人过街横道

续表

BRT 车道布置形式		道路	交叉口	BRT 车站	行人过街设施
侧外	高架快速路	双向 6 车道以上、高 7 m 以上		侧式车站、全封闭式	专用的人行天桥
侧外	地面快速路	双向 6 车道以上		侧式车站、全封闭式	专用的人行天桥
侧外	城市干道（有机非分隔设施）	双向 6 车道以上	信号优先、专用进口道	侧式车站、全封闭式或开放式	人行横道、信号控制
同侧		双向 4 车道以上	信号优先、专用进口道	岛式车站、全封闭式	人行横道、车站处限速

【拓展阅读】

小知识：BRT 车站相对于路口的位置如何确定

BRT 系统规划师们争议最多的一个问题就是哪儿是车站相对于路口的最佳位置。一般来说应优化路口和车站的设计，以减少大多数人的出行时间。车站相对于路口的位置将影响混行交通的流量和速度、BRT 系统的流量和速度、行人的出行时间以及 BRT 系统所需的道路面积。由于每个路口的情况不同，通常建议分别找出每个路口的最佳方案，而不是假设某一个方案永远是最佳方案。规划队伍获得有关交通活动和需求的信息量越多，就越容易找出每种交通方式的最佳决策。

1. 路口两侧的车站

通常，把公交车站设置在路口处的理由是可减少换乘乘客及前往相交街道的乘客的步行时间。这个方案的重要性因乘客换乘量及行人终点的分布不同而不同。如果采取站台式换乘，乘客则无须在附近的车站之间进行换乘。一般而言，站台换乘远比强迫乘客步行穿过一个路口到另一个车站要好得多。欧洲的有轨电车系统所采用的就是典型的站台换乘方式，当地直线型的线路结构经常在主要路口处产生大量的换乘。

路边上下车的 BRT 系统在每个方向都需要一个独立的站台。为了维持较为稳定的道路空间，标准的做法是将一个方向的公交车站设置在路口的一侧，另一个方向的车站则设置在路口的另一侧。因此，系统设计者通常将两个方向的车站都设置在路口前或都设置在路口后。但这种做法确实给要改变出行方向的乘客带来很大的不便，这些乘客必须费力地穿过路口进行换乘。目前出现一种共识，即在大多数情况下，如像台北那样把车站设置在路口之前（见图 7-33），将增加乘客上下车时间与红灯信号相位相重叠的机会，其效益则因具体情况不同而不同。应注意的是，采取这种设置时，一辆车的上下车延迟就会影响第一辆车后面的其他车辆穿过路口，导致这些车辆错过绿灯相位。

图 7-33　台北 BRT 车站

而将车站设置在路口之后也有不同的问题。这种设置确实可将站台作为物理屏障，防止混行交通进入公交专用道。将车站设置在路口之后也可从视觉上更清晰地提示刚上车的乘客这辆车将开往哪个方向。

但如果系统是"开放式"运营，而且公交专用道上有发生拥塞的趋势，在路口之后设置车站就可能导致公交车辆在路口扎堆堵塞其他车辆的危险出现。这种设施也意味着 BRT 系统车辆将被迫在路口对面等候从而错过整个绿灯相位。在公交专用道相对拥塞的昆明就会发生这种情况（见图 7-34）。基于这个原因，一些设计者有将车站设置在路口之前的趋势。

图 7-34　昆明 BRT 车站

如果把车站放在信号灯前面，BRT 系统车辆就有可能在最佳时机抵达车站，即信号灯即将为红灯时。如果 BRT 系统车辆在信号灯转为红色时到达车站，则所有的上车时间都将发生在红灯期。如果情况总是如此，则会由于车辆停站时间与红灯相位时间相一致，有明显的时间节省。

但公交车辆也可能在信号即将转为绿灯时进站，此时，所有的上车和下车都将发生在绿灯相位时。由于公交车到站的时间是任意的，因此这种情况偶尔也会发生。

2. 路口附近的单一中间车站

对于优质的"完全"的 BRT 系统来说，最佳的方案是设置一个中央车站。这种设置可让乘客舒适地进行站台换乘，同时也极大地简化了线路设置方案。此外，设置一个中央车站也比在两个方向分别建造一个路边车站更为经济。

如果将中央车站设置在路口附近，则无所谓是设置在路口前还是路口后。根据定义，如果一侧的站台在路口之前，对另一侧的站台来说就是在路口之后。如果 BRT 系统和混行交通都不存在交通拥塞问题，则将 BRT 系统车站设置在路口是没有问题的。

3. 将车站设置远离路口的位置

在混行交通流量或公交车流量接近饱和的情况下，通常建议将 BRT 系统车站与路口分离开。如果设计队伍考虑行人的方便，决定将 BRT 系统车站直接放在路口，则应测试每一个路口的公交专用道饱和程度，如果采用单一中央车站的设置，则将车站放在路口处并不能给行人带来很大的好处。

在一个城市的中心地区，出行终点设在路段中或路口处都是同等重要的。将车站位置与路口分离开，可极大地减少车辆在路口处扎堆的危险。车辆在路口处扎堆既影响路口的功能，又影响公交车站的功能。如果这两种潜在的瓶颈在同一个地点发生，则会增加车站与路口的冲突（见图 7-35、图 7-36）。

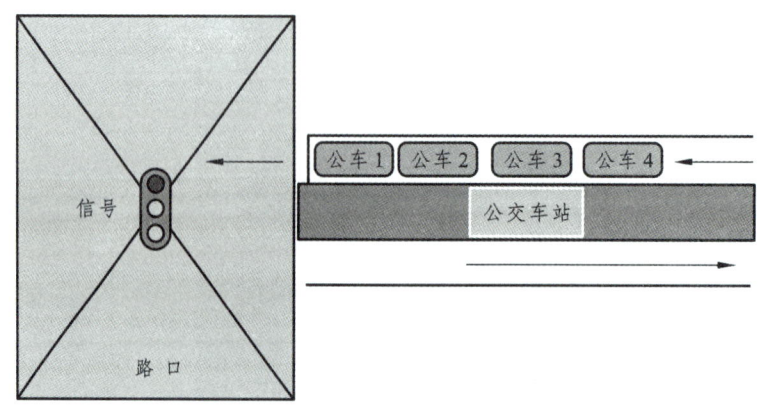

图 7-35 在路口前设置车站的 BRT 系统，存在由于信号相位而导致的车辆延迟的风险

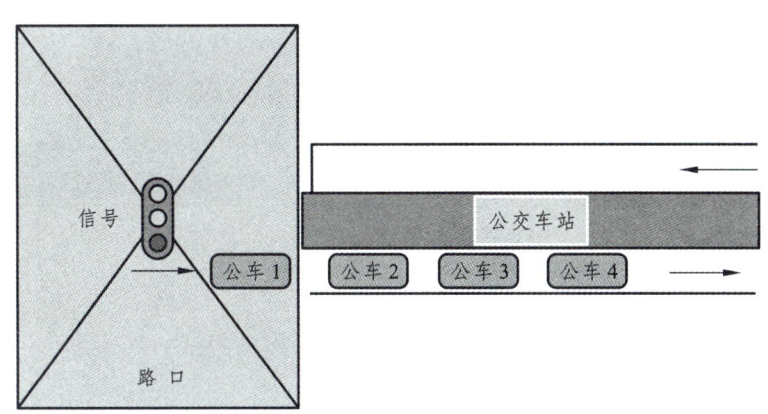

图 7-36　在路口后停站的 BRT 系统，存在车辆在路口处扎堆并堵塞路口交通的风险

　　如果为 BRT 系统设置专门的停靠泊位，排队等候通过路口的公交车辆也可能会堵塞车站，而乘客则有可能无法上下车，直到前面的车辆通过路口为止。对于没有专用停靠泊位的"开放式"BRT 系统来说，这个问题还不会太严重，但这类系统迫使乘客去寻找需要乘坐的车辆而不是由车辆来寻找乘客。在这类系统中，乘客不得不在站台跑来跑去寻找上车地点。这种混乱无序的上车过程不仅增加了乘客的压力，也增加了上车时间。

项目八
城市出租车客运管理

任务 1　城市出租车客运的行业管理

学习目标

1. 素质目标
   - 培养学生使其树立依法管理的观念。
   - 增强学生对自己将要从事行业的自豪感。

2. 知识目标
   - 了解出租汽车行业的发展规划。
   - 了解出租汽车行业法规体系。

3. 技能目标
   - 熟悉出租汽车行业管理的机构。
   - 掌握出租汽车发展规划的测算方法。

视频：城市出租车客运的
行业管理

发布任务

出租车客运是我国城市客运交通的重要有机组成部分，是各个城市经济社会进步、改善城市交通状况、提升民众出行效率和提高道路客运现代化水平的有生力量。出租汽车行业的发展状况虽然在国家宏观范围内有很多共性，但是在各地的发展和管理中却有着较大的差别。在不同城市中，对客运出租车行业有着不同的定位和理解，因而产生了不同的管理措施和办法。请你搜集你感兴趣的城市（县级以上城市）的相关资料，总结出该城市城区出租车运营和管理情况调查报告。

任务实施

1. 知识准备

（1）出租车的特点是：_____

（2）你所调查的城市中近 5 年出租汽车客运量占比是多少？

（3）乘客需求调查中的出行频率、服务质量、支付方式是如何统计的？

2. 报告撰写

<u>　　　　　</u>城区出租车运营和管理情况调查报告

一、基本情况

目前，在<u>　　　　</u>城区从事客运的车辆总数为<u>　　　　</u>辆，其中各类运营企业基本信息如下：

二、主要问题

三、产生的根源

四、建议

评价反馈

评分项目	分值	自我评价得分	教师评价得分
工作页已完成（全部完成为20分，其余为0分）	20		
知识掌握程度（任务工单准确率）	30		
能力获得程度（任务参与情况）	30		
素质目标实现程度（个人表现情况）	10		
个人体会和思考（个人总结）	10		
本次任务总体评价	100		

知识要点

出租汽车属于城市道路公共交通大类中的一部分，是以大、中、小型客车为运载工具，根据乘客和用户意愿提供直接的、个性化的服务，并且按照行驶里程和时间计费的一种营运方式。几乎大中小城市现阶段都已经发展起出租车行业，且随着人民生活水平的不断提高，近几年发展势头较强劲。出租汽车客运作为一种不定时、不定点、不定线、充分满足乘客意愿的运输形式，具有方便、快捷、安全、舒适的特点。出租车是满足个性化出行需求的交通工具，具有方便、舒适、灵活、门到门的特征。目前，出租车运行包括扫街巡游、定点等待、电话预约和现在的App网约等服务模式。

出租汽车行业管理，是根据国家方针、政策和有关法规，对出租汽车行业经济活动进行政策指导、计划调节、法规保障以及行政指令等各项工作的统称。

出租汽车行业管理的目的是执行国家和地方政府对出租汽车业的法律和方针政策，通过行业管理保护合法经营，保护乘客的正当权益，维护运输秩序，提高社会效益。建立统一、开放、竞争和有序的出租汽车客运市场，促进出租汽车业的健康发展。

出租汽车行业管理部门有五个方面的基本职能：制定行业发展规划、制定行业经济政策、参与行业经济运行的管理、指导行业协会的工作以及提供信息服务。由基本职能和目标而确定的行业管理的基本任务是：对出租汽车业的发展、经济关系、经营活动进行规划、组织、指导、协调和监督，发挥政府管行业、管市场的行政功能。

一、出租汽车行业的发展规划

统一规划是出租汽车行业管理的基础。通过对出租汽车发展的统一规划，使出租汽车的发展与城市经济和社会发展相适应，以更好地发挥出租汽车的社会服务效能。实施统一规划必须做好以下几项工作。

（一）做好客流调查

客流需求是出租汽车行业规划的主要资料，必须认真收集，仔细分析，才能使规划切合实际。客流调查的方法如下。

（1）定期调查：对行业中有代表性的骨干企业通过报表形式定期收集客流动态。

（2）抽样调查：对主要客流集散点、主要供车方式等，可采用抽样调查方法收集资料。

（3）总体调查：对整个城市的出租汽车出行情况进行总体调查。

上述常用的客流调查方法收集的资料各有侧重。定期调查收集的资料具有连续性，反映的相关性比较可靠；抽样调查的资料可以小见大，便于操作；总体调查工作量很大，但资料全面，规模不大的城市采用此法是很适宜的。各种方法可综合运用，以提高资料的可靠性。

（二）收集相关资料

出租汽车是为城市经济和社会发展服务的，收集城市经济和社会发展的资料，可为制定出租汽车行业发展规划提供依据。出租汽车行业发展规划的相关资料主要包括国际国内旅游发展、水陆空大交通发展、城市公共交通线网发展、城市文化卫生设施发展和活动安排等。

（三）制订发展规划

根据国家总体发展规划和方针政策，在充分分析研究客流调查资料和相关资料的基础上做出预测，制定城市出租汽车行业的近期、中期和长期发展规划。发展规划一般应包括车辆、停车场、营业站、行业人员增长及培训、管理和效益等内容。

出租汽车发展规划的测算方法是通过预测乘客需求，确定出租汽车数量的平均增长速度。其基本模型如下：

1. 需求模型

$$N = \frac{ABC}{D} \tag{8-1}$$

式中：N 为规划期出租汽车需求量（辆）；A 为规划期城区人口（人），包括城区常住人口（A_1）和城区流动人口（A_2），$A = A_1 + A_2$；B 为每人每日平均出行数（次/人·日）；C 为出租汽车乘车率，指人们乘出租车出行在全部出行中的比例；D 为出租汽车平均每日载客量（人次/车日）。

2. 平均增长速度模型

$$V = \left(\sqrt[n]{\frac{N_n}{N_p}} - 1\right) \times 100\% \tag{8-2}$$

式中：V 为规划期内每年出租汽车平均增长速度；N_n 为规划期末出租汽车需求量（辆）；N_p 为规划期基年出租汽车数量（辆）；n 为规划期时间长度（年）。

二、出租汽车行业法规的建设与实施

出租汽车行业法规体系一般由基本法规、衍生法规和具体法规三部分组成，如图 8-1 所示。

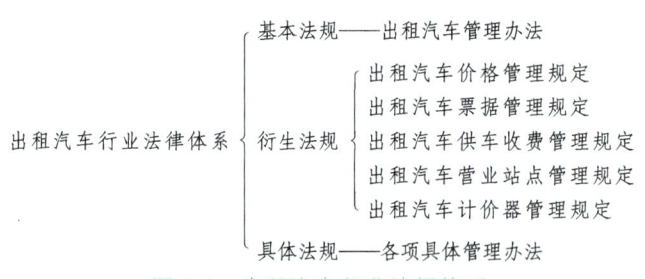

图 8-1　出租汽车行业法规体系

（一）出租汽车行业基本法规的主要内容

出租汽车管理办法是出租汽车行业的基本法规，其主要内容包括开业停业管理，营运、运价及票据的管理，车辆运行安全与服务管理，管理机构及其职责以及奖惩办法等。

（二）出租汽车行业的指导监督

出租汽车行业的规划和法规的实施主要体现在行业管理的指导工作监督中，这也是行业管理的主要日常工作。出租汽车行业的指导监督的主要内容是保证出租汽车的"六个统一"。

1. 统一出租汽车的车辆要求

由于出租汽车在服务上具有方便、舒适、迅捷和安全等特点，因此必须对投入营运服务的出租汽车的要求做出统一规定，包括车辆的技术性能，车辆上的空调、音响、计费器及报警器等设施的要求，以及车辆容貌的规定，不符合规定的车辆不准投入营运。根据实际情况，有时还要对用车品牌、车型及排量等做出规定。

2. 统一出租汽车的服务标志

为方便乘客租车和监督服务质量，出租汽车必须有统一的服务标志，包括顶灯、经营者名称、专用牌照、驾驶员服务卡、营运证及租价标准等，都要有统一的规定。有条件的城市还可以统一车身颜色。

3. 统一证件

为了提高出租汽车行业的经济效益和社会服务效益，必须加强对经营者、驾驶员、加强调度员及车辆的管理和监督，以提高行业素质。对经营者，应就开业、临时停业、歇业、车辆增减及经营方式等方面，根据实际情况制定统一规定；对驾驶员、调度员，应在技术业务水平和职业道德等方面提出要求，并对培训工作做出规定；对车辆是否符合统一规定的要求也应定期检验。要保证这些规定的实施，现在通常采用的手段是颁发各类合格证件，如对合格的经营者发经营许可证，对合格的驾驶员发准驾证，对符合规定要求的车辆发营运证。统一证件是行业统一管理的重要手段。

4. 统一运价

要贯彻"多家经营、统一管理"的方针，必须统一行业运价。根据优质优价的原则，围绕不同车辆车型、不同使用时间、不同驶经地点、舒适条件以及车辆新旧程度等因素考虑，制定出行业统一运价，促进行业内公平竞争。

5. 统一发票管理

发票既是收费凭证，也是乘客监督投诉的依据，必须对发票的式样、使用和管理做统一规定。

6. 统一监督、处罚规定

（1）建立专职稽查队伍进行监督检查。
（2）定期或不定期地与工商、税务、公安以及物价等管理部门开展联合大检查，组织经营单位的检查人员统一行动联合检查。
（3）设立义务和特约监督员，帮助客运管理部门随机检查。
（4）做好投诉处理工作，鼓励社会监督。

三、出租汽车行业的协调服务

协调与出租汽车行业发展相关的各方面关系，开展政策研究，积极向政府反映行业的状况和问题，向经营者通报行业情况，努力改善出租汽车行业的经营发展环境，是出租汽车行业管理的重要内容。协调服务的主要内容包括以下三个方面。

（1）改善出租汽车行业经营发展的外部环境。

通过调查研究，积极向政府和有关管理部门提供行业情况和发展对策，争取政府支持。如目前应着重研究解决车辆价格、税费负担、运价、供油和供气等问题，为企业经营创造条件。

（2）协调出租汽车行业内部的各种关系。

协商建立、管理、使用出租汽车共用站，使行业内车辆能共同使用这些站点；协商建立统一的无线电调度中心或共用已有的无线电调度网络，促使车辆投入大循环，提高效益；配合行业协会对行业内的优质服务竞赛、企业升级等工作进行协调。

（3）为税务、保险等部门代征各种税费，方便经营者。

四、出租汽车行业管理的机构

按照国家现行的管理体制，涉及出租汽车行业管理的机构主要有行业管理机构、综合管理部门和行业协会。

1. 行业管理机构

行业管理机构也称行业归口管理机构，是按各地人民政府对其有关职能部门分工，授权对出租汽车客运实施管理的行业管理机构。我国的现状是占三分之二左右的地、县级城市，市政府明确授权由交通运输部门管理；占三分之一左右的省、直辖市和中心城市，地方政府明确授权由城建部门管理。交通运输部门的管理由中央、省、市（地）、县、乡五级运输管理部门分层实施，职责明确，分工具体。城建部门管理的层次则相对简单。但无论谁作为行业主管部门，管理的职能是不会发生变化的，管理的职责也是一致的，都是为了统筹规划、综合平衡、制定法规、研究政策、指导监督和协调服务。

2. 综合管理部门

综合管理部门指的是政府系列中的综合管理部门，是政府相关管理部门对出租汽车行业实施监督管理的横向组织，主要有工商、税务、物价、计量、公安及交通路政管理部门等。这些部门对出租汽车行业涉及本部门管辖的事务进行专项管理，并行使职权。由于综合管理部门经常与出租汽车行业管理产生一定的横向关系，所以综合管理部门与出租汽车行业管理部门之间是一种互相依赖、相辅相成、密切配合的关系。

3. 行业协会

出租汽车行业协会既是一种以与出租汽车相关的企、事业单位及个体经营者为主体，自愿联合组成并实行民主自治的民间社团组织，也是出租汽车行业管理的一种组织形式。出租汽车行业协会有单设的独立社团法人，也有隶属于道路运输协会的专业委员会或分会。它不以盈利为目的，而是通过民主协商、行业自律、咨询服务以及充当代言人等方法为出租汽车行业服务。如中国道路运输协会出租汽车暨汽车租赁协会的《汽车租赁行业行规行约》，其目的就是保护行业的合法权益和企业利益，维护市场秩序，以求不断提高服务质量，繁荣和发展全国出租汽车客运事业。出租汽车行业协会在行业管理中起着重要的辅助作用，是政府行业管理部门与经营者之间的桥梁和纽带。

【拓展阅读】

重庆市巡游出租汽车客运管理办法

第一条 为了规范巡游出租汽车客运经营服务行为，维护巡游出租汽车客运市场秩序，保障乘客、驾驶员和经营者的合法权益，促进巡游出租汽车行业持续健康发展，根据《重庆市道路运输管理条例》等法律、法规，结合本市实际，制定本办法。

第二条 在本市行政区域内从事巡游出租汽车客运经营及其监督管理，适用本办法。

第三条 巡游出租汽车客运实行特许经营。

巡游出租汽车客运经营应当遵循依法经营、诚实守信、公平竞争、安全营运、规范服务、便利乘客的原则，营造文明、和谐的司乘关系和行业氛围。

引导巡游出租汽车客运实行规模化、集约化、公司化、信息化经营。

第四条 市交通主管部门主管本市巡游出租汽车客运管理工作，并统筹中心城区巡游出租汽车客运管理工作。区县（自治县）交通主管部门负责本行政区域内的巡游出租汽车客运有关管理工作。

市、区县（自治县）交通主管部门所属的道路运输机构负责本行政区域内巡游出租汽车客运管理的具体事务性工作。

市、区县（自治县）交通主管部门所属的交通运输综合行政执法机构负责本行政区域内巡游出租汽车客运管理的具体执法工作。

发展改革、经济信息、公安、财政、人力社保、规划自然资源、生态环境、住房城乡建设、城市管理、应急管理、市场监管、税务等部门，按照各自职责做好巡游出租汽车管理相关工作。

第五条 投放巡游出租汽车车辆经营权应当综合考虑市场实际供需状况、巡游出租汽车运营效率、城市规模等因素，科学确定巡游出租汽车运力规模，保持巡游出租汽车客运供需基本平衡。在本营运区域内巡游出租汽车年平均有效里程利用率达到60%或者基于市场需要，可以动态调控巡游出租汽车车辆经营权数量。

第六条 中心城区的巡游出租汽车车辆经营权投放方案由市交通主管部门制定，报市人民政府批准。中心城区以外的巡游出租汽车车辆经营权投放方案由区县（自治县）人民政府制定，报市人民政府批准。

新增巡游出租汽车车辆经营权的投放方案应当通过听证会、座谈会、论证会等方式公开征求意见。

投放方案内容应当包括投放数量、车辆类型、经营期限、实施时间等。

第七条 巡游出租汽车车辆经营权实行无偿、有期限使用，经营者不得出租或者擅自转让。

取得巡游出租汽车车辆经营权的，应当自取得经营权之日起20日内与营运区域所在地交通主管部门签订特许经营协议。

第八条 巡游出租汽车车辆经营权取得人，应当按照国家和本市规定的条件及程序依法取得巡游出租汽车经营许可后，方可从事经营。

车辆经营权取得人应当按照规定和特许经营协议约定投入车辆并取得道路运输证。

第九条　新增和更新巡游出租汽车优先使用新能源汽车。

市政府相关部门、区县（自治县）人民政府应当根据新能源巡游出租汽车发展的需要，在车辆运营、道路通行、配套服务设施、财政补贴等方面为新能源巡游出租汽车使用提供支持和便利，推进配套的充电、换电基础设施建设。

第十条　中心城区的巡游出租汽车车辆经营权有效期为12年。中心城区以外的巡游出租汽车车辆经营权有效期由区县（自治县）人民政府确定，但最长不得超过当地确定的巡游出租汽车使用年限的两倍。

巡游出租汽车客运经营者拟在车辆经营权到期后继续从事客运经营的，应当在车辆经营权有效期届满60日前，向原许可机关提出申请。原许可机关应当根据经营者信用考核结果，作出延续、核减、收回车辆经营权的决定，具体办法由市交通主管部门制定。

第十一条　巡游出租汽车提供客运服务实行扬手招车、电召和站点租乘等方式。

巡游出租汽车电召服务平台应当遵守本市巡游出租汽车管理相关规定，不得有违规计价、派单等行为。

市交通主管部门统筹建设全市统一的巡游出租汽车监管服务平台，创新运营和监管方式，对电召服务信息实施动态监管。

巡游出租汽车电召服务平台、巡游出租汽车车载智能终端应当与市交通主管部门建设的巡游出租汽车监管服务平台实现实时信息共享；共享信息包括车辆和驾驶员基本信息、服务信息以及乘客评价信息等。

第十二条　巡游出租汽车车辆经营权因故不能继续经营的，原许可机关可以优先无偿收回。

原有偿取得的车辆经营权自取得之日起已满3年且剩余经营期限1年以上确需转让的，应当到原许可机关办理变更许可手续。

第十三条　巡游出租汽车客运经营者有下列情形之一的，交通主管部门应当无偿收回巡游出租汽车车辆经营权：

（一）因经营者原因逾期未签订特许经营协议的；

（二）取得巡游出租汽车经营许可后无正当理由超过180日不投入符合要求的车辆运营或者运营后连续180日以上停运的；

（三）车辆经营权期限届满未申请延续或者未被准予延续的；

（四）违反特许经营协议，根据约定应当收回经营权的；

（五）巡游出租汽车经营许可证或者道路运输证被吊销的；

（六）违反法律、法规、规章规定的其他情形。

巡游出租汽车车辆经营权被收回的，交通主管部门应当作出书面决定，并告知经营者。

第十四条　有下列情形之一的，交通主管部门应当及时办理道路运输证的注销手续，并向社会公告：

（一）道路运输证有效期届满或者被依法吊销的；
（二）巡游出租汽车已达到机动车强制报废标准的；
（三）巡游出租汽车车辆经营权被依法收回的；
（四）巡游出租汽车车辆经营权发生变更或者已配置新巡游出租汽车的；
（五）法律、法规、规章规定的其他情形。

巡游出租汽车客运经营者对退出运营的车辆，应当清除巡游出租汽车颜色，拆除服务设施，并按照有关规定向公安机关办理使用性质变更或者报废手续。

第十五条　巡游出租汽车有下列情形之一的，应当强制报废：
（一）中心城区经营的巡游出租汽车使用年限达到 6 年，中心城区以外经营的巡游出租汽车达到区县（自治县）人民政府规定的使用年限的；
（二）经修理和调整仍不符合机动车安全技术国家标准对在用车有关要求的；
（三）经修理和调整或者采用控制技术后，向大气排放污染物或者噪声仍不符合国家标准对在用车有关要求的；
（四）在检验有效期届满后连续 3 个机动车检验周期内未取得机动车检验合格标志的。

在中心城区以外经营的巡游出租汽车使用年限为 6 年至 8 年，具体年限由区县（自治县）人民政府决定。

第十六条　巡游出租汽车驾驶员应当具备下列条件：
（一）取得相应准驾车型机动车驾驶证 3 年以上；
（二）身体健康状况符合从业要求；
（三）经考试合格取得巡游出租汽车驾驶员从业资格证；
（四）最近 5 年内无被吊销巡游出租汽车驾驶员从业资格证的记录；
（五）无暴力犯罪、交通肇事犯罪、危险驾驶犯罪记录，无吸毒记录，无饮酒后驾驶记录，最近连续 3 个记分周期内没有记满 12 分的记录。

第十七条　乘客租乘巡游出租汽车应当遵守下列规定：
（一）不得携带易燃、易爆、有毒等危害公共安全的物品乘车；
（二）不得有影响驾驶员安全行车的行为；
（三）不得违反公共卫生安全的相关规定；
（四）不得向驾驶员提出违反道路交通安全法规的要求；
（五）不得向车外抛洒物品，不得破坏车辆设施设备或者污损车内物品；
（六）不得携带宠物和影响车内卫生的物品乘车；
（七）醉酒者或者精神病患者乘车的，应当有陪同（监护）人员；
（八）遵守电召服务规定，按照约定的时间和地点乘车；
（九）按照规定支付车费；
（十）法律、法规、规章规定的其他情形。

对不遵守前款规定的乘客，巡游出租汽车驾驶员可以拒绝提供服务；已发生客运费用的，乘客应当按照规定支付。

第十八条　乘客遇下列情形之一，可以拒绝支付车费：

（一）租乘的巡游出租汽车驾驶员不使用计程计价设备、使用不合格计程计价设备或者计程计价设备发生故障时继续运营的；

（二）巡游出租汽车驾驶员不按照规定出具相应客运票据的；

（三）巡游出租汽车驾驶员未经乘客同意搭载他人的；

（四）租乘的巡游出租汽车车载智能终端具备在线支付功能，拒绝乘客使用终端支付运费的；

（五）租乘的巡游出租汽车在起租里程内发生故障，乘客不再租乘的；

（六）由于巡游出租汽车驾驶员原因中断服务的；

（七）法律、法规、规章规定的其他情形。

第十九条　机场、火车站、客运码头、长途汽车站等大型公共场所应当设置巡游出租汽车候客站点。

交通主管部门应当会同公安、住房城乡建设、城市管理等有关部门在辖区内的商圈、旅游景区规划设置巡游出租汽车临时停车上下客点。

巡游出租汽车临时停靠应当遵守道路交通安全相关法律法规规定。除设有禁停标志、标线的路段以及法律法规规定的其他不得临时停车的路段、区域外，允许巡游出租汽车在道路边沿上下客、就餐、如厕等临时停靠。

第二十条　因抢险救灾、疫情防控等公共利益需要，市、区县（自治县）人民政府可以依法决定征用巡游出租汽车，经营者、驾驶员应当服从。

因征用车辆给经营者、驾驶员造成经济损失的，决定征用的市、区县（自治县）人民政府应当依法给予补偿。

第二十一条　交通主管部门及其交通运输综合行政执法机构应当对巡游出租汽车客运经营行为、服务质量等情况进行监督检查，制止、纠正巡游出租汽车违法行为，维护巡游出租汽车客运市场秩序。

巡游出租汽车客运经营者、从业人员以及提供电召服务的平台应当接受交通主管部门及其交通运输综合行政执法机构的监督检查，如实提供情况，不得拒绝监督检查。

第二十二条　本办法自 2023 年 4 月 20 日起施行。《重庆市出租汽车客运管理办法》（重庆市人民政府令第 271 号）同时废止。

任务 2　城市出租车运营组织

> 学习目标

1. 素质目标

- 培养学生搜集资料、筛选信息的能力。
- 加深学生对职业目标的进一步认识。

视频：城市出租车运营组织

项目八 城市出租车客运管理

2. 知识目标
- 了解出租汽车营运组织的特点。
- 了解出租汽车营运方式种类。

3. 技能目标
- 熟悉出租汽车驾驶员作业方式。
- 掌握出租汽车调度方式。

发布任务

2023年，国内多地出台了出租车管理细则，比如《济南市巡游出租汽车经营服务管理实施细则》《苏州市网络预约出租汽车经营服务管理实施细则》《拉萨市出租汽车管理办法》等，请你结合这些材料谈一谈中国出租车行业的发展历程。

任务实施

1. 知识准备

结合出租车行业市场准入制度的演进过程，分别按计划经济时期、一般市场准入阶段、一般市场准入阶段、特许经营阶段四个阶段梳理不同种类出租车经营模式的特点。

_____

_____

2. 调研探究

（1）你调研的城市是_____。

（2）你的调研方式是（_____）。
A. 问卷调研　　B. 实地走访　　C. 网络检索　　D. 其他_____

（3）请填写调研对象的基本信息。

经营模式	车辆/台	公司数量	具体做法

（4）调研对象有哪些经营管理方面的亮点和特色？

_____
_____
_____
_____

3. 成果展示

请各小组根据调查情况进一步查阅资料，制作成果展示 PPT 并在课堂上演讲，组长需要说明小组成员的分工情况。

4. 个人总结

_____
_____
_____
_____
_____
_____
_____
_____

评价反馈

评分项目	分值	自我评价得分	教师评价得分
工作页已完成（全部完成为 20 分，其余为 0 分）	20		
知识掌握程度（任务工单准确率）	30		
能力获得程度（任务参与情况）	30		
素质目标实现程度（个人表现情况）	10		
个人体会和思考（个人总结）	10		
本次任务总体评价	100		

知识要点

一、出租汽车营运组织的特点

与一般交通运输行业比较，出租汽车的营运组织有以下几个特点。

（一）出租汽车营运的独立性

出租汽车实行单车作业，一人一车，流动服务，驾驶员不但要驾驶车辆运载乘客，还要独立招揽业务、结算租费和保管现金。因此从一定程度上讲，驾驶员是一个独立的生产经营者。一辆出租汽车服务质量的好坏和营运效率的高低，主要取决于驾驶员的素质、职业道德和生产积极性。这就要求驾驶员不但要具备熟练的驾驶技术和排除车辆故障的能力，还要熟悉城市地理，包括主要旅馆、酒店、娱乐场所、名胜古迹以及主要街道等，要有为乘客热忱服务的精神，要掌握丰富的业务知识，了解市场业务信息，具有独立的经营能力。

（二）出租汽车营运的社会性

出租汽车是一个服务面广和影响大的窗口行业，会接触社会各个阶层，服务对象广泛。因此，如果在服务过程中发生问题，不仅是一个经营问题，而且会影响一个城市甚至国家的声誉，经营者责任重大。它要求驾驶员和相关从业人员必须具备多方面的服务知识；要求出租汽车企业的领导人开展经常性的思想政治工作，使企业职工具有较高的思想觉悟水平以及具备良好的职业道德风尚，并能自觉抵制社会不良风气的侵蚀。

（三）出租汽车营运管理的复杂性

出租汽车的管理工作难度大，这是由于营运车辆由分散的驾驶员单独经营，他们在生产服务过程中的缺乏直接监督，这是出租汽车行业在企业管理上一个突出的特征。因此针对驾驶员不能单纯依靠行政手段，除注意经常性的思政教育外，在管理方面，应科学地采用经济手段，实行各种形式的承包责任制，以促使每个驾驶员提高营运效率和服务质量。

（四）出租汽车运输市场的波动性

出租汽车也是一个敏感性很强的行业。国家的政策调整、经济发展的规模大小以及涉外、旅游活动的变化等都会影响出租汽车市场的兴衰。从总的发展规律看，一个城市出租汽车的供求关系是不稳定的。因此，出租汽车经营者应具备一定的应变能力。

（五）出租汽车营运的安全性

由于出租车运行在城市道路上，车流量大、人员活动频繁，容易发生交通事故。同时出租汽车也极容易成为社会上犯罪分子作案的对象。因此，在为乘客提供优质服务的同时，出租汽车经营者和调度员、驾驶员要有高度的责任心和警惕性，主动防止意外治安事故的发生，以保证乘客和国家财产的安全。

二、出租汽车营运方式

城市客流具有的流量大、流向分散、运距短、上下车频繁以及流时分布复杂等特点，决定了出租汽车营运方式的多样性和不固定性。目前，根据各城市出租汽车的营运情况不同，出租汽车基本的营运方式分为以下几种。

（一）沿途扬手招车

沿途扬手招车是出租汽车营运的主要方式，尤其是在出租汽车业务量大、车辆多的大城市可以此作为主要经营方式。采用扬手招车必须具备以下条件：

（1）城市中车辆供求关系应处于供求平衡或供大于求的状态。

（2）交通管理部门允许出租汽车在一定条件下随时随地停车，上下乘客。

（3）在车上配备顶灯标志和空车标志，并严格执行使用规定，便于乘客识别，扬手招车。

（二）电话约车

电话约车指乘客用电话向出租汽车调度室或就近营业站点要车。在出租汽车业务量小、车辆不多的中小城市，电话约车可作为主要的经营方式，其优点是：

（1）方便乘客，接客到家。

（2）根据乘客的用车时间和地点，可就近派车，节省时间、提高效率。

（3）争取客源，增强竞争能力。

（三）乘客到站租车

乘客步行到就近的机场、码头、火车站及其他出租汽车营业站租车，营业站点设专职调度人员，顺序候车，依次派车，尽力缩短乘客候车时间。

（四）预约租车

乘客因会议、活动出行需要，可在用车前到站或打电话提前预约租车或委托旅店、医院等单位代办租车。其优点是：

（1）为乘客租车提供方便。

（2）有利于调度人员掌握客流，实行计划派车，提高车辆效率。

（3）有利于提高企业信誉，争取客源。

（五）凭证租车

与经常用车的单位或个人签订"乘客定期付款协议书"，付给乘客"乘车凭证单"，乘客可凭"乘客凭证单"乘车，租费可按月结算，以"无承付"方式付款。此种方式既能方便乘客，又能争取客源。

（六）合同租车

与常用包车的单位签订合同，无论业务忙闲，保障供给或优惠部分租费。此种方式既方便了用户用车，又有利于稳定客源。

（七）定期接送租车

定期（日、周、月、季）接送企事业单位职工上下班或休假等，可减少社会购车投资，提高车辆利用率，稳定客源。

（八）定线、定点旅游租车

根据当地旅游条件和客流，经营一日旅游、多日旅游形式的旅游车。多日旅游车可实行食、住、参观等配套服务，既能方便乘客游览，又可在运输业务忙闲之间起调节作用。

三、出租汽车驾驶员作业方式

出租汽车运输的特点决定了驾驶员作业方式应与其营运方式相适应，以保证出租汽车运行的顺利进行和满足乘客不同的出行需求。概括起来讲，出租汽车驾驶员作业方式分为以下三种。

（一）调度控制作业方式

调度控制作业方式是传统的营运作业方式。即所有出租汽车业务全部由固定在营业站点的调度人员受理，再按驾驶员出车班次有计划地通知驾驶员执行。驾驶员每执行一次业务后，要向调度员报告车辆所处位置，准备接受下一次业务。

这种作业方式，驾驶员不能自揽业务（或虽允许自揽业务，但要经调度人员同意），车辆完全由调度人员控制，实行封闭式经营。其优点是在车辆供不应求的情况下，可以计划调派车辆，保证重点用户乘车；有利于对车辆和驾驶员的控制与管理，漏洞较少。其缺点是不利于发挥驾驶员独立经营的积极性，营运效率较低；乘客租车方式单一化，方便性差。在驾驶员逐步实行承包经营之后，这种作业方式已不多见。一般来说，小型出租车已不再采取这种作业方式，而中大型尤其是大型车仍采用此法。

（二）调度与自营相结合作业方式

采用调度与自营相结合作业方式时，驾驶员既接受调度人员指派的业务，又在可能条件下自揽业务，比较灵活，有利于发挥调度人员和驾驶员两方面的积极性，为乘客提供了方便的租车条件。此种作业方式，至今仍在多数企业中实行。

（三）弹性作业方式

车辆实行承包经营后，驾驶员具有独立的经营权，并对经营效果负责。因此，实行弹性作业方式有利于发挥驾驶员的独立经营的积极性。实行弹性作业方式后，公司不再对驾驶员实行任何控制，驾驶员自己可以选择最佳出车时间，既可以自己受理业务，也可到市内营业站点等候业务。但是，其带来的弊病是有些驾驶员会因挑拣业务而出现拒载，使乘客感到不便；同时，实行弹性作业方式后，调度与管理方式也需相应改进。

四、出租汽车调度工作

出租汽车的营运任务最终是以落实车辆供应、满足旅客运输需求来完成的。因此，及时、有效地提供车辆是出租汽车组织的核心工作。而提供车辆的工作是通过两条渠道实现的：一是空车运行过程中旅客扬手招车，二是通过调度工作实现。

视频：出租汽车调度工作

(一) 调度工作原理

在调度工作中应用的科学原理很多，其中最基本、最普遍的就是运筹学。在调度工作中的应用就是对业务和运能作出合理安排，选择最优方案，达到投入一定数量的运能所获得的效益最大；或者完成一定数量的业务所需投用的运能最小。目前通过计算机编排预约定单，使业务和运能的综合平衡初步具有了一定的科学基础。

(二) 调度方式

调度方式是在长期的营运生产实践中形成和发展的，它受制于社会发展、城市建设、科学水平和通信设备等条件。

调度方式根据内部工作程序和外部表现形态，包括调度方法和调度形式两方面的内容。

1. 调度方法

调度方法是在调度原则确定后，根据通信设备、运能配置变化情况以及承接的业务数量、类别和乘客要求而逐步发展形成的，主要分为以下几种：

（1）人工或电脑编排预约业务订单。
（2）通过车队选派符合要求的驾驶员完成出市境、包车等特定业务。
（3）适时调派不能进入编排计划的预约业务和临时要车业务。
（4）妥善处理预约调度与上门业务，合理安排成串业务。

2. 调度形式

调度形式是调度方法的外部表现形态，主要有以下几种：

（1）电话接派：包括有线电话和无线电话，其中无线电话只用于车辆调派，调度室通过电话直接或间接承接业务并直接或间接下达至驾驶员出车。
（2）站点接派：由站务人员与上站乘客成交业务，并直接或间接下达至驾驶员出车。
（3）现场调度：在大型活动、会议包车服务或大客流现场，调度室派人在现场直接调派车辆。

【拓展阅读】

中国的出租车进化史

民国时期，中国街头开始出现了人力车，也叫黄包车。这可谓是中国最早的出租车。人力车出现后，北京、天津等城市迅速普及开来。据调查，20世纪30年代初，北京（北平）共有人力车夫5.5万人，规模很大。

最初的人力车只有两个轮子。车的前后平衡全靠人来掌握。这就使得拉车的人非常吃力。后来，人们对人力车进行了改造，逐渐出现了三轮车，车夫由拉车变成了骑车。

20世纪80年代末、90年代初，出租车开始在大城市出现。

经过几十年的发展，我国的出租车行业实现了"超英赶美"，在数字化浪潮下，做到了世界一流。

项目八 城市出租车客运管理

任务 3　城市出租车企业经营管理

学习目标

1. **素质目标**
   - 培养学生组织协调能力。
   - 培养科学、成熟的管理思维。

2. **知识目标**
   - 了解出租汽车客运企业的类型。
   - 了解出租汽车客运企业组织结构设置。

3. **技能目标**
   - 熟悉出租汽车客运企业的管理内容。
   - 掌握出租汽车客运企业管理的原则。

发布任务

请你结合个人情况，找到一家出租车企业，调查该公司的组织结构并列出该公司各部门工作职责。

任务实施

1. **知识准备**

（1）出租车企业经营管理的特点是：_____
_____

（2）你所调查的城市中出租汽车企业数量及类型分别是？

2. 调研探究

公司名称：

公司组织结构图：

公司各部门主要工作职责：

项目八　城市出租车客运管理

评价反馈

评分项目	分值	自我评价得分	教师评价得分
工作页已完成（全部完成为20分，其余为0分）	20		
知识掌握程度（任务工单准确率）	30		
能力获得程度（任务参与情况）	30		
素质目标实现程度（个人表现情况）	10		
个人体会和思考（个人总结）	10		
本次任务总体评价	100		

知识要点

一、出租汽车客运企业管理概述

（一）出租汽车客运企业

视频：出租汽车客运
企业管理概述

1. 出租汽车客运企业的类型

根据企业的经济属性不同，出租汽车企业分为国营、集体、私营、股份制、股份合作及合伙等多种形式。但由于出租汽车企业特殊的经营方式，车辆经营全体的改变，产权关系在不断地转换，企业内部产权关系复杂，经营模式多样和多变。

就目前市场现存状况，从经营模式上分为以下几种类型。

（1）资产经营型：车辆产权、经营权均属公司，对出租汽车驾驶员个人实行承包，承包人除各种税费外，按月缴纳承包费。

（2）挂靠经营型：经营权属公司或不明晰的，车辆资产属个人，公司为出租汽车驾驶员个人提供各种服务，出租汽车驾驶员除各种税费外，按月上缴一定数额的服务费。

（3）混合经营型：一个企业内部上述两种模式同时存在。同时，随着车辆的更新或易主，经营主体也在不断转换变化。在更新时，部分车辆由企业融资购买，出租汽车驾驶员则采取个人分期付款，还本息后车辆产权归个人。

出租汽车企业在组织形式上分为紧密型和松散型。紧密型就是车辆行驶证、营运证等各种证、照都以公司的名义出现；松散型就是车辆的行驶证属于个人，其他营运证照以公司的名义出现。

2. 出租汽车客运企业管理的性质

对于出租汽车企业，不论什么样的经济形式和经营类型，企业对出租汽车驾驶员个人都存在着管理职责。这种管理不同于国家职能部门的行政管理，虽然具有一般企业内部管理的性质，但其成本核算、劳动人事等项管理又不能照搬一般运输企业管理方式。企业更多的是要为出租汽车驾驶员个人提供各种各样产前、产后及产中的服务，以服务来实现企业的收入。

企业是介于管理部门与单车经营之间的中间管理层，具有代理服务业性质，所以这种管理和服务是建立在自愿、平等、互惠基础之上的契约关系。由于出租汽车生产的特性，要求出租企业在提供高质量服务的同时，必须强化对出租汽车驾驶员的各项管理，包括依法运营、安全运营以及规范服务等。否则，将会影响窗口行业的形象，一旦运营中出现民事纠纷，按法律关系，企业也要为出租汽车驾驶员个人承担连带责任。

（二）出租汽车行业实现企业制经营管理的意义

出租汽车企业的经营类型和管理性质，对出租汽车行业实现公司（车队）制集约化经营管理，提高窗口行业的整体社会效益和市场的组织化程度，提高经营者的经济效益都是十分重要的。

1. 维护窗口行业信誉的需要

出租汽车行业是对社会影响广泛的窗口行业，其规范的程度代表着一个城市精神文明建设的程度，出租汽车驾驶员个人的行为和形象，某种意义上代表着一个行业、一个城市的形象。因此，对出租汽车驾驶员进行各种内容的培训教育，以提高他们的职业道德素质和经营技能，这是一项需要经常性开展的工作，而这些工作仅靠管理部门是不行的，还需要出租车企业这样一个中间管理层。

2. 维护出租汽车市场正常秩序的需要

出租汽车单独作业，流动性大。假如管理部门直接面向全市成千上万个出租汽车，必然要投入大量的人力和物力。而有了公司（车队）管理的层次，可以减少管理部门压力，使行政管理部门有更多的精力投入到监督市场行为、制定行业政策和宏观调控市场上来。

3. 方便出租汽车驾驶员，提高经营效率的需要

出租汽车运营证件较多，手续也很繁琐，办理手续需跑许多部门，排队缴费存在诸多不便，耽误了出租汽车驾驶员的时间。公司（车队）可以按月统一代办，出租汽车驾驶员个人到公司一次办理齐备即可，可以节约大量的时间。另外，公司（车队）可以提供多方面服务，如代理民事诉讼、事故处理以及保险索赔等，可以解决出租汽车驾驶员的后顾之忧，使出租汽车驾驶员全身心投入营运，提高经营效益。

4. 消化风险，保持社会稳定的需要

出租汽车在运营中，难免会发生事故，有时事故过大，超出出租汽车驾驶员个人的承受能力，对本人、他人都会带来影响。而公司资金雄厚，抵御风险能力强，可以为出租汽车驾驶员个人提供一定的支撑，缓解风险之急，使出租汽车驾驶员个人在以后的经营中逐步消化，保持社会的稳定。

5. 为社会提供更多的就业机会

对任何一个城市来说，出租汽车行业的发展都是非常重要的，可以作为市民出行的有效补充。而出租汽车行业的从业人员若仅凭自己完成一次性投资，很多时候是困难的。部分城

市对经营权这一无形资产进行有偿拍卖，个体很难得到，而公司可以利用其融资容易、资金雄厚的优势，先期投入，出租汽车驾驶员通过分期付款租用公司车辆或者经营权参与运营。这样，可以为更多的人员提供就业的机会。

（三）出租汽车客运企业管理的原则

从出租汽车企业管理的性质及必要性可以看出，企业（车队）管理是出租汽车行业组织化管理的一个重要组成部分，只有采取灵活多样的管理方法才能取得实效。在企业管理中，要遵循"管理到位、服务到家"的总体目标。管理到位是依据出租汽车生产的特性，没有严格管理就容易出现安全生产事故；服务到家是依据企业自身管理的性质所讲的，没有服务的宗旨，企业失去凝聚力，就会变成一盘散沙。因此，管理必须遵循以下原则进行：

（1）按章办事的原则：由于出租汽车行业构成的经济形式很多，需要对驾驶员进行必要的培训，建立健全各项规章制度，公正对待每一个出租汽车驾驶员，办事公开，一视同仁，创造一个良好的经营氛围，使每一个出租汽车驾驶员遵章守纪，自觉提高思想素质、技术素质和服务质量。

（2）安全第一的原则：保证乘客和出租汽车驾驶员的生命财产安全，是出租汽车企业管理的第一课题，"先安全，后生产""不安全，不生产""安全第一"既是企业的生命线，也是每部单车经营的生命线。要教育出租汽车驾驶员：无安全就无经济效益，生产事故是生产经营的大敌，要摆正安全与生产的关系。

（3）热情服务的原则：企业的管理不仅体现在管理制度的制定和落实上，也体现在对广大经营者的热情服务上，管理者与经营者本身是一对矛盾的有机体，为出租车经营者提供热情周到的服务，可以很好地化解出租车企业与出租车经营者管理与被管理的矛盾以及广大经营者对管理的误解。从管理性质上看，企业管理应将管理寓于服务之中，为广大出租汽车驾驶员服务，才能有凝聚力和生命力。

（4）奖罚分明的原则：把严格的管理寓于热情的服务之中，奖罚分明，是给予严格管理一个注脚：遵章守纪者，奖；违规违纪者，罚。给先进一个激励，给后进一个鞭策，奖优罚劣的制度将会极大地调动广大出租车经营者遵章守纪、热情服务的积极性，提高行业服务质量，为更好地管理出租车企业内部提供保障。

二、组织机构及管理内容

（一）组织结构管理概述

1. 概　念

组织结构是指组织内部分工协作的基本形式和框架。分工是协作的前提，但又离不开协作，否则分工就会失去意义，并造成组织效率低下。组织结构的功能就在于为分工协作提供一个基本框架。

2. 分工与协作

（1）分工的利弊：分工可以使各种工作简单化，大大缩短熟练掌握工作的时间。另外，由于从事专业化工作，可以使每一个人能尽快掌握专业化的操作技能。分工限制了人的实践范围，使其精力变得更加专注。

但分工带来的弊端是工作的单调化。分工会阻碍组织内部人员流动，降低其对组织变化的适应能力，助长组织内部的冲突。

因此，组织结构所要解决的第一个问题就是全面权衡分工的利弊，决定组织分工程度，并在此基础上确定每个人的职务。组织单位就是为了协调大规模的复杂分工而产生的。

（2）部门化：部门化通常是指为每一个团体安排一个管理者，由其全权负责统一协调团体内的所有工作，这种团体就叫部门或组织单位。划分部门的方式很多，其中管理性质的部门按其职能划分，生产销售单位按产品或顾客划分和按地区划分是最为常见的。

（3）权限关系：组织结构要求将决策权限授予下级，让其分担决策责任。但决策权限授予谁、授权程度如何把握是权限关系中所要解决的两个问题。而集权与分权相结合是正确处理决策权限关系的基本原则。同时要处理好人与人之间的沟通与协作。

（4）程序化：事先制定行动方案，以便在某些问题发生时及时处置，是分工协作的又一基本方法。在某些情况下，当事者只要按既定规定、程序办事，即可保证日常工作的正常运转。因此程序化管理有利于加快工作进度，减轻日常协调的工作量。

3. 组织结构明确的影响因素

评价一个组织结构离不开具体的条件，而制定一个组织结构也要依据各方面因素和条件。影响和制约组织结构设计和建立的因素主要来自信息沟通、技术特点、经营战略、管理体制、企业规模和环境变化六个方面。其中企业规模是制约组织结构最重要的因素之一。组织结构设计时必须认真研究上述六个方面的制约因素，并与之保持相互衔接和相互协调的状态。

（二）出租汽车客运企业组织结构设置

出租汽车客运企业组织结构设置如图 8-2 所示。

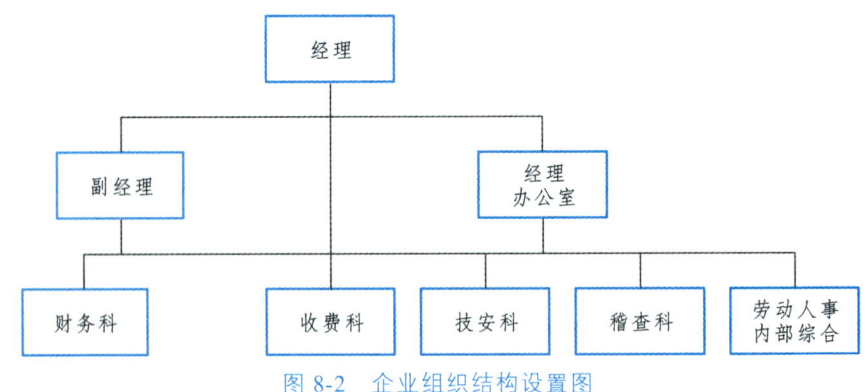

图 8-2　企业组织结构设置图

1. 经理岗位职责

（1）对本公司的经营管理工作负全面责任，主抓技安科、财务科以及经理办公室的工作，并对以上科室的工作负直接领导责任。

（2）每月月初召集、主持公司经理办公会，研究制定本公司重大问题的解决办法，保障上级有关主管部门对相关规定的具体落实。

（3）负责制定本公司发展规划、岗位责任制、人员分工及调配。

（4）每月月末召集考评小组对公司行政、财务工作及岗位责任制落实情况按考核标准进行考评，做到奖罚兑现。

（5）协调与有关部门的关系，推动公司壮大发展，提高经济效益。

（6）负责公司财务管理及经费开支的审批。

（7）做好本公司职工政治思想工作和职业道德教育，督促职工提高业务水平。

2. 副经理岗位职责

（1）协助经理工作，对经理负责。主抓稽查科、收费科，并对以上科室工作负直接领导责任。

（2）贯彻执行出租车运输管理法规、政策方针，严格遵守出租车管理制度及公司各项规章制度。

（3）每月组织人员，调查本公司出租车经营情况，纠正违章行为，搜集资料对出租车市场进行预测，对公司发展规划提出合理化建议，协助经理制定公司规划。

（4）督促有关科室落实岗位责任制，规范出租汽车驾驶员的经营行为，完善营运标志，对违纪车辆进行教育和处罚。

（5）督促建立健全出租车驾驶员台账及车辆易主时的各种档案变更。

（6）经理外出时，代行经理职权，主持公司全面工作。

（7）积极完成上级有关领导和经理安排的临时性工作。

3. 经理办公室职责

（1）广泛收集信息资料，整理、论证，为经理决策提供科学依据。

（2）负责公司文秘工作，起草出台各类内部规章制度。

4. 稽查科职责

（1）按照有关管理部门的要求和公司规定，对本公司车辆及驾驶员经营行为进行管理。

（2）每月稽查营运车辆交费情况，对欠费车辆登记台账，并按规定进行教育、处罚，月欠费车辆不得超过总车辆数的 0.5%，落实率需达到 10%，除报停车辆外，无连续两个月以上欠费车辆，无车主家庭住址不详车辆。

（3）落实例会制度，对违纪出租汽车驾驶员按规定进行处罚。

（4）建立健全经营业户及出租汽车驾驶员车辆台账，及时掌握出租汽车驾驶员动态，易主车辆要及时登记。

（5）根据出租行业的具体规定，规范车辆经营标志，规范率达 99%。监督本公司经营业户及出租汽车驾驶员遵章守纪、文明规范服务的情况，对违规违纪人员进行及时教育和处罚。

（6）每月规定时间内派人到监督岗，对本公司营运车辆进行自查，及时纠正违章行为。每月针对车辆营运标志和证件是否规范进行一次例检。

（7）对举报、投诉车辆进行登记，及时调查处理。

（8）协助有关部门处理涉及本公司车辆的治安刑事案件，并做好记录，及时参加市公安局刑警队召开的治安例会。

（9）对收取的滞纳金、罚款如数上交财务，不准截留或私自挪用、借用。

（10）及时进行"家访"，深入了解出租汽车驾驶员经营中存在的问题，对较为典型和反映强烈的问题进行记录，及时予以解决。

视频：出租汽车客运企业的管理内容

（三）出租汽车客运企业的管理内容

出租汽车企业对出租汽车管理的水平高低，直接影响着行业的整体形象，决定和制约着整个出租汽车客运市场的健康发展。出租汽车企业对出租汽车进行科学、系统、规范、有效的管理，是繁荣出租汽车客运市场的根本途径。出租汽车企业对出租汽车管理主要包括服务管理、安全管理、培训管理以及监督管理四个方面的内容。

1. 服务管理

为出租汽车驾驶员提供完善的服务是出租汽车企业的工作重点，对出租汽车实行组织化管理不但是社会的要求，同时也是满足出租汽车驾驶员经营的需要。因此，企业应该准确、及时地为出租汽车驾驶员提供如下服务：

（1）代办车辆更新、购车审批、购置附加费、保险、旧车转出及新车入户等各项营运手续；安装营运设备和营运标志；代理出租汽车专用发票购领发放；协助驾驶员做好车辆年检、驾驶员年审及各种证照丢失补办。

（2）代收代缴运管费、客运附加费、保险费、养路费、车船使用税、营业税及道口监护费等，确保国家税费按时上缴。做到收取标准公开，手续代理、证件发放及时。

（3）协助出租汽车驾驶员处理交通事故，代理保险索赔。出租汽车驾驶员发生交通事故或治安案件除要及时向公安部门报案外，还应及时通知公司（车队），在接到驾驶员通知后，企业应及时派人赶赴现场，对有把握的车辆（经济损失较小且参加保险）应提供担保，使其尽快恢复营运，把出租汽车驾驶员的经济损失减少到最低程度。交通事故及治安案件处理结束，企业应及时代办保险理赔。

（4）协助出租汽车驾驶员处理经济纠纷，当出租汽车驾驶员之间或出租汽车驾驶员与乘客之间发生纠纷时，要本着公平、合理的原则，积极帮助出租汽车驾驶员协调解决。

（5）建立企业内部互助保障体系，有条件的企业可尝试建立企业内部互助金或代收代缴社会养老保险金，以提高本企业及出租汽车驾驶员个人抗拒风险的能力，解除出租汽车驾驶员的后顾之忧。

（6）提供车辆救援服务，协助出租汽车驾驶员进行车辆维修。拥有50辆以上的出租汽车客运企业，应设救援车一辆。企业的出租汽车在营运中抛锚后，可向公司求助，公司应尽快派出救援车，帮助驾驶员解决实际困难。关于车辆维修，有条件的企业应设立快速维修车或联系定点维修厂家，提供低价位、高质量的维修服务。

（7）代理民事诉讼。随着社会的发展，人们法制观念的增强，出租汽车驾驶员在经营中遇到民事纠纷会越来越多，如事故纠纷、乘客意外伤害纠纷等。出租汽车驾驶员的法律知识有限、经验不足，且时间少，企业可少量收取费用，聘请专业人员提供代理民事诉讼服务，减小出租汽车驾驶员的经济损失，保护当事人的合法权益。

（8）出租汽车企业应不断提高企业自身的社会声誉，主动为社会承担责任，对于乘客查找的或出租汽车驾驶员捡到的乘客遗失物品，应尽快登记，积极查找线索，尽快帮助失主寻找物品或把遗失物品送还给失主。

2. 安全管理

出租汽车的营运安全，既是优质服务的主要标志之一，也是营运生产活动的基础。出租汽车企业要贯彻"安全第一"的经营宗旨，把安全管理作为各项工作的重中之重来抓。

（1）健全安全管理组织。出租汽车企业应设有专职安全管理的机构，配备经验丰富的专业安全管理人员，真正把安全管理工作落到实处，做到常抓不懈。

（2）建立例会制度，加强安全教育。由于出租汽车驾驶员单车营运，人员分散，对他们集中组织学习教育的时间很少，出租汽车企业要建立安全例会制度，每月固定时间，分批对出租汽车驾驶员进行安全教育，学习操作规程和交通法规，分析排查影响安全的各种苗头，防患于未然，做到警钟长鸣。

（3）提高安全防护意识，完善安全防护设备。出租汽车行业是一个流动性强、风险性大的行业，因此，增强每个驾驶员安全防范的意识是很有必要的。出租汽车企业的安全管理人员要经常检查出租汽车的安全防护设备，如防护隔离网、灭火器等；经常提醒驾驶员提高安全防护意识；聘请专业人员进行防盗、防劫和防火教育；有条件的出租汽车还可安装防劫、防盗卫星定位报警系统。

（4）落实出租汽车强制二级维护和第三责任险强制投保制度。出租汽车强制二级维护是确保车辆技术性能符合要求的有力措施，而第三责任险强制投保则能够降低事故损失，保护当事人的合法权益。因此，出租汽车企业有责任监督驾驶员落实车辆定期二级维护及投保第三责任险。

（5）开展安全竞赛活动。出租汽车安全竞赛活动是加强安全管理的有效载体，既能把安全教育贯穿到日常工作中去，又能树立先进典型激励大家。出租汽车企业应经常性地、有步骤地开展安全竞赛活动，形成人人讲安全的氛围。

3. 培训管理

出租汽车驾驶员来自社会各个层面，思想素质和业务能力有高有低，加强岗前和岗位培训是提高驾驶员综合素质的主要途径，也是保证行业稳定发展和整体服务质量的基础。

（1）岗前培训。出租汽车驾驶员上岗前必须经过岗前培训，出租汽车企业应组织驾驶员学习驾驶技术、服务规范及职业道德等出租汽车客运所必备的专业知识，并参加管理部门组织的岗前培训和考核，取得上岗证后持证上岗。

（2）以会代训。对于在岗的出租汽车驾驶员，经常集中、系统地进行培训有一定的困难，出租汽车企业可以利用每月例会时间传达上级文件精神，推广先进的业务技术，加强职业道德教育等。通过以会代训的形式，加强岗位培训，达到提高出租汽车驾驶员队伍整体素质的目的。

（3）轮岗培训。出租汽车行业发展迅速，社会对行业的要求也越来越高，新的管理办法、规章制度、服务规范及道德规范的不断出台，新车型、新技术也不断涌现。因此，出租汽车企业要利用市场淡季及维修保养车辆的间隙，对出租汽车驾驶员进行轮岗培训。系统地学习有关法律法规、服务规范，掌握新车型的技术性能，了解新技术的发展趋势，以适应高速发展的市场需求。

（4）违规违章培训。对违规违章驾驶员，不能简单地以一个"罚"字解决，应以教育为主，让违规违章驾驶员从思想上认识到违规违章的严重性，从根本上解决问题。因此，出租汽车企业对于违规违章驾驶员应责令其下岗参加培训，通过培训，解决驾驶员思想上、技术上存在的不足，达到提高自我、教育别人的目的。

4. 监督管理

保证出租汽车客运经营行为的服务质量，一方面靠管理部门的监督检查，一方面也有赖于出租汽车企业日常的监督管理。

（1）监督依法营运：各种营运证件齐全有效，违规费用交纳及时，营运标志齐全醒目。

（2）监督规范服务：使用规范的行业文明用语，严格按规定使用计价器收费，不拒载、不绕行，主动照顾老弱病残，乘客离车时提示携带随身物品。

（3）监督营运过程：不参与犯罪活动，不给犯罪分子提供运输工具，不参加封建迷信活动，不聚众闹事，要见义勇为，勇于与犯罪分子做斗争。

（4）监督经营行为：严格按照有关规定规范经营，文明经营，合理收费，减少各类投诉举报，维护行业声誉。

（5）接受群众举报，对违章经营行为进行调查落实，对违反企业内部管理制度的行为进行处理。

视频：互联网背景下城市出租车行业改革

三、互联网背景下城市出租车行业改革

出租车行业改革成为2015年互联网"井喷"话题。出租车行业改革难在"利益"二字，也赢在这两个字。一场关于"互联网专车"的争论，不停在网上发酵。

2013年，上海出租行业兴起一款"手机打车软件"，用户在网上下载软件后，输入起点和目的地，自愿选择"是否支付小费"，出租车司机则可根据线路、是否有小费等选择接受订单。打车软件是一种智能手机应用，乘客可以便捷地通过手机发布打车信息，并立即和抢单司机直接沟通，大大提高了打车效率，如图8-3所示。当时各种手机应用软件正实现着对传统服务业和原有消费行为的颠覆，其中对出租车行业的挑战尤为巨大，由此也加大了出租车改革的呼声。

2014年8月19日，滴滴打车公司宣布推出为高端商务出行人群提供优质服务的产品——

滴滴专车，也是该公司针对传统出租车行业推出滴滴打车软件之后上线的第二款产品。2015年1月8日，交通运输部相关负责人表示，打车软件提供的"专车"服务对满足运输市场高品质、多样化、差异性需求具有积极作用。各类"专车"运营公司应当遵循运输市场规则，承担应尽责任，禁止私家车接入平台参与经营，让使用"专车"服务的乘客更加安心、放心出行。

图 8-3　新兴打车软件

专车服务平台基于移动互联网技术并为高端商务出行提供服务信息和撮合交易。平台为租赁车企业和驾驶员劳务公司提供"实时"和"预约"的个性化、高端商务出行需求信息，并通过统一服务标准、服务规范和完善的服务保障体系保证交易的成功率和满意度。专车有经济、舒适、商务、豪华等车型可选，可满足不同人群的出行需求。由此转变成为类似出租车的新型公共交通服务，使得"专车倒逼出租车改革"引起了社会层面的极大讨论。

一方面打车软件和"专车"市场悄然兴起，另一方面，它们对传统出租车行业也产生一定撼动。如 2014 年 12 月的济南市出租车营运数据显示，滴滴专车等进驻济南市场 4 个多月，便已对济南市出租车行业市场造成了极大冲击。每辆出租车每天的营业额（票额）比 2013 年 12 月同期下降了 33 元，平均每月少挣近 1 000 元，客运量也呈现减少趋势，当 2013 年同期每天平均拉客 31 人相比，降至 24 人。

可见，在激烈的市场竞争中，传统出租车要不断求新、求改革，才能保证自己的市场占有率。然而，从现状来看，出租车行业不光受外界的挑战压力增大，其自身存在的问题更是阻碍其发展的重要方面。有学者对出租车运营管理的主要问题进行了总结，表现为：

首先，出租车经营方式垄断现象严重。全国各地的城市发展水平差别很大，而出租车的管理运营模式却是类似的，即"政府—公司（法人）—司机（自然人）"这样一种由上至下的管理模式。出租车行业的管理运营方式主要有两种：一种是由出租车司机向出租车公司买断"出租车"。一般来讲，买断的价格为出租车本身几倍的价格，同时，司机每月还要向公司交三四千元的管理费用。另一种是承包运营，出租车司机每月要向出租车公司付承包费用，通常这项费用也会大大加重司机的经营负担。这样的经营模式造成了出租车公司的垄断。

其次，出租车司机的权益保护工作不到位。一些政府相关部门长期以来对出租车司机的权益保护问题认识不足，保护工作没有落实。由于缺乏专门的机构来传达出租车司机的声音，因此，出租车司机的合理诉求很难通过正常的渠道、形式得以表达。

再次，消费者的利益一再受到损害，居民出行成本被抬高。出租车的价格由多方面因素构成，有些不合理因素如高额利润，通过消费行为转嫁给了最终消费者。

最后，市场不规范情况时常出现。黑车等市场不规范现象并没有得到有效制止。所谓黑车是相对于合法运营车辆而言的。市民乘坐黑车价格便宜，因为黑车逃避了合法运营车辆的相关税费。许多城市在管理黑车时，都采取严打严惩的措施，但是效果甚微。

由此提出出租车改革势在必行，且主要改革方向为：

（1）保留出租车公司运营基本模式，均衡利益分配。在充分考虑各方意见的前提下，保证出租车乘客、司机和出租车公司的利益均衡，逐步以质量管理代替数量管制。

（2）逐步提高出租车司机的待遇和地位。在各地政府的积极引导下，在出租车驾驶者积极参与的前提下，有计划、有步骤地成立各地出租车行业协会或者出租车公司工会，以确保其话语权和利益不受侵犯。

（3）倡导出租车文明服务，大力宣传城市形象。出租车应以服务顾客、方便市民为基本原则，努力为乘客提供舒适、快捷、及时、安全的服务环境。出租车公司作为倡导出租车文明的主体和监督者，要以服务社会为宗旨。

【拓展阅读】

一图看清滴滴出行组织架构迭代

一、2017年2月：五大战略正式公布

滴滴出行通过全员邮件宣布了2017年的五大战略关键词及全新升级的组织阵形，2017年滴滴的五大战略关键词为：修炼内功、智慧交通、专车决胜、全球布局、洪流落地。

升级之后，滴滴内部将形成两大事业群、一个FT团队、多个事业部。两大事业群为快捷出行事业群和品质出行事业群。快捷出行事业群，下设出租车事业部、快车事业部、优步事业部、平台运营部和运力中心。

作为滴滴五大战略的其中之一，新成立的智慧交通FT团队，下设公交事业部（原巴士事业部）。

此外，在此次组织阵形升级中，滴滴成立了国际化事业部。

2017年2月

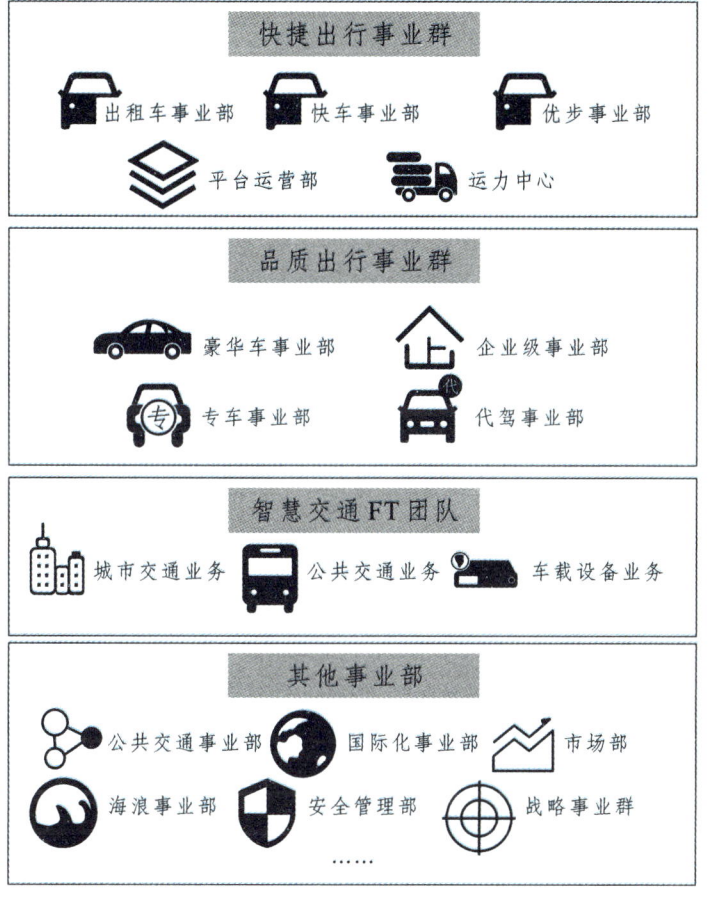

二、2018年2月：落实两大战略调整

2018年2月，滴滴宣布完成了新一轮的架构调整。包括两项战略调整：第一，继快捷出行事业群和品质出行事业群后，将战略部、国际业务事业部和金融业务事业部将合为战略事业群；第二，智慧交通团队会由虚入实，从智慧交通FT变成智慧交通事业部。

成立的战略业务事业群包括了战略部、国际事业部、金融事业部三个部门。

新调整的智慧交通事业部，目的是解决智能交通问题，例如提供治拥堵方案、提高出行效率。该部门继续由原智慧交通FT负责人章负责。事业部又被细分为城市交通业务和车载设备业务。

2018年下半年开始，滴滴进入了修整期，发展重点从速度和规模，变成了安全与合规。

2018年2月

三、2018年12月：全面推进网约车合规化工作

2018年12月5日，宣布新一轮组织架构调整，升级安全管理体系，同时组成网约车平台公司、车主服务公司，一个普惠出行服务事业群及多个部门协同发展的新型结构，以全力以赴投入用户安全、服务体验和出行效率优化建设中。

本次调整中，原快捷出行事业群、专车事业部、豪华车事业部合并成为网约车平台公司，全面推进网约车合规化进程。原小桔车服公司与汽车资产管理中心（AMC）则合并成立车主服务公司。原品质出行事业群的共享单车、电单车、代驾、企业级业务和原智慧交通事业部的公交业务则组成普惠出行与服务事业群。原快捷出行事业群出租车事业部持续加大出租车业务的产品技术资源的投入，促进出租车产品升级和新旧业态融合发展，进一步探索出租车与网约车融合新模式。

2018 年 12 月

网约车平台公司

快捷出行事业群

专车事业部和豪华车事业部

车主服务公司

原小桔车服公司与汽车资产管理中心

普惠出行与服务事业群

HT（单车）、HM（电单车）

代驾、企业级业务、公交业务

出租车事业部

四、2019 年 4 月：升级安全产品与技术部架构

2019 年 4 月，滴滴出行宣布升级集团安全产品与技术部，升级后的安全产品与技术部下设信息安全部、业务安全部、基础安全产品部、安全研究部等多个部门。

2019 年 4 月

升级

安全产品与技术部

下设

 业务安全部

 基础安全产品部

 安全研究部

 信息安全部

……

五、2019年6月：整合升级成立两轮车事业部

2019年6月17日晚，滴滴发布关于两轮车组织架构调整，滴滴出行单车事业部（内部代号"海棠湾"）、电单车事业部（内部代号"黑马"）正式整合升级为两轮车事业部（内部代号为"海马"）。

据了解，2018年初，为了打造一站式出行平台，滴滴出行推出了自有品牌"青桔单车"，由单车事业部负责运营；电单车事业部则主要负责运营另一个自有品牌"街兔电单车"，两个事业部同属普惠出行与服务事业群。

2019年6月

普惠出行与服务事业群

出行单车事业部 ＋ 电单车事业部 ＝ 两轮车事业部

六、2019年7月："小桔车服"组织架构升级

2019年7月，小桔车服进行组织架构升级，小桔租车升级为小桔租车平台，成立车企业务部和小桔能源业务板块，并升级小桔养车业务板块，以租车为主线，打造汽车、养车、能源"三大引擎"。

新成立的车企业务部将整合小桔车服原有的车队资产管理、车企合作以及定制车业务。新成立的小桔能源将整合原有的充电与加油业务，持续在汽车能源领域开展合作。

原有的汽车开放平台并入小桔租车平台，继续坚持开放赋能，将从C端服务、商家赋能、商品管理等方面加强平台能力建设。

2019年7月

小桔租车 —升级→ 小桔租车平台

成立车企业务部
（整合原有车队资产管理、车企合作以及定制车业务）
和小桔能源业务部（整合原有充电与加油业务）

七、2020年6月：滴滴升级出租车事业部组织架构

2020年6月15日，滴滴出行公布出租车事业部组织架构升级及人事调整，出租车运营部进行组织升级，下设安全与用户体验部、创新发展部、交易运营部、市场部、商业发展部。

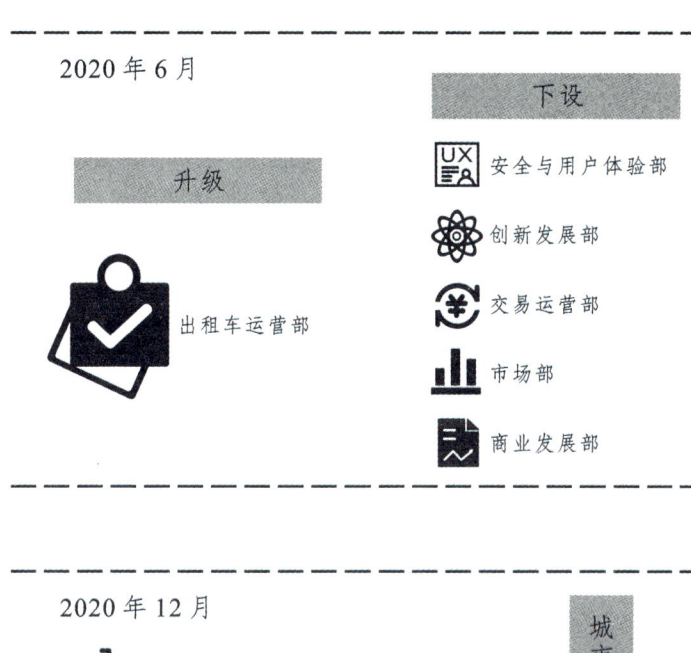

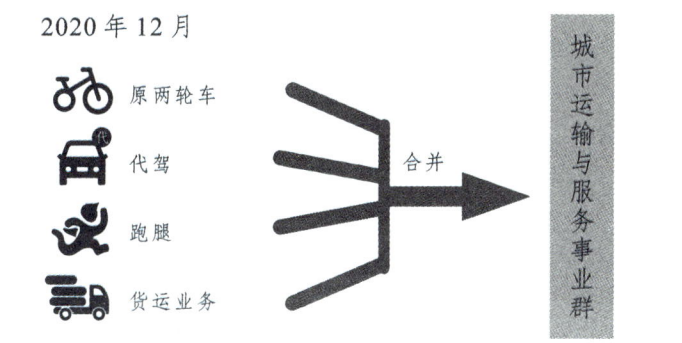

项目九

城市轨道交通的运营管理

任务 1　城市轨道交通车站现场客流组织

学习目标

视频：城市轨道交通车站现场客流组织

1. 素质目标

- 培养学生组织协调能力。
- 培养学生对轨道交通客运事业"传承有我、矢志不渝"的使命认同，"自立有我、德技双馨"的职业担当，"强国有我、以技报国"的理想信念和职业信念。

2. 知识目标

- 了解车站客流组织的原则。
- 了解旅客服务系统与应急系统。

3. 技能目标

- 熟悉轨道交通突发事件分类。
- 掌握车站地区客流接续与疏散方法。

发布任务

假设某地铁线从起点到终点有 A、B、C、D、E 五个车站，高峰时段列车满载率为 180%，列车定员为 1 400 人，通过调查得到 7 点至 8 点期间的客流 OD 调查数据如表 9-1 所示，请计算相关数据。

表 9-1　客流 OD 调查数据

OD	A	B	C	D	E
A	0	20 000	30 000	50 000	20 000
B	25 000	0	35 000	15 000	12 000
C	30 000	24 000	0	25 000	18 000
D	15 000	28 000	22 000	0	12 000
E	24 000	24 000	32 000	12 000	0

（1）上述时段最大断面客流出现在哪个断面？最大断面客流为多少？

（2）上述时段列车开行间隔为多少？

（3）假设上述时段为当天最大高峰小时，列车的周转时间为 30 min，地铁公司应在当天准备多少列运用车？

任务实施

1. 知识准备

（1）什么是城市轨道交通客流？

_____

_____

_____

（2）处置突发性大客流遵循"安全第一、（　　）、合理引导、及时疏散"的原则。控制客流应遵循"由下至上、从里到外"的原则。

A. 逐一解决　　　　　　　B. 以人为本

C. 分级控制　　　　　　　D. 及时上报

（3）车站出入口布置有哪些原则？

_____

_____

_____

（4）列车开行间隔如何计算？

_____

_____

_____

2. 计算分析

（1）上述时段最大断面客流出现在哪个断面，最大断面客流为多少？

_____

_____

_____

（2）上述时段列车开行间隔为多少？

_____

_____

（3）假设上述时段为当天最大高峰小时，列车的周转时间为 30 min，地铁公司应在当天准备多少列运用车？

3. 个人总结

评价反馈

评分项目	分值	自我评价得分	教师评价得分
工作页已完成（全部完成为 20 分，其余为 0 分）	20		
知识掌握程度（任务工单准确率）	30		
能力获得程度（任务参与情况）	30		
素质目标实现程度（个人表现情况）	10		
个人体会和思考（个人总结）	10		
本次任务总体评价	100		

知识要点

城市轨道交通车站是城市轨道交通路网中的重要建筑物，是供旅客乘降、换乘和候车的场所，能保证旅客方便、安全、迅速地进、出车站，并具备良好的通风、照明、卫生、防火等设备，给旅客提供舒适清洁的环境。而车站的客流组织则是客流服务工作的一个关键环节。所谓城市轨道交通车站客流组织，主要是指经过对车站设备、设施和空间的分析，根据车站某个时间段的出入站乘客数量预测，制定符合地铁车站实际情况的乘客进站、乘车/换乘、下车、出站的疏导、指引方案以及根据方案开展车站行车、票务和人员组织工作。

一、车站客流组织的原则

轨道交通主要通过合理的客流组织来完成其大容量的客运任务。客流组织是通过合理布置客运有关设备、设施以及对客流采取有效的分流或引导措施来组织客流运送的过程。轨道交通控制中心负责轨道交通线路的客流组织工作,车站的客流组织则由站长/值班站长负责。

客流组织要完成车站售、检票位置的设置、车站导向的设置、车站自动扶梯的设置、隔离栏杆等设施的设置以及车站广播的导向、售检票数量的配置、工作人员的配备、应急措施等。轨道交通客流组织的目的在于保证客流运送的安全,保持客流运送过程的畅通,尽量减少乘客出行时间,避免拥挤,便于大客流发生时的及时疏散。

无论是何种型式的车站(高架、地下、地面),进站乘客最基本的流线都是:购票→过检票机→通过楼梯上站台(侧式站台地面站一侧乘客可直接进入站台)→乘车。出站乘客则反之。进、出站流程是两个完全对称的逆向过程。影响客流组织的因素较多,不同类型的车站其客流组织的内容有着较大区别,中小车站的客流组织比较简单,而大车站、换乘站因客流较大、客流方向比较复杂,其客流组织也相对复杂。在大客流的情况下,车站通过合理安排人员,做好乘客的疏导、宣传工作,实现对车站人流的控制。人流控制应采取由内至外、由下至上的原则,在车站出入口、入闸机进行人流的两级控制。侧式站台的车站相对于岛式站台的车站更容易将不同方向客流分开,但不利于乘客的换乘,售、检票设置也较分散,不利于车站管理。

为此,在进行客流组织时应特别考虑以下几个方面的原则:

(1)合理安排售检票、出入口、楼梯位置,使行人流动线简单、明确,尽量减少客流交叉、冲突。保证正常情况下不同站台长度上布置的楼、扶梯能满足乘客以最短距离进站和出站的要求。

(2)乘客换乘其他交通工具顺利。人流与车流的行驶路线完全分开,以保证行人的安全以及车辆行驶不受干扰。

(3)完善诱导系统,快速分流,减少客流集聚和过分拥挤现象。

(4)均匀布置站台范围内公共区的楼、扶梯。

(5)满足换乘客流的方便性、安全性、舒适性等一些基本要求。如适宜的换乘走行距离、恶劣天气下的保护、气候调节、为残疾人专门设计的无障碍通道,照明、开阔的视野以及突发事件应急系统等。

(6)客流流量控制。如果站台乘客数量大于站台容积能力,就必须进行入闸机控制点的客流控制,同时控制乘客下车进入站台的数量。如果站台乘客数量大于站台容积能力,站厅乘客数量大于站厅容积能力,就必须对出入口控制点进行控制,临时限制或者不允许乘客进站。

二、车站客流组织方法

城市轨道交通车站客流组织、客流疏导工作应以"流量服从安全""客流有序、秩序可控、疏散有力""路网限流、区域联动,节点控制"为原则,以车站的实际客流状况为出发点,采取适当的疏导措施,合理组织客流,保障客流的安全、有序。

车站是轨道交通客流的集散地，一般由出入口及通道、站厅层、站台层、设备用房、管理用房、生活用房等几部分构成。车站的功能分区一般由付费区、非付费区及设备管理用房组成。乘客基本都在付费区和非付费区之间流动，这两个区域被分隔栅栏分开，由一个通道连通。地铁车站候车环境主要由地面出入口、站厅、站台3个主要部分组成。城市轨道交通车站就是围绕这些设备设施开展客流组织，大体组织内容如下。

（一）站内设施客流组织

1. 车站出入口

车站地面出入口、通道的数量、规模和位置根据车站进出客流的方向和数量确定，首先要照顾各个方向的客流，为满足远期发展的需要，可以预留部分出入口和通道，逐步开通使用。但考虑到消防疏散的需要，从运输安全的角度考虑，每个车站必须保持开通两个以上出入口通道。

（1）车站出入口的组织应结合实际的客流状况，当车站设施能够满足客流需求时，采用正常的组织方法，即各出入口全部开放，乘客可进出站双向使用，必要时可在出入口处或楼梯上设置分流设施，保证进出站客流相互间不干扰，不发生客流冲突，如图9-1所示。

图9-1　地铁车站进站客流组织

（2）对于经过通道与站厅连接的出入口，当客流较大时，可在通道内进行排队组织，当客流过大时，需在出入口外进行限流组织。

（3）对于与商场、单位连接的出入口，应考虑客流组成和出行特征，当客流较大时，应按照与相关单位共同制定的措施进行客流组织。

2. 站　厅

站厅一般设置在地下一层，主要起集疏乘客、售检票、提供服务、引导乘客分流的作用，同时设置有车站的各种管理和设备用房。站厅分为付费区和非付费区，通过栏杆隔离，一般站厅设备较多，主要为导向设施和自动售检票设备。站厅容纳率就是站厅每平方米能安全容纳的乘客数量。根据广州地铁的客流组织经验，站厅容纳率一般为 $2\sim4$ 人$/m^2$。

3. 站　台

站台一般设置在地下二层供列车停靠和乘客上下，由站台和线路、乘降设备组成。站台一般分为岛式站台、侧式站台和混合式站台3种。站台容纳率就是站台每平方米能安全容纳的乘客的数量。根据广州地铁的客流组织经验，站台容纳率一般为 2~4 人$/m^2$。

另外，自动扶梯、检票机、票亭的布设都要以尽量避免进出站客流交叉为前提。客流交叉点的减少能有效地增加乘客的流动速度，从而减少乘客的候车时间。同时，轨道交通车站的规模大小应能满足远期预测客流集散量的需求，并设置与之相适应的出入口数，以方便乘客出入。车站的大小在很大程度上取决于站台的长度，而站台应满足远期预测客流的要求，站台的宽度取决于高峰小时的客流量。

因此，在进行车站设计确定站台的客流组织方法的过程中，在依照客流组织的原则下，应因地制宜地依据不同的车站形式来确定站台的客流组织方法。

（二）售票组织

轨道交通车站的选址、规模在轨道交通建设时已经确定，一般不能改变，出入口及通道宽度、站厅及站台的规模一般在建设时根据预测客流量进行确定，在运营管理中如何正确设置售、检票位置，合理布置付费区，进行合理的导向对客流组织起着重要的作用。在布置时一般要以符合运营时最大客流量，保持客流畅通为原则，因此一般按以下要求进行布置：

（1）售、检票位置与出入口、楼梯应保持一定距离。售、检票位置一般不设置在出入口、通道内，并尽量保持与出入口、楼梯有一定的距离，从而保证出入口和楼梯的畅通。

（2）保持售、检票位置前的通道宽敞。售、检票一般选择在站厅内宽敞位置进行设置，以便于售、检票位置前客流的疏导，售、检票位置应适当保持一定距离，避免排队时拥挤。

（3）售、检票位置根据出入口数量相对集中布置。因轨道交通车站一般有多个出入口，为了减少乘客进入车站后的走行距离，一般设置多处售、检票设施，但过多设置售、检票设施容易造成设备使用的不平衡，降低设备使用效率，并且不利于管理，因而售、检票位置应根据车站客流的大小相对集中地进行布置。

（4）应尽量避免客流的对流。客流的对流减缓了乘客出行的速度，同时也不利于车站的管理。因此车站一般需要对进出客流进行分流，进出车站检票位置分开设置，保证乘客经过出入口和售、检票位置的线路时不发生对流。

售票中的客流组织还应该注意以下问题：

（1）启用 AFC 系统后，乘客购票时可选用半自动售票机或自动售票机购票，在半自动售票机前应组织乘客有序排队购票、充值。

（2）车站可利用导流带等设施进行排队组织，排队方向应以不影响其他乘客通行为宜。当排队乘客较多时，可宣传疏导乘客到自动售票机处购票。必要时，可使用空闲的半自动售票机预制车票，提高售票速度，减少排队长度。

（3）在自动售票机前组织乘客购票时，要尽可能充分利用自动售票机，分散购票，避免乘客大量集中于少量售票机处。当需要排队时，可利用站厅内客流较少的空间进行组织。

（4）单程票售票量较大的车站，可在低峰时段预处理车票，高峰时可直接售票，减少发售车票的时间。

（三）换乘组织

车站具有多种形式，在确定站台客流组织方法时，行人流动线应简单、明确，并尽量减少客流交叉、对流，对于不同的车站，应采取灵活的策略进行组织。

换乘站一般客流大、客流流线复杂，客流组织相对于其他车站较为复杂。换乘站根据不同的换乘方式在客流组织管理上采用不同的方法，总的原则是组织好换乘客流，缩短换乘路径，减少换乘客流与进出站客流的交叉、干扰。

（1）站台直接换乘：车站处于两条线路平行交织处时，多采用岛式站台。这种情况下要求站台能够满足换乘高峰客流量的要求，换乘楼梯或自动扶梯应有足够的宽度，以免发生乘客堆积和拥挤。

（2）站厅换乘：乘客在换乘过程中，需通过另一个车站的站厅或者两站共用的站厅到达另一个车站的站台。这种情况下下车客流朝一个方向流动，减少了站台上人流的交织，使乘客行进速度增加。

（3）通道换乘：这种换乘方式下两个车站通过设置单独的换乘通道为乘客提供换乘。通道换乘设计应注意上下行客流的组织，避免双方向的换乘客流与进出站客流的交叉紊乱。

（4）组合式换乘：在这种条件下一定要确保换乘客流顺畅，特别要做好客流的诱导工作。

同时，对于不同的站台设置方式，亦有不同的客流组织方式。例如广州市公园前站站台是"一岛两侧"式，即除了中间的站台外，两侧还各有两个站台。中间的岛式站台专门用于上车，两侧的站台则用于出站和换乘。

（四）乘降组织

按照乘客乘降作业顺序开展以下客流组织：

（1）当乘客到达站台后，应向乘客宣传根据车门标志线的位置排队等候。

（2）对于没有屏蔽门的车站，应宣传"请站在黄色安全线以内候车，不要探身瞭望，以免发生危险"。

（3）当列车进站时，应关注乘客安全。

（4）列车门开启后，应组织乘客先下后上，请候车乘客站在车门两侧，待下车乘客下车后再上车，避免乘客拥堵，提高乘降效率。

（5）当关门提示铃响后，应阻止乘客抢上抢下，请其等待下次列车，防止车门夹伤乘客和影响列车正点发车。

（6）当车门关闭后，要观察车门关闭状况，看车门或屏蔽门是否正常关闭。若乘客或物品被车门夹住，应劝导乘客等候下次列车或征求乘客同意后协助其完全进入车厢，若为设备原因，应按相关作业办理程序进行处置。

（7）对于楼梯边缘与站台边缘较近的情况，应尽量疏导乘客不要在此处滞留，保证足够的通行空间，防止此处拥挤，出现意外。

（8）加强对站台四角的巡视，防止乘客进入区间。

（9）乘客物品掉入道床，要阻止乘客跳下站台捡拾物品，及时使用工具为乘客提供拾、捡服务。

三、突发客流组织与调整

(一) 客流的特征与调查分析

视频：突发客流组织与调整

轨道交通客流与城市其他交通方式客流的时空分布特征大体上一致。但由于轨道交通的运能、线路走向及其车站的性质、规模、区位、列车到发时刻安排的不同，沿线客流的大小分布和车站客流的时间分布具有其本身的特征。其变化是城市社会经济活动和生活方式以及轨道交通系统本身特征的反映。

1. 车站客流空间分布特征

轨道交通的建设规模、线路布设形式和走向以及首末车站所处区位，是影响其沿线客流分布的主要因素。纵观不同类型轨道交通线路，可归纳出以下4种沿线空间分布特征：

（1）均等型：当轨道交通线路呈环线布置或沿线用地已开发成熟时，各车站的上下车客流接近相等，沿线客流基本一致，不存在客流明显突增路段。

（2）两端萎缩型：当轨道交通线路的两端伸入还没有完全开发的城市边缘地区或郊区时，线路两端路段的客流小于中间路段的客流。

（3）中间突增型：当轨道交通线路途经大型的对外交通枢纽、高密度开发地区或者车站利用常规公交线路辐射吸引范围广阔时，位于该区位车站的上下车客流明显偏大，线路客流存在突增的路段。

（4）逐渐缩小型：当轨道交通线路首末车站位于大型对外交通枢纽附近或城市中心CBD地区时，随着线路向外延伸，线路客流逐渐缩小。

2. 车站客流时间分布特征

轨道交通的运能、线路所处交通走廊的特点以及车站所处区位的用地性质，是影响轨道交通车站客流在全天不同时间上分布的主要因素。纵观不同运能轨道交通的不同类型车站，可归纳出以下5种车站客流日分布曲线类型，分别如图9-2所示。

（1）单向峰型：轨道交通线路所处的交通走廊具有明显的潮汐特征或车站周边地区用地功能性质单一时，车站客流分布集中，有早晚错开的一个上车高峰和一个下车高峰，见图9-2（a）。

（2）双向峰型：车站位于综合功能用地区位时，客流分布与其他交通方式的客流分布一致，有两个配对的早晚上下车高峰，见图9-2（b）。

（3）全峰型：轨道交通线路位于用地已高度开发的交通走廊或车站位于公共建筑和公用设施高度集中的CBD地区时，客流分布无明显的低谷，双向上下客流全天都很大，见图9-2（c）。

（4）突峰型：车站位于体育场、影剧院等大型公用设施附近，演出节目或比赛结束时，有一个持续时间较短的突变的上车高峰。一段时间后，其他部分车站可能有一个突变的下车高峰，见图9-2（d）。

（5）无峰型：当轨道交通本身的运能比较小或车站位于用地还没有完全开发的地区时，客流无明显的上下车高峰，双向上下车客流全天都较小，见图9-2（e）。

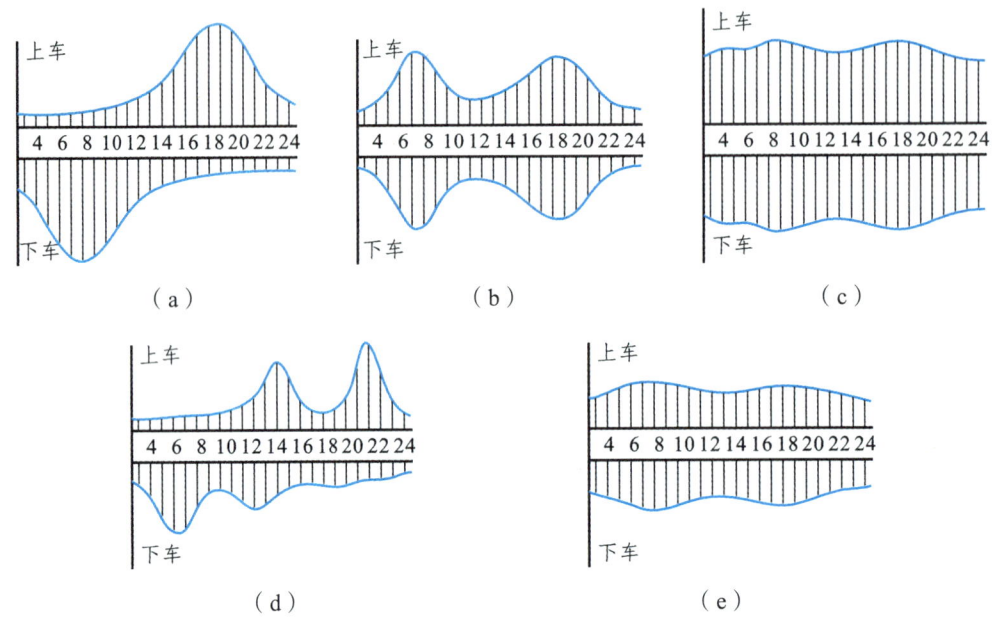

图 9-2 轨道交通车站客流时间分布特征示意图

(二)客流的调查分析

客流是动态变化的,但这种动态变化又是有规律的,可以在实践中了解它、掌握它,并根据客流的动态变化,及时配备与之相适应的运输能力,给乘客提供良好的服务。在运营过程中,要掌握客流在时间、空间上的动态变化规律,必须经常进行各种形式的客流调查。

客流调查涉及客流调查的内容、调查地点和时间的确定、调查表格和设备的选用以及调查方式的选择等事项。根据不同的情况和不同的需要,运营轨道交通系统的客流调查主要有以下几种类型。

1. 全面客流调查

全面客流调查是对全线客流的综合调查,通常也包括了乘客情况抽样调查。这种类型的客流调查时间长、工作量大,需要较多的调查人员。但通过调查及对调查资料进行整理、统计和分析,能对客流现状及出行规律有一个全面清晰的了解。

全面客流调查有随车调查和站点调查两种方式。随车调查是在车门处对全天运营时间内所有运行列车的上下车乘客进行调查;站点调查是在车站检票口对全天运营时间内所有在车站上下车的乘客进行调查。轨道交通系统采用后者。

全面客流调查的内容通常包括全线客流调查和乘客抽样调查两部分。全线客流调查一般应连续进行 2~3 天,在全天运营时间内,调查全线各站所有乘客的下车地点和票种情况,并将调查资料以 5 min 作为间隔分组记录下来。乘客情况的抽样调查通过问卷方式进行,内容包括乘客构成情况调查和某类乘客乘车情况调查两项。乘客构成情况调查通常在车站进行,而某类乘客乘车情况调查可在特定的地点进行。

2. 乘客情况抽样调查

乘客情况抽样调查通过问卷方式进行，包括乘客构成情况调查和乘客乘车情况调查两项内容。

乘客构成情况调查在车站进行，被调查人数取全天在车站乘车人数的一定比例，调查表中包含的内容有年龄（老、中、青）、性别（男、女）、居住地（本地、外地）、出行目的（工作、学习、购物、游览、访友、就医、其他）等。该项调查的时间可选择在客流比较正常的运营时间段。

某类乘客乘车情况调查可在月票发售点或其他地点进行，如对持月票乘客进行调查。被调查人数取某类乘客总数的一定比例，调查内容有年龄、性别、职业、家庭住址、到达车站的方式（步行、骑自行车、乘电汽车）和时间、上车和下车的车站、下车后到达目的地的方式（步行、骑自行车、乘电汽车）和时间，乘坐列车比过去乘坐电（汽）车节省了多少时间等。

3. 断面客流目测调查

断面客流目测调查是一种经常性的客流抽样调查，根据需要可选择一或两个断面进行调查，一般是对最大客流断面进行调查，调查人员通过目测估计各车辆内的乘客人数。

4. 节假日客流调查

节假日客流调查是一种专题性客流调查，一般是对春节、元旦、国庆节、双休假日和若干民间节日期间的客流进行的重点调查。调查的内容包括机关、学校、企业等单位的休假安排，都市旅游业、娱乐业的发展程度，城市居民生活方式的变化等。该项调查一般是通过问卷方式进行的。

（三）轨道交通突发事件分类

《国家处置城市地铁事故灾难应急预案》中明确规定地铁是指承担城市公共客运的城市轨道交通系统，分为地上形式和地下形式。

根据《国家突发公共事件总体应急预案》，各类突发公共事件按照其性质、严重程度、可控性和影响范围等因素，一般分为4级：Ⅰ级（特别重大）、Ⅱ级（重大）、Ⅲ级（较大）和Ⅳ级（一般）。地铁在处置突发事件时，根据地铁运营类的突发事件的不同等级和每一级需要介入的处置机构不同，其突发事件处置可以分为现场级（包括维修中心、车务中心、车辆中心、通号中心、采购物流中心、资源经营事业总部等）、控制中心级（以广州地铁为例，包含广州地铁现有的公园前控制中心、大石控制中心、鱼珠控制中心、夏南控制中心、新造控制中心、APM）、线网指挥中心级和总公司级。按照上述顺序，分别对应第4、3、2、1级。

世界各国地铁已经发生过或可能发生的事故（灾害事件）共有以下 13 种：火灾、爆炸、地震、毒气泄漏、突发疫情、电梯事故、列车脱轨（包括倾覆）、大面积断电、大面积淹浸、重大设备故障、大客流爆满、恐怖袭击、其他重大紧急事件。以广州地铁为例，研究分析地铁各项应急预案，结合国家对突发事件的4级分类，在将国家4类分级记为一类级别的基础上，进行第 2、3 级类别的划分，第 2、3 类级别分别是上一类级别的扩展。对于第 3 级类别，部分 2 级类别没有过细的划分，具体分类如表 9-2 所示。

表 9-2 广州地铁突发事件分类表

1 级类别	2 级类别	3 级类别
自然灾害	台风	无
	暴雨	无
	大雾、灰霾	无
	冰雹、道路结冰	无
	寒冷	无
	地震	无
	高温	无
	其他	车站防洪抢险
事故灾难	车辆故障	1. 车辆轮轴卡死；2. 车辆脱轨；3. 车辆事故；4. 高架线路事故
	线路及附属设备故障	1. 道岔故障；2. 线路挤岔事故；3. 轨道故障；4. 道床故障；5. 感应板变形或松动；6. 桥隧变形；7. 隧道结构裂损；8. 建筑结构漏水；9. 爆水管；10. 钢轨铝热焊焊接失败；11. 钢轨伤损及折断；12. 高温胀轨
	通信设备故障	1. 临时有线/无线电话故障；2. SDH 网故障；3. OTN 网故障；4. 通信 UPS 供电中断；5. 无线设备瘫痪；6. 有线调度系统中断、调度交换机瘫痪
	信号设备故障	1. 正线道岔故障；2. 信号联锁故障；3. 轨旁 ATP 故障；4. 联锁站 STC 故障；5. 信号 VCC 故障；6. 信号 STC 故障；7. 信号 SMC 故障；8. 电源故障；9. SICAS 故障
	AFC 系统设备故障	1. 车站级设备（包括闸机、自动售票机、半自动售票机）重大故障；2. 车站计算机系统重大故障；3. ES 重大故障；4. 计算机病毒入侵；5. 消防事故；6. 突发事件
	机电设备故障	1. 区间泵房故障；2 区间消防水管爆管；3，区间冷冻水管爆管；4. 屏蔽门故障；5. 防淹门故障；6. 电梯故障；7. 给排水及水消防设备专业故障；8. 事故照明应急电源装置故障；9. 环控设备故障；10. 楼梯升降机故障
	供电设备故障	1. 主变电站故障；2. 牵引所故障；3. 弓网关系故障；4. 接地故障；5. 拉弧故障；6. 变电设备故障；7. 接触轨故障；8. 柔性接触网事故；9. 刚性接触网事故；10. 接触网故障
	其他紧急情况	1. 恢复 OCC 使用；2. 车站大面积停电
公共卫生	传染病	无
	毒气	无
	放射性污染	无
	其他	有毒动物、昆虫进入车站

续表

1级类别	2级类别	3级类别
社会安全	恐怖袭击	1. 车站遭受恐怖袭击；2. 毒气袭击；3. 发现可疑物品；4. 可燃气液体泄漏；5. ATP 失效时有人劫车；6. 劫持人质事件
	有人/动物进入区间	无
	人潮	1. 可预见性人潮（上、下班高峰）；2. 可预见性人潮（节假日及重大活动）；3. 突发性人潮；4. OCC 启动或停止应急公交接驳
	火灾	1. 站台火灾；2. 站厅火灾；3. 车站设备区火灾；4. 车站设备房火灾；5. 列车火灾；6. 隧道火灾
	乘客事件	1. 客车撞人、压人；2. 屏蔽门与车门间滞留乘客；3. 门禁困人；4. 区间乘客疏散；5. OCC 紧急疏散；6. 乘客打架或受伤
	其他	列车服务延误

（四）突发客流组织与调整

大客流是指车站在某一时段集中到达的，客流量超过车站正常客运设施或客运组织措施所能承担的流量时的客流。

大客流往往是在节假日旅游高峰期，举办重大活动（大型体育赛事、音乐会等），出现风、雨、雪恶劣天气等情况下发生，大客流虽然持续时间不长，但在大客流冲击情况下，往往对客流组织形成较大甚至很大的压力，轨道交通运营公司必须在保证疏散客流安全的前提下，尽快地疏散客流，大客流组织的主要措施如下：

（1）增加列车运能。根据大客流的方向，在大客流发生时，利用就近的折返线、存车线组织列车运行方案，增开临时列车，增加列车运能，从而保证大客流的疏散。列车的运能是大客流组织的关键。

（2）增加售、检票能力。售、检票能力是大客流疏散的主要障碍，车站在设置售、检票位置时应考虑提供疏散大客流的通道。在进行大客流疏散时，可采取事先准备足够的车票，在地面、通道、站厅增加设置售票点，增设临时检票位置等措施来疏散大客流。

（3）采取临时疏导措施。在大客流组织中，临时合理的疏导对客流方向进行限制是一项很重要的组织措施。主要包括出入口、站厅的疏导，站厅、站台扶梯以及站台的疏导。出入口、站厅的疏导主要是根据临时售、检票设施的设置，通过限制客流的方向，来保持通道的畅通和出入口、站厅客流的秩序。站厅、站台扶梯以及站台疏导主要是为了尽量保证客流均匀上下扶梯和尽快上下列车，保证站台候车的安全。疏导措施主要包括设置临时导向、设置警戒绳或隔离栅栏、采用人工引导以及通过广播宣传引导等。

（4）关闭出入口或进行进出分流。大客流往往是难以预测的，因此为了保证大客流发生时疏散客流的安全，在难以采用有效的措施及时疏散客流时，可采用关闭出入口或限制乘客通过某部分出入口进入车站的措施来阻止一部分客流或延长大客流疏散的时间。

图 10-14 是某市地铁运营公司在工作日早晚高峰期间大客流情况下，为避免换乘通道处客流对冲现象严重而采取的一种限时段的换乘客流组织方式，在早上 7:30—9:30，下午 4:30

—6:30 的高峰时段，将原来南北两条双向换乘通道改为单向通道，形成"顺时针"单向换乘的客流组织方式，以减少不同方向的客流对冲（见图 9-3）。

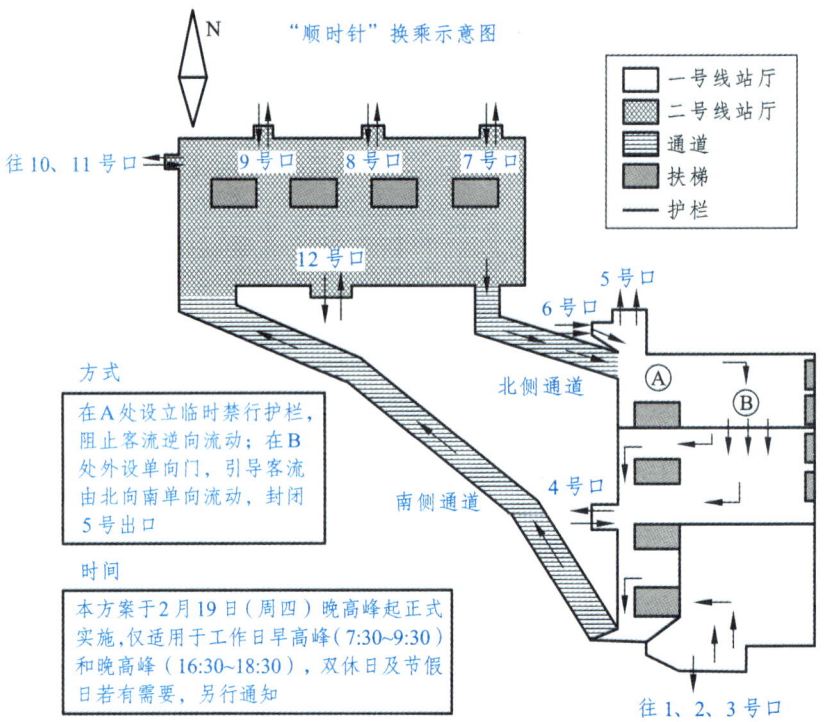

图 9-3 轨道交通车站大客流组织示意图

四、车站地区客流接续与疏散方法

车站往往是乘客出行过程中的重要节点，车站区域的客流可以有多种交通方式进行接续和疏散，包括步行方式、自行车方式、常规公交方式、出租车方式以及其他方式（主要是自备车，包括私家小车、摩托车以及其他轨道交通方式）等。针对车站种类不同，其复杂程度亦不相同，此处主要针对集中多种方式的换乘枢纽车站来说明。

针对换乘枢纽地区的客流接续和疏散，应特别考虑以下几个原则：

（1）行人流动线简单、明确。
（2）行人流动线尽量与车辆流动线分离，保证行人安全。
（3）交通工具之间相互顺利接驳。
（4）不同换乘工具之间的冲突最低。
（5）完善诱导系统，快速分流。
（6）周边道路与内部道路相协调。

落实在具体的设计中，这几个原则主要体现在静态停车场地的布置和设计、动态人流组织、车流组织以及相关的控制性管理措施中。

（1）静态交通组织：主要是结合枢纽车站的设计和换乘客流方式，做好各类停车场地（自行车、出租车、自备车等）的规划布局，合理布置常规公交站点。

（2）人流组织：主要是提供明确的通行空间，设置良好的诱导标志，引导行人通向指定的目的地，设置齐全的无障碍人行系统。

（3）车流组织：换乘枢纽地区周边道路交通需求不同，在周边道路数量多且布置复杂、交通压力大的情况下，可以对道路通行进行管制，降低区域内的冲突点，比如采用单行措施，甚至可以封闭入口，将道路改为步行街。另外，常规公交电汽车往往是接驳城市轨道交通客流的一种重要交通工具，在运营调度和发车时刻安排方面可以加以调整，使其与城市轨道交通协调起来。

五、旅客服务系统与应急系统

（一）客运服务流程

轨道交通将乘客从其出发站输送到目的站，为他们提供安全、便利、舒适、快捷的乘车和候车环境。对一位乘客来说，要从车站外进入到站台上车，一般遵循如下的流程：到进站口→到站厅层→购票→通过检票机→通过楼梯上站台（侧式站台地面站一侧乘客可直接进入站台）→乘车。针对以上流程，运营企业必须在每一个环节均为乘客提供优良的服务，使每一位乘客在从购票乘车到下车出站的全过程中都感到满意。

（1）引导乘客进站：在地铁各出入口设立明显的导向标志，方便乘客识别并根据导向指示进站乘车。在一些轨道交通比较发达的城市，几乎每隔 500 m 便有一个明显的导向标志，便于乘客选择各出入口进站。

（2）问讯服务：车站的问讯服务可分为有人式服务和无人式服务。车站的工作人员应向问讯的乘客提供服务。但随着时代的发展，车站的问讯服务朝着自助式服务方向发展，车站设置计算机查询平台，可向乘客提供对出行线路、票价以及各类票卡的金额进查询等功能。在一些城市，已经采用了可实现售票和部分问讯功能一体化的自动售票机等设备。

（3）售检票服务：目前，世界各国城市的提供售票服务的主要形式是人工发售或以自动为主、人工为辅的方式发售，而且后者已经成为轨道交通售票服务的主流形式，采用自动售检票系统替代人工，可以提供更为准确的售票服务，提高服务效率和水平，从长远发展角度来看，还可以提高企业的经济效益。

（4）组织乘降：站台应设有明显的候车安全线，提示乘客在列车未进站停稳、车门未完全打开之前，不要越过安全线，以防发生意外事件。目前，个别城市已经采用屏蔽门技术，既可以为乘客提供一个舒适的候车环境，又能保障乘客的候车安全。另外，车站还提供广播，为乘客预报下次进站列车的方向，已经有两种新的方法投入运用：一种是自动广播系统，当后续列车驶入接近区段时，广播系统自动工作；另一种为在站台设置同位显示器，向乘客预告列车运行情况及还需几分钟到站。

（5）出站验票：乘客到达目的站后，持票卡验票出站，车站应有各类向导标志，引导乘客从所需的出入口出站。针对所购票卡票款不足的乘客，车站应提供补票服务。如使用自动售检票系统，车站还须提供票卡分析服务。

（二）轨道交通应急系统

城市轨道交通系统是人群集中的公共设施，如何保证轨道交通的公共安全，近年来越来越被人们所重视。特别是对比较封闭、在地下数十米、空气受到一定条件制约的地下交通的安全更应受到人们关注，必须建立有效的轨道交通应急管理机制来确保乘客的安全。

（1）应建立城市轨道交通系统的运行安全规章制度。

城市轨道交通系统根据系统特征、所在城市的地理气候环境等要素特征，制定详尽的运行安全规章制度，使系统各部门、各单位人人有章可循。运行安全规章制度可以体现在各种管理规章制度的相关条例中，还应有专门的运行安全规章制度。

例如，上海地铁公司的相关规章制度就有：① 地铁运营技术管理规程；② 地铁行车组织规则；③ 各车站与车辆段的行车组织细则；④ 地铁客流组织规则；⑤ 地铁行车事故处理规则；⑥ 各种专业的操作规程、安全规则；⑦ 行车事故示例救援办法。此外，上海市人民政府颁布了相关的地方性法规——《上海市地铁管理办法》，配合上相关管理局（市政工程局）颁布的《上海市地铁管理办法实施细则》，来作为上述系统规章制度的法律支持。

（2）设立轨道交通应急预警机制，加强演习、演练，对于突发事件有防御、有措施。

建立统一、规范、有序、高效的应急指挥体系。一般应由轨道交通所服务范围的交通行政管理部门会同政府相关部门（公安、消防、交通、医疗、人防、卫生、环保等）设立轨道交通应急领导小组和现场指挥调度机构，负责轨道交通系统紧急事件的预防和监督工作，审查和监督各种应急预案和措施的落实，协调各系统工作，对外发布文件与处理公告等。此外还应加强与这些相关部门的信息网络建设，定期模拟防灾合成演练，确保应急协调联动。

制定和完善轨道交通各类突发事件的应急预案，各类预案除落实人员及救援外，重点是设备、设施及技术措施的保证，还应使应急队伍具备快速反应能力和协同作战能力，如广州地铁公司早就建立了《地铁爆炸应急预案》《地铁发现疫情的应急预案》《地铁内发生火灾的处理预案》《列车在区间火灾的救援方案》等应急预警机制，并定期进行地铁事故应急处理模拟演练，增强了地铁站务人员对突发事故的应急处理能力。

广泛开展安全宣传教育，提高地铁乘坐人员及工作人员的安全防范意识。地铁运营单位加强安全知识的宣传力度，编制安全知识宣传材料，进行广泛的社会宣传，普及安全乘车和自救知识，规范乘客乘车行为。要保持车站、车厢、疏散通道、平交道口等处的安全警示标志和疏散标志明显、清晰，使广大乘客能够熟悉和掌握紧急状态下的疏散方法和自我救援知识，提高乘客的安全意识和自我防范能力。

（3）设立城市轨道交通系统防灾管理指挥系统。

设立系统防灾中心：统一实施防灾措施的落实、监督；统一管理防灾设施的建设、安装、运行；统一监视与报警；统一协调指挥抢险救灾工作；统一处理灾后事宜。

在车站、车辆基地、线路上建设与安装良好的防灾安全设施，如烟感器、温感器、自动喷水灭火系统或水幕系统、消防栓、事故通风系统和排烟通风系统、事故照明、事故电话、乘客进出检票机门的紧急开启装置、防护救援设备以及安全标志等；以及监视报警系统，自动扶梯、楼梯、通道等处的电视监控器等。

防灾管理指挥系统在正常情况下处于监视预警状态，可与城市轨道交通系统的环境控制系统同步运行；在发生意外事故或紧急情况时，则进入紧急救护抢险状态，按预定的程序指挥组织抢险救护工作。

【拓展阅读】

解密车站客流组织之广州地铁珠江新城站

随着通勤客流的不断攀升及中小学、各高校陆续开学，广州地铁客流持续增长，珠江新城站那种"人从众"的感觉逐渐回来了。

珠江新城站是工作日晚高峰常态化客流控制的站点之一，客控时段为周一至周五17:30—20:00，在实际中也会根据现场的客流情况灵活调整，周五、节假日前一天的晚高峰客流会更大。

"为什么要把人拦在外面，分批进站？"

"限制大家进站速度不是更浪费时间，人为添堵吗？"

"在出入口排了很久，为什么在进闸机前面还要排队？"

"明明可以直接从前面坐扶梯下去排队等车，为什么要绕一大圈？"

……

对于客流控制，不少乘客发出了这样那样的疑问。

位于 CBD 的珠江新城站出入口周边写字楼林立，是三、五号线的换乘站，日均进站客流达 10 万人次，换乘客流达 27 万人次，客流量位居地铁线网客运量第二。晚高峰期间会出现超大客流，如果没有客流控制，大家同一时间进入车站，站台有限空间内乘客聚集过多，想下车的乘客挤不下来，想上车的乘客挤不上去，拥挤、车门夹人夹物、车门及站台门无法正常关闭影响后续列车进站等问题也将随之而来。

当列车满载率过高、站台候车乘客超过警戒线，乘客候乘存在安全隐患时，车站会启动客控确保乘客出行安全和地铁运营秩序，具体的客控措施如下。

（1）一级客流控制：在站厅与站台的楼梯或扶梯连接处设置"拦截点"、改变扶梯走向、引导乘客走楼梯、在付费区设置回形线路等减缓大家进入站台的速度。

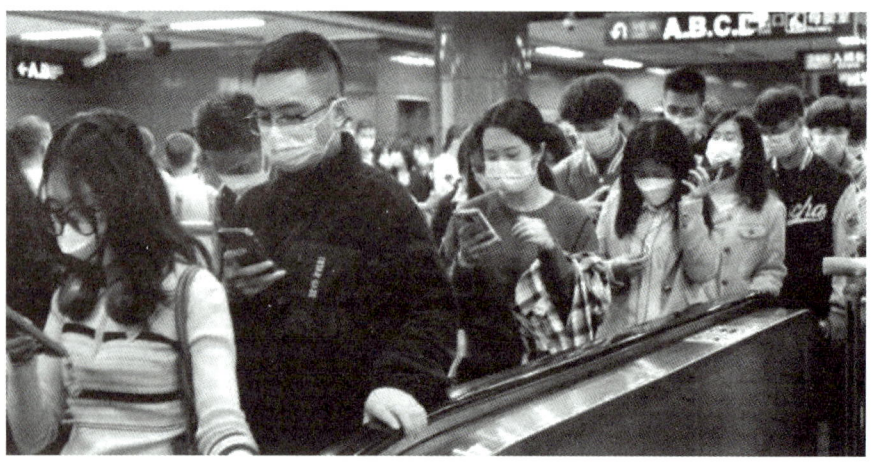

为避免晚高峰列车满载率高、站台排队乘客过多，珠江新城会在站厅付费区的四处扶、楼梯口处设置拦截控制点，根据列车满载率和站台候乘客流进行控、放，分批放行至站台

乘车。同时，根据珠江新城站的换乘客流情况，车站采取将扶梯换向、三号线站台往五号线文冲方向站台换乘的楼梯设置为单向换乘通行等措施疏导客流。换乘客流较大时，车站也会在三号线换乘五号线及五号线换乘三号线的换乘扶楼梯处适时进行拦截。

（2）二级客流控制：通过关闭或拦截部分进闸机限流、在进闸机或安检点前进行"拦截"分批放行、在非付费区设置回形线路等方式减缓乘客进入站厅付费区的速度。

当付费区乘客排队等待乘客过多时，车站需要采取二级客流控制措施。珠江新城站的二级客流措施主要是在进闸机前和安检通道处实施。在进闸机前，通过关闭部分进闸机并且对进闸机前的客流进行拦截，组织乘客分批打卡进站；在安检通道处，也是采取"拦截+分批进站乘车"的方式。

（3）三级客流控制：在出入口用摆放铁马、伸缩栏杆以及在出入口外设置"回形阵"的方式减缓乘客的进站速度。在节前晚高峰期间，车站将视情况采取关闭部分出入口等方式，减缓大家进入车站的速度。

车站客控的目的既是保障乘客乘车安全，也是确保车站运营有序，线路畅通。具体执行哪个等级的客控是根据现场客流情况灵活决定的。

任务 2　城市轨道交通行车组织与运营管理

学习目标

1. **素质目标**
   - 培养学生安全行车、服务乘客的意识。
   - 提升学生团队协作的合作精神。

2. **知识目标**
   - 了解特殊情况下列车运行组织。
   - 了解轨道交通运营管理模式。

3. **技能目标**
   - 能根据车辆的技术性能、司机操作水平和线路允许速度，组织列车加速运行、恢复正点。
   - 掌握列车运行调整方法。

视频：城市轨道交通行车组织与运营管理

项目九　城市轨道交通的运营管理

发布任务

地铁线路在当日运营开始前，线路、设备经过夜间施工，其功能、状态存在风险，为确保运营安全，必须实施运营前检查，确认线路、设备安全。车站夜班行车值班员，应依据《行车组织规则》《行车组织细则》《车站运作手册》等规定中的要求，开展运营前检查，确认线路出清及站台门、道岔、主控系统各设备处于运营状态。假设你是一名夜班行车值班员，需要准备开站作业，你会怎么安排自己的工作呢？

任务实施

1. 知识准备

1. 列车运行的安全间隔主要通过什么方法来保持？（　　）

  A. 时间间隔法　　　　　　　　B. 空间间隔法

  C. 人工指挥法　　　　　　　　D. 随意行驶法

2. 在自动闭塞线路上，当基本闭塞设备不能使用时，应改为什么闭塞法？（　　）

  A. 空间间隔法　　　　　　　　B. 时间间隔法

  C. 电话闭塞法　　　　　　　　D. 人工闭塞法

3. 行车调度员对哪方面的运输工作负有重大责任？（　　）

  A. 列车维修

  B. 车站清洁

  C. 实现列车运行图和完成运输工作指标

  D. 乘客服务

4. 列车晚点时，行车调度员应根据什么顺序进行调整？（　　）

  A. 列车等级顺序　　　　　　　B. 列车到达时间

  C. 列车长度　　　　　　　　　D. 列车颜色

5. 下列哪项不是列车运行调整的方法？（　　）

  A. 变更列车运行交路　　　　　B. 组织列车反方向运行

  C. 随意更改列车时刻表　　　　D. 扣车

6. 在 ATC 系统发生故障时，如果 ATP 地面设备发生故障，应如何处理？（　　）

  A. 立即停止所有列车运行

  B. 由行车调度员确认故障区间空闲后，向司机发布命令，列车限速运行

  C. 改用时间间隔法行车

  D. 改为车站控制

7. 夜间施工时，行车调度员应在何时将施工命令下达给有关车站值班员和信号楼值班员？（　　）

　　A. 施工前一小时　　　　　　B. 23 点前

　　C. 23 点后　　　　　　　　　D. 施工当天任意时间

8. 官办民营模式的轨道交通系统中，线路的所有权归属于谁？（　　）

　　A. 政府　　　　　　　　　　B. 私人企业

　　C. 运营公司　　　　　　　　D. 乘客

9. 票务管理工作的核心是什么？（　　）

　　A. 制定票制、票价和开展售检票管理工作

　　B. 车站管理

　　C. 调度指挥管理

　　D. 运营设备维修管理

2. 应急处理演练

任务：模拟一次城市轨道交通的应急处理演练，包括列车故障、乘客疏散、维修调度等环节的应对。

各小组具体分工如下。

行车调度组：负责模拟列车故障情况的报告、决策和指挥，以及与其他小组的协调。

责任人：行车调度员（1人）。

协助人员：助理行车调度员（1人）。

车站管理组：负责模拟车站内的乘客疏散、秩序维护和信息通报。

责任人：车站值班站长（1人）。

协助人员：车站工作人员（2人）。

维修调度组：负责模拟列车故障的维修调度、资源调配和维修过程的监督。

责任人：维修调度员（1人）。

协助人员：维修人员（2人）。

票务与客服组：负责模拟故障期间的票务处理和乘客咨询服务。

责任人：票务主管（1人）。

协助人员：客服人员（2人）。

3. 演练流程

行车调度组接到列车故障报告后，立即确认故障情况，并向车站管理组和维修调度组发出指令。

车站管理组组织乘客疏散，维持车站秩序，并通过广播系统向乘客通报故障情况和处理进展。

维修调度组迅速调配维修资源，组织维修人员前往故障现场进行维修，同时向行车调度组报告维修进度。

票务与客服组负责处理因故障导致的票务问题，为乘客提供咨询服务，并协助处理乘客的投诉和建议。

各小组在演练过程中要保持密切沟通，确保信息畅通，共同应对紧急情况。

演练结束后，各小组进行总结评估，分析演练中存在的问题和不足，提出改进措施。

要求：每个小组需制定详细的演练计划和应对方案，确保演练过程的安全和有效。同时，各小组之间要加强协作，共同完成任务。

4. 个人总结

评价反馈

评分项目	分值	自我评价得分	教师评价得分
工作页已完成（全部完成为20分，其余为0分）	20		
知识掌握程度（任务工单准确率）	30		
能力获得程度（任务参与情况）	30		
素质目标实现程度（个人表现情况）	10		
个人体会和思考（个人总结）	10		
本次任务总体评价	100		

知识要点

一、城市轨道交通行车组织

（一）列车运行的基本概念

在双线行车情况下，城市轨道交通系统的列车通常是按右侧单方向运行。列车的定义为：以站外运行为目的按规定辆数编成的车组，并具备规定的列车标志。列车的标志是头部缓冲梁上方的两个头灯（显示白色灯光）和尾部缓冲梁上方的两个尾灯（显示红色灯光）。

为保证列车运行的安全，在组织列车运行时，通过设备或人工控制，使列车按闭塞分区或站间区间保持间隔距离的办法，称为行车闭塞法。

保持列车间隔距离的方法有两大类：一类是空间间隔法，按一定的空间间隔开行列车，即在区间或闭塞分区内没有列车的时候，才准许驶入列车；另一类是时间间隔法，按一定的时间间隔开行列车，即第一列车发出后，须经过一定的时间才发出下一列车。由于按时间间隔法行车，不易严格保持后行列车和前行列车的安全间隔，如果进路办理疏忽或司机操纵不当，容易发生追尾事故。因此，城市轨道交通线路在正常情况下采用空间间隔法行车。只是在特殊情况下，才准许采用时间间隔法，而且要有安全保证措施。

在自动闭塞线路上，基本行车闭塞法为自动闭塞法，实行行车指挥自动化或调度集中控制；当基本闭塞设备不能使用时，根据行车调度员的命令改为电话闭塞法；在电话中断时，可按时间间隔法行车。

各站的行车工作由行车调度员统一指挥。车站和车辆段行车指挥工作分别由车站行车值班员、车辆段信号楼值班员负责，列车由值乘司机担任指挥，列车在车站时，所有乘务人员应在车站行车值班员的指挥下进行工作。

行车调度员是日常运输工作的具体组织者、指挥者，对实现列车运行图和完成运输工作的指标，负有重大责任。所以，所有行车有关人员必须执行行车调度员的命令，服从调度指挥。

（二）列车运行调整方法

组织列车正点始发是保证列车正点运行和实现列车运行图的基础。对始发列车，行车调度员应在列车出库、列车折返交路和客流情况等方面进行具体掌握和组织，以保证正点发车，列车在始发站发车早点不应超过 1 min。

在列车运行晚点时，行车调度员应根据列车运行的实际情况按规定的列车等级顺序进行调整，对于同一等级的旅客列车，可根据列车的接续车次和乘客多少等情况进行运行调整，尽可能在最短时间内使列车恢复按图运行。

列车运行调整的主要方法如下：

（1）始发站提前或推迟发出列车。

（2）根据车辆的技术性能、司机操作水平和线路允许速度，组织列车加速运行、恢复正点。

（3）组织车站快速作业，压缩停站时间。

（4）组织列车通过某些车站。具体分为列车载客通过和列车放空通过两种情况。列车载客通过车站应严格掌握，一些客流较大的车站原则上不应组织列车通过，仅在由于车辆、设备故障、事故或车站因乘客滞留造成人多拥挤等原因引起运行秩序紊乱，或是有特殊需要时，方准列车载客通过车站。安排列车通过车站时应考虑越站乘客是否有返回乘坐的列车，但末班列车不能载客通过车站。为了缓解客流压力或因列车晚点影响后续列车运行时，准许列车始发放空通过某些车站，但不宜连续放空两个列车。组织列车通过车站时，行车调度员要加强预见性和计划性，提前下达命令。司机和车站有关人员应对乘客作好宣传解释工作，车站应维持秩序，组织好乘客乘降，保证乘客安全。

（5）变更列车运行交路，组织列车在具备条件的中间站折返。

（6）组织列车反方向运行。在双线线路上，如一个方向列车密度较大，而另一个方向列车密度较小，为了恢复正点运行，可利用有道岔车站的渡线，将列车转到列车密度较小的线路上反方向运行。

（7）扣车。当一条线路的列车由于车辆、设备故障或其他原因不能正常运行，造成换乘站站台上乘客拥挤时，行车调度员应采取扣车措施，即将另一条线路的上下行列车扣在换乘站附近的各个车站，以缓和换乘站的压力。扣车时间一般应控制在 10 min 内，如果堵塞线路的列车在短时间内不能恢复正常运行，可组织扣下的列车在换乘站通过。同时，行车调度员应发布畅通线路各站停售跨线票的命令。另外，在一个区间内不准有 3 个及其以上的列车运行，如出现这种情况，行车调度员应将第二列车后面的各列车扣在车站。

（8）调整列车运行时间间隔。当换乘站由于客流骤增造成作业困难时，行车调度员可根据列车的运行情况，适当调整列车运行时间间隔，尽量避免各线列车同时到达换乘站。

（9）在环形线中，当一条线路运行秩序紊乱时，要尽力维持另一条线路的列车正常运行，并通知各站组织乘客乘坐畅通线路方向的列车。

（10）停运列车。行车调度员对列车运行调整方法的选择，取决于列车运行的具体情况，而在实际工作中往往也可以将几种列车运行调整方法结合运用。

（三）特殊情况下列车运行组织

1. 列车自动控制系统故障时的行车

在采用 ATC 系统的情况下，由 ATS 子系统完成列车运行的控制任务，行车调度员只起监控作用；列车根据 ATP 子系统提供的信息，由 ATO 子系统自动驾驶运行。

在 ATC 系统发生故障时，行车指挥方法和列车运行控制方式改变如下：

（1）ATS 子系统发生故障，改为调度集中控制，由行车调度员人工控制全线的信号与道岔、办理列车进路和调整运行秩序。

（2）ATP 地面设备发生故障，因 ATO 车载设备接收不到限速命令，无法按自动闭塞法行车。此时，如是小范围的设备故障，可由行车调度员确认故障区间空闲后，向司机发布命令，列车在故障区间限速运行；如是大范围的设备故障，须停止使用自动闭塞法，改为车站控制，实行电话闭塞法行车。

（3）ATP 车载设备发生故障，因故障列车无法接收限速命令，该列车司机应按调度命令，人工驾驶限速运行。

（4）ATP 子系统和车站通信设备同时发生故障，采用时间间隔法行车。

（5）ATO 子系统发生故障，列车改为人工驾驶，在 ATP 车载设备的监护下，按车内速度信号显示运行。

2. 改为车站控制时的行车

凡发生下列情形之一时，根据行车调度员的命令，由调度集中控制改为车站控制。

（1）对所管辖的道岔或信号失去了控制作用。
（2）表示盘上失去了复示作用或不能正确复示。
（3）停止使用自动闭塞法。
（4）清扫道岔。
（5）列车运行或调车有关工作必须由车站办理。

当调度集中控制改为车站控制时，在行车调度员的指挥下，由车站行车值班员办理闭塞、准备进路、开闭信号和接发列车。

3. 改用时间间隔法时的行车

由于自然灾害或其他原因使车站一切电话中断，车站行车值班员无法与控制中心、邻站取得联系，为了不间断行车，双线区间可改用时间间隔法行车。此时，行车作业办法与要求如下：

（1）车站行车值班员指定改用时间间隔法的第一趟列车司机，将实行该行车法的情况通知有关车站。
（2）除线路两端折返站外，中间站道岔一律置于正线列车运行位置，如车站行车值班员无法在控制台上确认道岔位置或转换道岔，必须随车就地确认或办理。
（3）出站信号机置于停车信号显示，列车进入区间的行车凭证为红色许可证，手信号发车。
（4）两列车的间隔时间和列车运行速度应符合要求。

4. 夜间施工时的行车

夜间施工是城市轨道交通系统生产活动的重要组成部分。运输调度部门既要按照批准的施工计划，保证设备维修更换、线路扩建工程等夜间施工任务的顺利完成，又要保证次日运输生产能正常进行。为此，夜间施工时的行车应按有关作业办法与要求组织。

（1）行车调度员应认真核对当夜施工计划，对施工内容、地点和方法做到心中有数。目前规定，如施工负责人在 23 点前未与行车调度员确认夜间施工，视为施工计划自行取消，行车调度员不予安排。
（2）行车调度员在 23 点后将施工命令下达给有关车站值班员和信号楼值班员，对重点车站应做重点布置。行车调度员应保证施工时间，并在施工过程中与施工负责人保持联系。
（3）需向施工封锁区间开行施工列车时，列车进入封锁区间的行车凭证为调度命令。调度命令中应包括列车车次、运行速度、停车地点、停车时间、到达车站的时刻等有关事项。向施工封锁区间开行施工列车，施工地点每一端只准进入一列。施工列车进入施工地段时，应在施工防护人员显示的停车手信号前停车，根据施工负责人的要求，按调车办法进入指定地点。
（4）施工列车应按闭塞方式运行。当一个区段一条线路上，只有一个列车往返多次运行时，可采取封闭区间运行的办法。

（5）行车调度员应在满足施工要求的前提下，尽量缩小线路封锁或封闭的范围，使其对行车和其他施工作业的影响达到最小。

（6）当施工负责人报告不能按时完成施工作业、造成设备损坏、影响邻线列车运行和发生人员伤亡等情况时，行车调度员应立即报告值班调度主任，同时采取有效措施，确保施工安全和次日运输生产能正常进行。

视频：城市轨道交通运营管理

二、城市轨道交通运营管理

（一）轨道交通运营管理模式

轨道交通的运营管理模式在世界各国呈现出多样化的趋势。由于世界各个城市发展轨道交通的历史条件和经营环境不同，形成了各种各样的城市轨道交通的管理模式。按资产属性及运营企业性质划分，世界城市轨道交通的运营管理模式主要可分为以下 6 种。

1. 有竞争条件下的官办官营模式

有竞争条件下的官办官营模式，线路为政府所有，两家或两家以上的运营单位通过招标方式获得经营权。

韩国首尔便采用了这种模式。首尔的轨道交通系统由政府出资修建，并委托国有企业运营；在同一个城市内有两家以上的轨道交通运输企业，它们通过招投标的方式获得新线路的建设及经营权。

有竞争条件下的官办官营是一种带有计划性质的市场竞争。在此模式下，政府作为业主，给企业的补助较为优厚；官办性质的企业不能过分重视盈利，所以票价的制定带有福利性，但是由于创造了一定的竞争环境，客观上提高了企业的主观能动性。

2. 无竞争条件下的官办官营模式

无竞争条件下的官办官营模式，线路为政府所有，由一家单位独家经营或两家以上单位按行政区域划分经营范围后各自经营。

伦敦、纽约、北京、广州、柏林、巴黎的地铁运营管理都属于这种模式。这种模式的特点是城市轨道交通的运营者由政府指定，政府给予相应的补贴。

如纽约的地铁系统在纽约市运输局（Metropolitan Transportation Authority，MTA）的管理之下。MTA 是纽约州政府的下属机构，负责管理纽约市内的公共交通系统。MTA 的董事会成员基本都由纽约州政府指定，其余部分则由纽约市市长或郊区各县的官员指定。自 1950 年以来，纽约的所有轨道交通系统的资金补助都来自市政府、州政府和联邦政府的拨款；运营费用占总拨款的 65%，不足的部分由州和联邦政府用税收收入进行补贴。

欧美国家多是采用无竞争条件下的官办官营的管理模式，主要是因为欧美国家的轨道交通系统客流密度比较低，系统少有赢利的可能性。这些城市一般由非盈利性的公共团体代表政府管理城市轨道交通，票价带有极大的福利性，运营收入不能抵偿运营成本，主要靠补助金支持日常开销。

3. 官办半民营模式

官办半民营模式，线路为政府所有，交由政府股份占主导地位的上市公司经营。

香港地铁的运营管理采用这种模式。香港地铁公司是一家上市公司，它的第一大股东为香港特区政府。虽然是市场化运作，但是香港特区政府为地铁公司提供担保，从多个方面干涉地铁公司的经营。因此，香港地铁不能算是完全民营的模式，只能算作半民营。

政府委任有关人员组成香港地铁公司董事局后，就让其按商业原则运作。政府主要靠法律手段规范市场主体的行为。2000年，香港特区政府又对地铁公司进行股份制改造，让高层主管及员工持股，该公司10%的股份通过上市私有化。

4. 官办民营模式

官办民营模式，线路为政府所有，交由民间股份占主导地位的上市公司经营。

新加坡的地铁运营管理属于这种模式。新加坡快速轨道交通公司负责新加坡地铁的运营，公司的最大股东为一家私人企业。新加坡国土运输局拥有轨道交通的所有权和建设权并承担建设费用。

国土运输局（Land Transport Authority，LTA）是新加坡轨道交通系统的建设者和所有者，同时还是运输规则的制定者。它通过制定规则来确保系统的正常运营和养护维修等工作。LTA通过与新加坡快速轨道交通公司（SMRT）签订租借合同授予SMRT地铁线路的经营权，并对SMRT的运输行为进行约束。

新加坡地铁采取把建设和运营分开的管理模式，所有线路都在国土运输局（LTA）建设完成以后交付运营公司使用。该管理模式的主要特点是：

（1）地铁作为福利项目由政府负担其建设费用。

（2）淡化运营公司的职能，运营公司无线路的所有权，政府不干涉运营收入也不对运营开支进行补贴。

（3）运营公司完全民营，第一大股东为私人投资公司。

（4）由政府指定运营水平和规则，以此保证轨道交通的公共福利性质。

5. 多种经济成分构成的模式

多种经济成分构成的模式即公私合营，线路归政府和地方公共团体所共有，由政府和地方公共团体共同组织人员经营。

东京的轨道交通系统很早就引入了多种经济成分。例如政府投资、商业贷款、民间投资、交通债券等，充分开拓了融资渠道。

6. 私办私营模式

私办私营模式，线路由私人集团投资兴建，由私人集团经营，政府无权干涉私人工作。

以曼谷轻轨为例，曼谷轻轨的建设和运营是一家由私人企业控股的公司负责，即曼谷大众交通系统公共有限公司（Bangkok Mass Transit System Public Limited，BTS）。泰国政府通过合同形式对轻轨建设和运营以及BTS的股本结构进行约束，如特许经营协议规定，票价范围在10~40泰铢等。

在这种模式下能最大限度地激发私人投资者的兴趣,但在票价、线路走向等敏感问题上,政府与私人投资者会不可避免地发生冲突,政府难以保证轨道交通维持其作为公共福利项目的本质。轨道交通的投资回收期长,私人投资者要有在头几年亏损的情况下偿还贷款利息的心理准备,这种模式会激发私人投资者严格控制建设和运营成本。

总体而言,西方国家城市的轨道交通线路几乎都是国家政府或市政府所有,由政府机构直接运营或是交给公有性质的企业运营;而东方国家城市的情况则相对比较复杂。

7. 不同运营管理模式的适用性

轨道交通的运营管理模式在世界各国呈现出多样化的格局。由于不同的管理模式是在不同的社会环境下发展起来的,在具体选择时应立足城市实际状况,设计和选择适应具体城市的管理模式,以有利于城市轨道交通的持续、健康、稳定发展。不同模式均存在自身的优势与不足,有各自的适用范围。

(二)运营管理的主要内容

1. 调度指挥管理

调度指挥工作是城市轨道交通系统的核心,它由调度控制中心实施,实行高度集中,统一指挥,使各个环节协调运作,保证列车安全、正点运行。在调度机构内,设有行车调度、电力调度、环控调度、维修调度等调度工种。

2. 车站管理

车站是城市轨道交通系统的重要组成部分,是企业与服务对象主要的联系环节。车站管理的核心任务是安全、迅速、方便地组织客流集散,并做好行车组织工作。车站管理模式采用值班站长负责制,由其负责当班期间车站的行车、客运、票务、卫生等工作。

3. 票务管理

城市轨道交通运营收入主要是票款收入,做好票务管理工作有利于城市轨道交通发展进入良性循环的轨道。票务管理工作的核心是制定票制、票价和开展售检票管理工作。城市轨道交通的票制分为单一票价制、分段计程票价制和综合票价制。票价制定要根据城市轨道交通运营成本、其他交通方式票价水平、城市经济发展和市民生活水平等因素综合考虑。售检票方式主要有人工售检票方式和自动售检票方式。人工售检票方式设备投资少,但需要较多人员。随着经济和技术的发展,越来越多的城市轨道交通开始采用自动售检票系统。它不仅可以方便乘客、减少运营人员和运营成本,而且在客流组织、收入审核、决策分析等方面发挥重要作用。它已成为现代化城市轨道交通的一个标志。

4. 运营设备维修管理

运营设备维修管理是运营管理的重要组成部分。它的任务是保证各项设备系统以良好的状态投入运营。只有提高系统的可靠性,减少故障发生,保证运行畅通,才能充分发挥城市轨道交通安全、快捷的优越性。

（1）设备维修方式。

设备维修方式是制定设备维修管理方法的基础。设备维修一般有全部外协、全部自修和部分外协三种方式。

全部外协指的是，将设备系统各级修程的维护与检修工作全面委托给一家具备丰富经验的专业企业来承担，而自身则专注于管理、协调及监督工作。目前根据城市轨道交通设备维修的特点和要求，采用这种方式还有一定的困难，但随着城市轨道交通的发展和企业体制改革的深入，采用这种方式是有可能的。

全部自修是指运营公司设置独立且较为完整的设备维修设施，所有设备维修任务均自行完成。这种方式维修设施和设备的投资大，需要的人员较多，如果管理不当，会使企业背上沉重的包袱。

部分外协是指将部分通用的设备委托给专业维修企业或制造厂进行维修和保养，或将设备系统较高等级的修程委托给专业企业进行，自己建立一支精练的维修队伍，主要负责日常养护维修工作和解决临时性应急抢修工作。这样既可以保障维修质量，又可以减少对维修设施的一次性投资和减少生产人员数量，从而降低运营成本。

（2）管理工作的开展。

由于运营设备管理工作具有阶段性特征，在城市轨道交通设计过程中，要进行前期管理，这个阶段的主要内容包括设备的功能、操作方式、安装和维护要求等。因此，城市轨道交通运营管理部门的工作要向建设管理渗透，在工程建设的同时充分考虑运营管理的要求，以便为以后的运营管理打下良好的基础。

【拓展阅读】

城市轨道交通运营管理规定（中华人民共和国交通运输部令〔2018〕年第8号）

第一章 总 则

第一条 为规范城市轨道交通运营管理，保障运营安全，提高服务质量，促进城市轨道交通行业健康发展，根据国家有关法律、行政法规和国务院有关文件要求，制定本规定。

第二条 地铁、轻轨等城市轨道交通的运营及相关管理活动，适用本规定。

第三条 城市轨道交通运营管理应当遵循以人民为中心、安全可靠、便捷高效、经济舒适的原则。

第四条 交通运输部负责指导全国城市轨道交通运营管理工作。

省、自治区交通运输主管部门负责指导本行政区域内的城市轨道交通运营管理工作。

城市轨道交通所在地城市交通运输主管部门或者城市人民政府指定的城市轨道交通运营主管部门（以下统称城市轨道交通运营主管部门）在本级人民政府的领导下负责组织实施本行政区域内的城市轨道交通运营监督管理工作。

第二章 运营基础要求

第五条 城市轨道交通运营主管部门在城市轨道交通线网规划及建设规划征求意见阶段，应当综合考虑与城市规划的衔接、城市轨道交通客流需求、运营安全保障等因素，对线网布局和规模、换乘枢纽规划、建设时序、资源共享、线网综合应急指挥系统建设、线路功能定位、线路制式、系统规模、交通接驳等提出意见。

城市轨道交通运营主管部门在城市轨道交通工程项目可行性研究报告和初步设计文件编制审批征求意见阶段，应当对客流预测、系统设计运输能力、行车组织、运营管理、运营服务、运营安全等提出意见。

第六条 城市轨道交通工程项目可行性研究报告和初步设计文件中应当设置运营服务专篇，内容应当至少包括：

（一）车站开通运营的出入口数量、站台面积、通道宽度、换乘条件、站厅容纳能力等设施、设备能力与服务需求和安全要求的符合情况；

（二）车辆、通信、信号、供电、自动售检票等设施设备选型与线网中其他线路设施设备的兼容情况；

（三）安全应急设施规划布局、规模等与运营安全的适应性，与主体工程的同步规划和设计情况；

（四）与城市轨道交通线网运力衔接配套情况；

（五）其他交通方式的配套衔接情况；

（六）无障碍环境建设情况。

第七条 城市轨道交通车辆、通信、信号、供电、机电、自动售检票、站台门等设施设备和综合监控系统应当符合国家规定的运营准入技术条件，并实现系统互联互通、兼容共享，满足网络化运营需要。

第八条 城市轨道交通工程项目原则上应当在可行性研究报告编制前，按照有关规定选择确定运营单位。运营单位应当满足以下条件：

（一）具有企业法人资格，经营范围包括城市轨道交通运营管理；

（二）具有健全的行车管理、客运管理、设施设备管理、人员管理等安全生产管理体系和服务质量保障制度；

（三）具有车辆、通信、信号、供电、机电、轨道、土建结构、运营管理等专业管理人员，以及与运营安全相适应的专业技术人员。

第九条 运营单位应当全程参与城市轨道交通工程项目按照规定开展的不载客试运行，熟悉工程设备和标准，察看系统运行的安全可靠性，发现存在质量问题和安全隐患的，应当督促城市轨道交通建设单位（以下简称建设单位）及时处理。

运营单位应当在运营接管协议中明确相关土建工程、设施设备、系统集成的保修范围、保修期限和保修责任，并督促建设单位将上述内容纳入建设工程质量保修书。

第十条 城市轨道交通工程项目验收合格后，由城市轨道交通运营主管部门组织初期运营前安全评估。通过初期运营前安全评估的，方可依法办理初期运营手续。

初期运营期间，运营单位应当按照设计标准和技术规范，对土建工程、设施设备、系统集成的运行状况和质量进行监控，发现存在问题或者安全隐患的，应当要求相关责任单位按照有关规定或者合同约定及时处理。

第十一条　城市轨道交通线路初期运营期满一年，运营单位应当向城市轨道交通运营主管部门报送初期运营报告，并由城市轨道交通运营主管部门组织正式运营前安全评估。通过安全评估的，方可依法办理正式运营手续。对安全评估中发现的问题，城市轨道交通运营主管部门应当报告城市人民政府，同时通告有关责任单位要求限期整改。

开通初期运营的城市轨道交通线路有甩项工程的，甩项工程完工并验收合格后，应当通过城市轨道交通运营主管部门组织的安全评估，方可投入使用。受客观条件限制难以完成甩项工程的，运营单位应当督促建设单位与设计单位履行设计变更手续。全部甩项工程投入使用或者履行设计变更手续后，城市轨道交通工程项目方可依法办理正式运营手续。

第十二条　运营单位承担运营安全生产主体责任，应当建立安全生产责任制，设置安全生产管理机构，配备专职安全管理人员，保障安全运营所必需的资金投入。

第十三条　运营单位应当配置满足运营需求的从业人员，按相关标准进行安全和技能培训教育，并对城市轨道交通列车驾驶员、行车调度员、行车值班员、信号工、通信工等重点岗位人员进行考核，考核不合格的，不得从事岗位工作。运营单位应当对重点岗位人员进行安全背景审查。

城市轨道交通列车驾驶员应当按照法律法规的规定取得驾驶员职业准入资格。

运营单位应当对列车驾驶员定期开展心理测试，对不符合要求的及时调整工作岗位。

第十四条　运营单位应当按照有关规定，完善风险分级管控和隐患排查治理双重预防制度，建立风险数据库和隐患排查手册，对于可能影响安全运营的风险隐患及时整改，并向城市轨道交通运营主管部门报告。

城市轨道交通运营主管部门应当建立运营重大隐患治理督办制度，督促运营单位采取安全防护措施，尽快消除重大隐患；对非运营单位原因不能及时消除的，应当报告城市人民政府依法处理。

第十五条　运营单位应当建立健全本单位的城市轨道交通运营设施设备定期检查、检测评估、养护维修、更新改造制度和技术管理体系，并报城市轨道交通运营主管部门备案。

运营单位应当对设施设备进行定期检查、检测评估，及时养护维修和更新改造，并保存记录。

第十六条　城市轨道交通运营主管部门和运营单位应当建立城市轨道交通智能管理系统，对所有运营过程、区域和关键设施设备进行监管，具备运行控制、关键设施和关键部位监测、风险管控和隐患排查、应急处置、安全监控等功能，并实现运营单位和各级交通运输主管部门之间的信息共享，提高运营安全管理水平。

运营单位应当建立网络安全管理制度，严格落实网络安全有关规定和等级保护要求，加强列车运行控制等关键系统信息安全保护，提升网络安全水平。

第十七条 城市轨道交通运营主管部门应当对运营单位运营安全管理工作进行监督检查，定期委托第三方机构组织专家开展运营期间安全评估工作。

初期运营前、正式运营前以及运营期间的安全评估工作管理办法由交通运输部另行制定。

第十八条 城市轨道交通运营主管部门和运营单位应当建立城市轨道交通运营信息统计分析制度，并按照有关规定及时报送相关信息。

第三章 运营服务

第十九条 运营单位应当按照有关标准为乘客提供安全、可靠、便捷、高效、经济的服务，保证服务质量。

运营单位应当向社会公布运营服务质量承诺并报城市轨道交通运营主管部门备案，定期报告履行情况。

第二十条 运营单位应当根据城市轨道交通沿线乘客出行规律及网络化运输组织要求，合理编制运行图，并报城市轨道交通运营主管部门备案。

运营单位调整运行图严重影响服务质量的，应当向城市轨道交通运营主管部门说明理由。

第二十一条 运营单位应当通过标识、广播、视频设备、网络等多种方式按照下列要求向乘客提供运营服务和安全应急等信息：

（一）在车站醒目位置公布首末班车时间、城市轨道交通线网示意图、进出站指示、换乘指示和票价信息；

（二）在站厅或者站台提供列车到达、间隔时间、方向提示、周边交通方式换乘、安全提示、无障碍出行等信息；

（三）在车厢提供城市轨道交通线网示意图、列车运行方向、到站、换乘、开关车门提示等信息；

（四）首末班车时间调整、车站出入口封闭、设施设备故障、限流、封站、甩站、暂停运营等非正常运营信息。

第二十二条 城市轨道交通票价制定和调整按照国家有关规定执行。

城市轨道交通运营主管部门应当按照有关标准组织实施交通一卡通在轨道交通的建设与推广应用，推动跨区域、跨交通方式的互联互通。

第二十三条 城市轨道交通运营主管部门应当制定城市轨道交通乘客乘车规范，乘客应当遵守。拒不遵守的，运营单位有权劝阻和制止，制止无效的，报告公安机关依法处理。

第二十四条 城市轨道交通运营主管部门应当通过乘客满意度调查等多种形式，定期对运营单位服务质量进行监督和考评，考评结果向社会公布。

第二十五条 城市轨道交通运营主管部门和运营单位应当分别建立投诉受理制度。接到乘客投诉后，应当及时处理，并将处理结果告知乘客。

第二十六条 乘客应当持有效乘车凭证乘车，不得使用无效、伪造、变造的乘车凭证。运营单位有权查验乘客的乘车凭证。

第二十七条 乘客及其他人员因违法违规行为对城市轨道交通运营造成严重影响的,应当依法追究责任。

第二十八条 鼓励运营单位采用大数据分析、移动互联网等先进技术及有关设施设备,提升服务品质。运营单位应当保证乘客个人信息的采集和使用符合国家网络和信息安全有关规定。

第四章 安全支持保障

第二十九条 城市轨道交通工程项目应当按照规定划定保护区。

开通初期运营前,建设单位应当向运营单位提供保护区平面图,并在具备条件的保护区设置提示或者警示标志。

第三十条 在城市轨道交通保护区内进行下列作业的,作业单位应当按照有关规定制定安全防护方案,经运营单位同意后,依法办理相关手续并对作业影响区域进行动态监测:

(一)新建、改建、扩建或者拆除建(构)筑物;

(二)挖掘、爆破、地基加固、打井、基坑施工、桩基础施工、钻探、灌浆、喷锚、地下顶进作业;

(三)敷设或者搭架管线、吊装等架空作业;

(四)取土、采石、采砂、疏浚河道;

(五)大面积增加或者减少建(构)筑物载荷的活动;

(六)电焊、气焊和使用明火等具有火灾危险作业。

第三十一条 运营单位有权进入作业现场进行巡查,发现危及或者可能危及城市轨道交通运营安全的情形,运营单位有权予以制止,并要求相关责任单位或者个人采取措施消除妨害;逾期未改正的,及时报告有关部门依法处理。

第三十二条 使用高架线路桥下空间不得危害城市轨道交通运营安全,并预留高架线路桥梁设施日常检查、检测和养护维修条件。

地面、高架线路沿线建(构)筑物或者植物不得妨碍行车瞭望,不得侵入城市轨道交通线路的限界。沿线建(构)筑物、植物可能妨碍行车瞭望或者侵入线路限界的,责任单位应当及时采取措施消除影响。责任单位不能消除影响,危及城市轨道交通运营安全、情况紧急的,运营单位可以先行处置,并及时报告有关部门依法处理。

第三十三条 禁止下列危害城市轨道交通运营设施设备安全的行为:

(一)损坏隧道、轨道、路基、高架、车站、通风亭、冷却塔、变电站、管线、护栏护网等设施;

(二)损坏车辆、机电、电缆、自动售检票等设备,干扰通信信号、视频监控设备等系统;

(三)擅自在高架桥梁及附属结构上钻孔打眼,搭设电线或者其他承力绳索,设置附着物;

(四)损坏、移动、遮盖安全标志、监测设施以及安全防护设备。

第三十四条 禁止下列危害或者可能危害城市轨道交通运营安全的行为：
（一）拦截列车；
（二）强行上下车；
（三）擅自进入隧道、轨道或者其他禁入区域；
（四）攀爬或者跨越围栏、护栏、护网、站台门等；
（五）擅自操作有警示标志的按钮和开关装置，在非紧急状态下动用紧急或者安全装置；
（六）在城市轨道交通车站出入口 5 米范围内停放车辆、乱设摊点等，妨碍乘客通行和救援疏散；
（七）在通风口、车站出入口 50 米范围内存放有毒、有害、易燃、易爆、放射性和腐蚀性等物品；
（八）在出入口、通风亭、变电站、冷却塔周边躺卧、留宿、堆放和晾晒物品；
（九）在地面或者高架线路两侧各 100 米范围内升放风筝、气球等低空飘浮物体和无人机等低空飞行器。

第三十五条 在城市轨道交通车站、车厢、隧道、站前广场等范围内设置广告、商业设施的，不得影响正常运营，不得影响导向、提示、警示、运营服务等标识识别、设施设备使用和检修，不得挤占出入口、通道、应急疏散设施空间和防火间距。

城市轨道交通车站站台、站厅层不应设置妨碍安全疏散的非运营设施。

第三十六条 禁止乘客携带有毒、有害、易燃、易爆、放射性、腐蚀性以及其他可能危及人身和财产安全的危险物品进站、乘车。运营单位应当按规定在车站醒目位置公示城市轨道交通禁止、限制携带物品目录。

第三十七条 各级城市轨道交通运营主管部门应当按照职责监督指导运营单位开展反恐防范、安检、治安防范和消防安全管理相关工作。

鼓励推广应用安检新技术、新产品，推动实行安检新模式，提高安检质量和效率。

第三十八条 交通运输部应当建立城市轨道交通重点岗位从业人员不良记录和乘客违法违规行为信息库，并按照规定将有关信用信息及时纳入交通运输和相关统一信用信息共享平台。

第三十九条 鼓励经常乘坐城市轨道交通的乘客担任志愿者，及时报告城市轨道交通运营安全问题和隐患，检举揭发危害城市轨道交通运营安全的违法违规行为。运营单位应当对志愿者开展培训。

第五章 应急处置

第四十条 城市轨道交通所在地城市及以上地方各级人民政府应当建立运营突发事件处置工作机制，明确相关部门和单位的职责分工、工作机制和处置要求，制定完善运营突发事件应急预案。

运营单位应当按照有关法规要求建立运营突发事件应急预案体系，制定综合应急预案、专项应急预案和现场处置方案。运营单位应当组织专家对专项应急预案进行评审。

因地震、洪涝、气象灾害等自然灾害和恐怖袭击、刑事案件等社会安全事件以及其他因素影响或者可能影响城市轨道交通正常运营时，参照运营突发事件应急预案做好监测预警、信息报告、应急响应、后期处置等相关应对工作。

第四十一条　运营单位应当储备必要的应急物资，配备专业应急救援装备，建立应急救援队伍，配齐应急人员，完善应急值守和报告制度，加强应急培训，提高应急救援能力。

第四十二条　城市轨道交通运营主管部门应当按照有关法规要求，在城市人民政府领导下会同有关部门定期组织开展联动应急演练。

运营单位应当定期组织运营突发事件应急演练，其中综合应急预案演练和专项应急预案演练每半年至少组织一次。现场处置方案演练应当纳入日常工作，开展常态化演练。运营单位应当组织社会公众参与应急演练，引导社会公众正确应对突发事件。

第四十三条　运营单位应当在城市轨道交通车站、车辆、地面和高架线路等区域的醒目位置设置安全警示标志，按照规定在车站、车辆配备灭火器、报警装置和必要的救生器材，并确保能够正常使用。

第四十四条　城市轨道交通运营突发事件发生后，运营单位应当按照有关规定及时启动相应应急预案。运营单位应当充分发挥志愿者在突发事件应急处置中的作用，提高乘客自救互救能力。

现场工作人员应当按照各自岗位职责要求开展现场处置，通过广播系统、乘客信息系统和人工指引等方式，引导乘客快速疏散。

第四十五条　运营单位应当加强城市轨道交通客流监测。可能发生大客流时，应当按照预案要求及时增加运力进行疏导；大客流可能影响运营安全时，运营单位可以采取限流、封站、甩站等措施。

因运营突发事件、自然灾害、社会安全事件以及其他原因危及运营安全时，运营单位可以暂停部分区段或者全线网的运营，根据需要及时启动相应应急保障预案，做好客流疏导和现场秩序维护，并报告城市轨道交通运营主管部门。

运营单位采取限流、甩站、封站、暂停运营措施应当及时告知公众，其中封站、暂停运营措施还应当向城市轨道交通运营主管部门报告。

第四十六条　城市轨道交通运营主管部门和运营单位应当建立城市轨道交通运营安全重大故障和事故报送制度。

城市轨道交通运营主管部门和运营单位应当定期组织对重大故障和事故原因进行分析，不断完善城市轨道交通运营安全管理制度以及安全防范和应急处置措施。

第四十七条　城市轨道交通运营主管部门和运营单位应当加强舆论引导，宣传文明出行、安全乘车理念和突发事件应对知识，培养公众安全防范意识，引导理性应对突发事件。

第六章　法律责任

第四十八条　违反本规定第十条、第十一条，城市轨道交通工程项目（含甩项工程）未经安全评估投入运营的，由城市轨道交通运营主管部门责令限期整改，并对运营单位处以2万元以上3万元以下的罚款，同时对其主要负责人处以1万元以下的罚款；有严重安全隐患的，城市轨道交通运营主管部门应当责令暂停运营。

第四十九条　违反本规定，运营单位有下列行为之一的，由城市轨道交通运营主管部门责令限期改正；逾期未改正的，处以 5 000 元以上 3 万元以下的罚款，并可对其主要负责人处以 1 万元以下的罚款：

（一）未全程参与试运行；

（二）未按照相关标准对从业人员进行技能培训教育；

（三）列车驾驶员未按照法律法规的规定取得职业准入资格；

（四）列车驾驶员、行车调度员、行车值班员、信号工、通信工等重点岗位从业人员未经考核上岗；

（五）未按照有关规定完善风险分级管控和隐患排查治理双重预防制度；

（六）未建立风险数据库和隐患排查手册；

（七）未按要求报告运营安全风险隐患整改情况；

（八）未建立设施设备检查、检测评估、养护维修、更新改造制度和技术管理体系；

（九）未对设施设备定期检查、检测评估和及时养护维修、更新改造；

（十）未按照有关规定建立运营突发事件应急预案体系；

（十一）储备的应急物资不满足需要，未配备专业应急救援装备，或者未建立应急救援队伍、配齐应急人员；

（十二）未按时组织运营突发事件应急演练。

第五十条　违反本规定第十八条、第四十六条，运营单位未按照规定上报城市轨道交通运营相关信息或者运营安全重大故障和事故的，由城市轨道交通运营主管部门责令限期改正；逾期未改正的，处以 5 000 元以上 3 万元以下的罚款。

第五十一条　违反本规定，运营单位有下列行为之一，由城市轨道交通运营主管部门责令限期改正；逾期未改正的，处以 1 万元以下的罚款：

（一）未向社会公布运营服务质量承诺或者定期报告履行情况；

（二）运行图未报城市轨道交通运营主管部门备案或者调整运行图严重影响服务质量的，未向城市轨道交通运营主管部门说明理由；

（三）未按规定向乘客提供运营服务和安全应急等信息；

（四）未建立投诉受理制度，或者未及时处理乘客投诉并将处理结果告知乘客；

（五）采取的限流、甩站、封站、暂停运营等措施，未及时告知公众或者封站、暂停运营等措施未向城市轨道交通运营主管部门报告。

第五十二条　违反本规定第三十二条，有下列行为之一，由城市轨道交通运营主管部门责令相关责任人和单位限期改正、消除影响；逾期未改正的，可以对个人处以 5 000 元以下的罚款，对单位处以 3 万元以下的罚款；造成损失的，依法承担赔偿责任；情节严重构成犯罪的，依法追究刑事责任：

（一）高架线路桥下的空间使用可能危害运营安全的；

（二）地面、高架线路沿线建（构）筑物或者植物妨碍行车瞭望、侵入限界的；

第五十三条　违反本规定第三十三条、第三十四条，运营单位有权予以制止，并由城市轨道交通运营主管部门责令改正，可以对个人处以 5 000 元以下的罚款，对单位处以 3 万元以下的罚款；违反治安管理规定的，由公安机关依法处理；构成犯罪的，依法追究刑事责任。

第五十四条　城市轨道交通运营主管部门不履行本规定职责造成严重后果的，或者有其他滥用职权、玩忽职守、徇私舞弊行为的，对负有责任的领导人员和直接责任人员依法给予处分；构成犯罪的，依法追究刑事责任。

第五十五条　地方性法规、地方政府规章对城市轨道交通运营违法行为需要承担的法律责任与本规定有不同规定的，从其规定。

第七章　附　则

第五十六条　本规定自 2018 年 7 月 1 日起施行。

任务 3　城市轨道交通人力资源管理

学习目标

1. 素质目标

➢ 通过人力资源管理的学习与训练，培养学生的管理意识与理念，提升学生的管理能力与水平。

➢ 拓展学生的知识面，培养学生的职业素养及团队精神。

2. 知识目标

➢ 了解一专多能的岗位设置原则。

➢ 了解应届大中专毕业生招聘方式。

3. 技能目标

➢ 掌握招聘与选拔系统操作要点。

➢ 掌握影响人力资源筹备的因素。

视频：城市轨道交通
人力资源管理

发布任务

某轨道交通装备公司现有员工 1 300 多人，该公司根据集团公司的要求，立足集团化、国际化和多元化的经营格局，不断深化人才强企的战略，确立了公司未来 10 年人才发展的总目标，即"人才总量适度，结构科学合理，素质显著提升，管理体系完善"，以增强企业人才竞争的优势。最近，人力资源部门正在采集各种相关的数据资料，拟在今年年底进行一次全面的人力资源供给与需求预测，为制定未来三年的公司人才发展总体规划提供依据。请独立完成任务工单填写，并以小组为单位制作成果展示 PPT，并分享你们小组的探索结果。

任务实施

1. 知识准备

（1）人力资源需求预测的定量方法是（　　　）。
　　A. 经验预测法　　　　　　　　B. 人员比率法
　　C. 德尔菲法　　　　　　　　　D. 描述法

（2）[多选题]下列选项中，（　　）属于人力资源管理制度规划的基本步骤。
　　A. 提出人力资源管理制度草案
　　B. 广泛征求意见认真组织讨论
　　C. 明确制定管理制度的要求
　　D. 逐步修改调整充实完善
　　E. 形成人力资源管理制度方案

2. 任务梳理

（1）企业人力资源管理需求预测的准备阶段包括哪些具体的工作程序？

_____
_____
_____

（2）为了采集到真实、完整和连续的数据，应当设计哪几类调查表？

_____
_____
_____

3. 成果展示

请各小组根据调查情况，进一步查阅资料，制作成果展示 PPT 并在课堂上演讲，组长需要说明小组分工情况。

4. 个人总结

_____
_____
_____
_____
_____

城市公共交通运营管理

评价反馈

评分项目	分值	自我评价得分	教师评价得分
工作页已完成（全部完成为20分，其余为0分）	20		
知识掌握程度（任务工单准确率）	30		
能力获得程度（任务参与情况）	30		
素质目标实现程度（个人表现情况）	10		
个人体会和思考（个人总结）	10		
本次任务总体评价	100		

知识要点

人力资源筹备就是紧密围绕企业的发展战略，建立影响员工行为、态度以及绩效的各种岗位、绩效、薪酬、培训管理等制度体系，并综合运用规划、招聘、调配、考评、晋升、培训等手段，激发和调动员工的积极性、创造性，实现企业价值最大化的动态过程。因此，人力资源筹备分宏观和微观两个层面，宏观层面即建立一套与企业发展战略相匹配的人力资源管理体系，微观层面即根据企业发展战略的需要，进行人力资源储备。

城市轨道交通作为一个由当地政府主导，为公众提供公共交通服务的准公益性行业，一方面因其政府背景和准公益性质，不可避免地受到政府的制约和公众的关注，因而混合了政府、企业和公用事业单位的特性——在社会效益、经济效益双赢的前提下实现城市轨道交通运营单位的持续、协调运行；另一方面，作为一个成长中的新兴行业，因其运营涉及车辆、信号、通信、供电、轨道、自动售检票、计算机、通风、空调、消防、监控等众多系统的联动，因此有较高的不稳定性和复杂性。城市轨道交通这些特性，决定了城市轨道交通运营人力资源筹备既要考虑到成熟市场化条件下一般企业人力资源筹备的特点，又要考虑到特定区域和特定市场条件下新兴行业人力资源筹备的特点，才能实现城市轨道交通安全、持续、经济、高效地运营。

人力资源专业人员必须前瞻性地深入到城市轨道交通运营或筹备工作的每一个环节，与其他业务模块管理人员共同探讨、分析每一个业务流程对岗位设置的需求，开展岗位工作分析，建立岗位管理体系和任职资格管理体系，在此基础上建立与城市轨道交通运营开通规模相匹配的人力资源规划、绩效管理体系、培训体系、薪酬体系，并通过这些体系将企业的使命、文化、行为规范、流程、授权、招聘、任用、晋升、考评、培训等一系列过程和环节有机结合起来，协调一致，才能使人事相宜、事得其才、人尽其用，才能分工明确、事事相宜、权责有序，发挥团队的力量，从而为城市轨道交通的安全、持续、经济、高效运营建立坚实的人力资源保障。

一、人力资源筹备的原则

（一）系统化原则

系统化原则，在进行人力资源筹备时，必须具有战略眼光，必须打破传统的人事管理思维——重人员招聘、轻机制建设；重眼前利益、轻长远目标，认为人力资源筹备就是人力资源储备，只要将运营开通所需要的各种人才按时招聘、培训到位就大功告成，而忽视机制建设，不愿意在流程设计、岗位管理、绩效管理、薪酬管理、培训管理的体系设计上花费太多的时间和精力。用这种传统的人事管理理念来进行人力资源筹备，必定无法有效整合人力资源并形成合力，从而给城市轨道交通安全、持续、经济、高效的运营带来极大的隐患。

系统化原则，必须按照机制设计是先导、人员招募与配置是基础的思维来组织人力资源筹备的相关工作，只有准确把握好城市轨道交通的行业特色，前瞻性地设计好一套与城市轨道交通相匹配，以岗位管理、绩效管理和薪酬管理为核心的人力资源管理机制，才能有效整合各类人力资源，形成合力，为城市轨道交通运营单位的持续、高效、安全运营建立起良好的内在驱动机制。

（二）市场化原则

市场化原则，要求所有的人力资源筹备策略，特别是招聘、薪酬和培训策略的设计，能经得起市场的检验。城市轨道交通运营单位尽管是政府主导的企业，具有较高的稳定性，但其公益特性决定了其稳定性越高竞争力就越低，在当前越来越鼓励人才自由流动、行政对人力资源的配置功能越来越弱化的大环境下，对优秀人才的吸引力和保留力就越弱，而城市轨道交通作为一个新兴的融合各种新技术的产业，又需要大量掌握相关技术的优秀人才，在这种背景下，如果不能向政府争取一些特殊的招聘和薪酬政策，就很难从市场上招聘到优秀人才，从而直接影响到企业的运作。

（三）与运营组织结构模式相匹配的原则

不同的运营组织结构管理模式决定了不同的资源配置方式，会对组织的运作效果产生直接的影响。如果将一条轨道交通线路看作是一种产品或服务，那么随着线路增加、运营产品的多样化，运营的组织也趋复杂，越是复杂的组织，对人、财、物的统筹要求就越高，相应的，对人力资源管理提出了更高要求。

（四）一专多能的岗位设置原则

城市轨道交通的运营成本中，人力成本占 40%~50%，要实现城市轨道交通的持续、经济、高效运营，对人力资源的开发至关重要，而轨道交通系统的维护和运营涉及电子、通信、信号、机械、液压、无线传输、计算机、消防、自动化、变电、牵引供电、电力机车等众多专业，在审慎经济的效益原则下，如果按照专业来划分维修模式、设置岗位，一方面会导致人力资源的大量闲置和浪费，增加人力成本，另一方面会增加一些不必要的专业接口，无形中增加了管理沟通和协调的成本，并最终导致整个系统的运营入不敷出、难以为继。因此，国际上经营得较好的城市轨道交通企业，基本上都确立了一专多能的岗位设置原则。例如，旧金山和丹佛国际机场的旅客自动输送系统服务中心，要求所有检修人员在经过6个星期的课堂培训和6个月的在岗培训后，均具备检查、监控和处理该系统所有子系统故障的能力，并按照一定的周期，有计划地安排每一个检修调度人员，尽可能让他们有监控检查和处理每一个子系统事务的机会。新加坡的新捷运公司在设备的维护保养和故障处理方面也基本上采用了这一模式。在这种模式下，每一个员工都是一个单兵作战的主体，都独立地为自己的决策和行为承担责任，这样一方面极大地发挥了员工的主动性和创造性，另一方面也提高了对现场问题的处理和响应速度，确保了系统的持续高效运行。

二、影响人力资源筹备的因素

影响人力资源筹备的因素，可分为两个层面——宏观层面和微观层面。

宏观层面的因素包括城市发展战略、政府公共交通规划、当地就业环境和政策、人才市场供给趋势、人们的就业观念等；微观层面的因素包括运营的组织管理模式、流程、文化等。这些因素相互作用和影响，从体制、规模、策略等方面对人力资源筹备工作产生影响。城市发展战略和公共交通政策，会直接影响到轨道交通的建设力度和功能定位，从而对人力资源储备的规模产生影响；当地的就业环境、政策和人们的就业观念，特别是政府是否限制异地用工，则会直接影响到招聘渠道和策略的选择；人才市场供给趋势，则对招聘和培训的策略产生影响，如某一时期的人才供给不足，可能需要采用委培或订单培养的策略等；组织管理模式、流程、文化，则会直接通过岗位设置对人力资源的管理机制产生影响。

三、人力资源管理体系设计要点

一套完整的人力资源管理体系，包括选人、用人、育人、留人四个环节，在这四个环节中，选人是先导，用人是核心，育人是动力，留人是目的。这四个环节既相互交叉又相互影响，需要根据企业的不同发展阶段和岗位制定相应的标准和要求。其中，招聘和选拔系统是选人环节的基础，配置与使用系统是用人环节的基础，培训与开发系统是育人环节的基础，考核与薪酬系统是留人环节的基础。所有这些基础都离不开岗位管理（Position）、绩效管理（Performance）和薪酬管理（Payments），它们紧密联系、相互作用，将所有的人力资源活动有机地统一起来，构成一个整体，是人力资源系统的基石。

人力资源管理体系建设始于组织结构设计，成于相关流程的细化和建立，因此无论是岗位体系设计，还是招聘、绩效、薪酬、培训体系设计，都必须贯穿流程化设计思维，通过流程明确各个岗位的输入、输出工作关系、工作目标、责任和权限，做到授权充分、监控到位。

（一）岗位管理系统

岗位管理是所有人力资源管理的基础，共分为岗位分析、岗位设计和岗位评估三个部分，其实质就是对员工成长舞台的设计和管理。岗位分析必须建立在对运营各种业务流程分析的基础之上，岗位分析的结果是形成岗位说明书。一份完整的岗位说明书包括岗位目标、上下级关系、岗位概述、工作职责、工作任务、责任程度、考核标准、任职资格、权利和责任、资源配备等情况。岗位评估是评价各岗位在组织中的作用和价值，评价的结果形成公司岗位层级体系和任职者职业资格体系，这两个体系共同构成员工晋升、选拔、激励、培训以及职业生涯发展的基石。一个完善、清晰的岗位管理系统，能够确立组织内部的角色定位，明确每个岗位的责任、权利、利益。它不仅是组织正常运转的基础，也是组织内绩效管理和薪酬分配的基础。岗位管理系统的建立是一个动态的过程，需要结合企业的发展过程，根据分工的变化不断更新完善岗位说明书。

（二）绩效管理系统

企业执行力的强弱与各级管理人员绩效管理的能力密切相关，绩效管理作为对执行过程以及执行结果检验的环节，对于正确地执行、提高执行效率起到直接促进作用。绩效管理过程包括共同制定绩效计划、绩效辅导与沟通、绩效评价、绩效反馈与改进四个环节。然而大多数企业在绩效管理过程中，往往比较重视绩效评价而忽视其他三个环节，结果也仅用在对员工的奖惩上，这直接影响了绩效管理的效果。进行绩效管理的根本目的是围绕企业的发展战略目标，实现企业、上级和员工的共同进步，因此，在绩效管理过程中，直接上级对员工的沟通与辅导以及绩效反馈中给员工提出的问题和改进建议，对于帮助员工认识目标、提高执行能力非常重要。

绩效管理分为战略层面和执行层面的管理。从战略层面来看，绩效管理作为企业战略管理的重要组成部分，只有通过制度化的总经理月度、季度、半年、全年评估会议，才能对具体的执行情况适时评估，消除偏差、统一行动，通过数据将各个层次的行动过程纳入到公司的战略目标管理体系中进行管理；从执行层面来看，应通过上下级的沟通协商签订具体的员工月度工作任务书，每月从公司的战略细分目标完成情况、岗位所负担的常规性工作完成情况和突发性或临时性工作的完成情况三个方面对员工的绩效进行评估，才能将绩效管理真正落到实处。

（三）薪酬管理系统

薪酬管理是企业管理成功与否的关键。薪酬管理要考虑很多因素，比如企业发展的阶段、支付能力、所处的竞争环境等，而决定员工薪酬水平的因素则包括市场、岗位、知识技能和绩效。企业进行薪酬体系设计时要遵循很多原则，比如战略导向原则、外部竞争性原则、内部协调性原则、员工贡献原则、经济性原则等。对城市轨道交通运营单位企业而言，其薪酬体系设计还受到政府工资管理体制的制约。

（四）招聘与选拔系统

在岗位体系明确了各岗位的职责和目标后，就需要按照岗位说明书的相关要求组织招聘，对应聘人员的相关能力进行评估，并根据评估结果将其安置到相应的岗位，这就是人岗匹配的问题。在招聘环节主要考查应聘者的基本工作能力、所需知识经验与技能、可培养潜力，还要对其价值观、道德观等方面的素质进行考查，其中最重要的是对企业文化、价值观的认同感，如果应聘者不认同公司的价值观，那么即使他的学历再高、经验再丰富，也不是企业所需要的人员。而对于内部的人员调配，同样应该通过一套程序和依据员工的业绩，按照岗位任职资格要求对其职业能力素质进行评估，做到人岗相配。总体说来，一个优秀的员工，首先要认同公司的价值观；其次要有事业心，要有做事的激情；再次，要具有一定的技术功底，可以是产品生产技术，也可以是管理技术；最后，要有学习精神。

要坚持人力资源的统一调配，才能充分发挥人力资源的整体优势。为了强化传输这种观念，首先必须利用各种途径给各业务部门经理灌输和强化人力资源共享的大局意识；其次，通过公开的内部招聘信息平台，发布招聘信息，鼓励员工参与内部竞聘；最后，在内部涉及结构调整、职能调整等重大战略性调整时，内部人力资源调配是强制性的，所有涉及的部门都必须无条件服从。

人员的招聘与选拔是一项长期、复杂、有计划的系统工程，企业不同发展阶段的变化、时间推移的影响，都会对人员的配置提出不同的要求。人员招聘与选拔的关键在于知人善任，在于培养人，使适当的人从事适当的工作。人员选拔时，应晋升最优秀的人才，给予他们发展的机会，同时淘汰表现差的人员。因此，人员选拔一般有人员的晋升、淘汰与轮换三种重要机制，三者并行，如果其中一个环节做不好，将会影响全局。另外，后备队伍建设也是人员选拔的重要内容。

总体说来，制定一个好的招聘和选拔体系，需要综合考虑以下因素：

（1）企业需要招聘多少人员？
（2）企业将涉足哪些劳动力市场？
（3）企业应该雇用固定员工还是应利用其他灵活的用工方式？
（4）在企业内外同时招聘时，企业应在多大的程度上侧重从内部聘任？
（5）什么样的知识、技能、能力和经历是真正必需的？
（6）在招聘中应注意哪些法律因素的影响？
（7）企业应怎样传递关于岗位空缺的信息？

（五）培训与开发系统

培训环节在提高执行能力方面发挥着非常重要的作用。培训内容可以是与执行有关的理论知识，可以是技能的传授、经验的交流，也可以是执行理念的宣传与固化。通过培训，宣传鼓励积极执行的行为，反对消极执行、不负责任的做法，使得执行力观念深入人心。对于企业来说，易于推行的是理论知识的培训和执行观念的推广，而真正对于执行能力的培训是通过知识和实际操作的不断反复强化与训练来施行的，它的培训依据是对日常绩效表现进行深层次的原因分析。提升执行能力培训的过程是一个长期的过程，其结果也是不易被明确的和明显衡量的。

四、人力资源筹备的思路

以城市发展战略、轨道交通建设规划、政府对城市轨道交通运营单位的管理体制以及工程筹划、可行性研究报告为依据,通过系统建立影响员工行为、态度以及绩效的各种政策和制度,在充分的人力资源需求预测基础上,结合城市轨道交通运营单位的管理模式和城市轨道交通运营单位的运营组织架构,按照总体线路和车站规模,综合采用比例定员、设备定员、经验结估算、行业对比等方法,细化各类岗位设置和具体编制。在此基础上,综合考虑未来几年的人才供给趋势、市场竞争状况、各类人才的成长培养周期、招聘难易程度等因素,制定出总体的薪酬策略、各类人才的招聘及培训实施计划。

(一)筹备期的人员组织与重点

运营人力资源的筹备涉及人力资源管理体系的设计和人力资源的储备两个方面的内容。前面几个小节系统地阐述了人力资源管理体系设计的一般目标、原则、思路和方法,以及人力资源需求预测的原则、方式和方法,由于人力资源管理体系的设计和人力资源储备的许多具体工作必须在系统联调试运营前全部完成,才能确保各项工作的有序开展,因此提前招聘、明确落实各项筹备工作的具体人选及工作重点和步骤,对实现轨道交通运营从筹备顺利过渡到正式运营至关重要。

运营筹备期大约可划分为系统功能设计与招投标、设备建造安装与调试及系统联调与试运营三大阶段。从运营的角度来看,这三个阶段的主要任务、工作侧重点以及对人员的配置数量和要求存在显著差异。

1. 系统功能设计与招投标阶段

这一阶段运营的主要任务是从满足乘客需要、节约运营成本的角度对系统的总体定位和功能进行审查,因此需要配备熟悉运营车站布局和运营服务特点的专业人士、熟悉运输策划和组织的专业人士及熟悉车辆、通信、信号、供变电等系统功能的专业人士各1~2名。

2. 设备监造安装与调试阶段

这一阶段运营的主要任务是熟悉各种车站设备和系统设备的功能和操作特点,以编写各种技术维修规程和操作流程,策划组织运营期的人、财、物的筹备,编写各大工种和车站服务人员的培训教材,筹备运营管理模式和组织架构,设计运营的人力资源管理体系,按照组织架构细化各个部门的岗位设置,并根据开通规模和相关的原则、方法和策略编制各类人才招聘和培养计划等工作。因此,在这个阶段需要配备运输策划、人力资源、财务、物资采购、安全管理等职能专业人才各2~3名,具体编写各类人、财、物的编备计划,设计与运营配套的各类综合职能管理体系;配备车辆、信号、通信、机电、通风空调、轨道、供变电、消防等车站和系统设备的技术人才各3~5名,具体负责各种技术文件、培训教材的编写,按照正式运营所需要的各类技术人才及维修人才的招聘和培训计划组织落实相关人员的招聘和培训工作。

3. 系统联调与试运营阶段

这一阶段运营的主要任务是在确保系统正常稳定的情况下，结合联调和试运营过程中发现的问题，完善各类规程和流程等技术和管理文件，并按照相关规程、流程和方案，组织员工进行综合演练，确保员工能熟练操作和维护各种车站和系统设备，并具备基本的应对各种突发事件的能力，为轨道交通的正式开通运营打下坚实的安全基础。因此，这个阶段的人员配置，应以已设计好的运营组织架构和管理模式为核心，确保各类核心岗位的人员配置到位，以充分检验运营组织架构和管理模式的有效性。在这个阶段，除了少量站务岗位和辅助岗位的人员外，其他人员应基本招聘到位，并已开始相关培训工作。

（二）储备人员招聘计划的编制原则

根据轨道交通开通的人才需求特点，为确保重点，保障所有需求人才能有计划、有步骤地引进，建议按照如下原则，编制整个招聘实施计划。

（1）优先考虑管理骨干、技术骨干的引进培养。将所有需要引进的人才，划分为高层管理人员、中层管理人员、基层管理人员、高级技术（专业、生产）人员、中级技术（专业、生产）人员和初级技术（专业、生产）人员六大类。以轨道交通运营联调开始时间为招聘截止点，高层管理人员应提前5年招聘到位，中层管理人员应提前2年招聘到位；基层管理人员，高级技术（专业、生产）骨干应提前1.5年招聘到位，中级技术（专业、生产）人员应提前1年招聘到位，其他人员按照提前半年或3个月的标准组织招聘到位。

（2）要重点考虑专业性强、招聘竞争较为激烈的一线维修岗位人员的学校订单（委培）招聘培养。

（3）要综合考虑需求量大、实操性强、培养周期长的乘务和值班员以上站务岗位的送外招聘培养。

（4）要适时考虑各个岗位人才市场的供给趋势，对部分专业的岗位职级层次结构和数量作适当调整，以有效吸引各类人才。轨道交通运营系统具有学科广、技术复杂、专业性强和技术先进等特点，从事数据传输、通信、信号、遥控遥测和线路等技术的专业技术人员相对紧俏，因而要提前招聘，并适当考虑人才流失对招聘的影响。

（5）要坚持按照运营提前介入安装调试的原则统筹整个招聘过程，实现从建设到运营的平稳过渡。提前让运营人员到位，介入工程建设和设备安装调试，有助于运营人员准确把握日后设备设施维护保养、检修、抢修的难点和重点。

（6）由于预测的前提条件不是非常充分，带有较大的不确定性，因此要坚持按照动态的原则来评估整个人才需求预测和招聘实施计划的时效性和有效性，适时根据轨道交通的建设进度、实际设备设施数量及到位情况等合理配置运营人员，以确保在联调之前人员到位、技术到位。

（7）要提前建立试用期的考核录用标准，加大考核力度，对经考核不符合录用条件的人员，要坚决淘汰，以有效优化人力资源配置。

（8）在进行具体招聘时，要注意各岗位男女比例、婚育状况、年龄结构、学历结构及相关工作经验的适当平衡。

综上所述，由于在进行运营人员储备时，许多具体条件还不是很明朗，不确定的因素较多，招聘时应考虑到关键岗位人员业务能力的提高有一个渐进过程。一些岗位的技能要求比较严格，多数岗位具有行业的特殊性，在招聘上存在很大的难度（如行调、电调、工程车司机等岗位），所以在制定和落实具体人员招聘计划时，在时间和数量上应根据轻重缓急留有适当的余地。

（三）储备人员的招聘策略

根据各类人才的不同特点、成长规律和市场的供给趋势，在具体招聘过程中，要注意综合运用好如下招聘策略。

（1）对占整个人才需求总量近20%的高级技术（生产、专业）骨干和基层以上管理督导岗位，建议通过网络、猎头、报纸、电视、员工推荐、人才市场等途径公开向社会招聘，确保他们尽早到岗，提前介入轨道交通的建设、筹备、培训和管理工作。

（2）对占整个人才需求总量近40%的中级技术（生产、专业）人员，建议根据其成长培养周期，以社会招聘为主、校园招聘为辅的原则组织进行招聘。即在联调前1年能从社会招聘到位的尽量采用社会招聘，如不能到位的应再提前1年从相关院校招聘并送外培训。

（3）余下人员如属专业性较强的工种，则从开通当年的应届生中以订单培养的形式从校园招聘，提前3个月到位实习培训即可。专业性不强的工种，则可直接在联调前1个月从社会招聘即可。

（4）对于特殊人才，可采用借调、返聘等形式引进。

（四）储备人员的招聘方式

招聘计划主要采用社会招聘、订单招聘和应届大中专毕业生招聘三种方式。

1. 社会招聘

（1）主要招聘有足够相关工作和管理经验的管理人员，用于担任基层以上的管理职务。

（2）主要招聘技术过硬、有足够工作经验的专业技术人员，用于担任工程师及以上的技术岗位。

（3）招聘部分有相关工作经验的人员，作为生产岗位的补充，如工班长、调度、客车司机、工程车司机、值班员和各类高/中级检修工等生产岗位。

（4）社会招聘的比例控制在总员工数的20%~40%，如采用社会招聘难度较大，建议采取提前1~2年的时间招聘优秀的高校毕业生送外培训的方式予以补充。

2. 订单招聘

订单培养是一种培养和招聘相结合的新模式，主要分为全订单和半订单两种。可根据人员需求和招聘培训实际，选用全订单、半订单或两者相结合的方式，来招聘和培训生产一线的员工。

全订单模式相当于委培，即根据各岗位（工种）的人员需求，向订单院校提供招生条件，并按公司的要求进行教学和管理，在学员毕业前1年或半年，与校方共同合作，根据具体要求组织现场实习、培训和考核验收。

半订单模式是在各院校学生毕业前1年或半年，从学校选录优秀学员，按专业组班，并要求校方根据具体的培养方案，共同组织现场实习、培训和考核验收。

3. 应届大中专毕业生招聘

主要指校园招聘，即企业到高等院校、职业学院、中等专业学校举办的应届毕业生招聘活动。通过开展专场招聘、校园宣讲、实习招募等活动，借助一定的测评工具，录用选拔优秀的应届毕业生。校园招聘凭借其集中、快捷、高效、针对性强等优点，越来越受到企业雇主的青睐，已成为招聘年轻后备人才的首选渠道。招聘信息的发布分为两个方面的内容：一方面，企业可以在学校的招生就业网站、校园BBS以及企业自己的网站上发布招聘信息；另一方面，可以利用专业的招聘网站，发布校园宣讲会的组织实施、简历接收、筛选、面试通知等环节，以扩大宣传力度，提升招聘效率，减少招聘成本。

对生产岗位员工，可采用订单、应届毕业生招聘和社会招聘相结合的方式进行招聘。各种招聘占相应岗位需求的比例为：维修系列社会招聘占20%~40%，订单招聘占60%~80%，应届毕业生招聘占20%~30%；乘务和站务系列可按订单40%、应届30%、社会30%的比例招聘。

【拓展阅读】

京港地铁：以客为先，让人力资源管理有效且有温度

地铁见证着城市生活和社会风貌变迁。2006年，北京京港地铁有限公司由北京市基础设施投资有限公司、北京首都创业集团有限公司和香港铁路有限公司共同创办，已在北京扎根了十多个年头。期间，京港地铁积极参与并见证了北京市轨道交通日新月异的变化，推动行业发展，更为全国城市轨道交通带来了新模式和新活力。其中，京港地铁4号线更是国内首条采用PPP模式投资、建设、运营的轨道交通线路。

京港地铁的人力资源管理战略也在随之不断迭代，《哈佛商业评论》中文版在对京港地铁人力资源管理人员的访谈中发现，有温度、有责任，正在成为京港地铁人力资源管理风格的显著特征。如何通过高效科学的人力资源管理来推动产业发展？京港地铁的答案是：一切围绕对人的关怀，以"客"为先。

京港地铁在选人、用人、培养、激励等方面，结合多年经验，形成了一套行之有效的人才管理流程，为员工提供稳定安全的就业环境、积极创新的文化氛围、有竞争力和吸引力的薪酬策略和福利体系、齐全便利的员工设施、广阔多元的职业发展阶梯、专业实用的培训课程和丰富多彩的员工活动，通过鼓励员工全方位发展，让不同层级员工都能在京港获取相应的学习资源和职业发展机会。

项目九 城市轨道交通的运营管理

企业文化为基,用心诠释"Can Do"

企业的发展离不开先进的企业文化和科学的管理。京港地铁曾在2018年全面升级了自身企业文化至2.0版,紧紧围绕"安全第一、以客为先、效率及有效性、Can Do"这四大企业信念,不断提升组织协同,尽所能吸纳、培养及保留人才,推动员工与公司共同成长,共同优化公司管理、服务体系与技术创新,推动组织、文化和员工的协同发展。

近些年,京港地铁推动"京港2.0企业文化行为特征"在公司全员范围内落地。企业文化行为特征是将公司每个价值观细化为八条关键行为,让员工清晰理解该做什么(Dos)和不该做什么(Don'ts),让每个岗位的每项职能都能匹配到分别应当遵循和执行的行为准则,得到细致且统一的公司价值观指导,将看不见摸不着的企业文化落在日常行为实处,落在具象化的行动指南当中。

多种多样的部门团建活动一直是连接京港地铁员工与团队之间的桥梁,更是企业文化与价值观深入贯彻的润滑剂。例如,公司推出"让文化与团建有个约会"活动,倡导将企业文化融入部门活动,为部门提供带有文化元素的活动资源包,其中包含文化活动方法、道具配置等,配合部门文化团建主题的选择与应用,让员工体验多样化的活动形式,增进彼此间的了解和对企业文化的体验,增强了员工归属感和团队凝聚力;另外,公司相应开展了"点赞V行动",邀请员工通过参与创作短视频和绘画的形式,展现出身边同事在工作中践行公司信念、体现文化特征的行为,同时带动更多员工理解并践行企业文化;而通过近几年持续开展的"文化应用行动",京港地铁从业务部门工作重点出发,鼓励全体员工参与开放式讨论,促进员工敢于建议并形成积极开放的心态。三年来,已有50多个部门加入其中,通过参与方案制定、手册编写等活动,来帮助部门解决实际业务问题,大大提高了员工的参与意愿、配合度与敬业度。

与此同时,公司还开展传承于港铁的"臻善圈"(WIT,Work Improvement Team)活动,至今已运转9年。它是由一线员工们自发形成的圈组,每个"圈"一般由几人或者十几人组成,着重强调员工共建、共享、共赢精神,由员工自发组织并围绕各自关心的议题进行探讨研究,例如如何提升服务效果、改善工作环境等,只要是员工认为对工作有促进作用的想法,都可以拿来进行创意实验,而公司也会拿出资金来资助这样的员工研究活动,并鼓励每年推举优秀圈组,以轻松娱乐的形式展开比赛并上台表演,优胜组别会前往香港参与港铁交流,以有趣、有效、有奖来不断激发内部员工的参与热情、创新想法,最终达到提升工作质量、帮助运营业务解决问题和优化服务的目的。

2018年,京港地铁的一个围绕验电器改造的提案就获得了港铁的最佳提案奖,该提案由京港地铁工程部圈组牵头,圈组员工们主动联合对现行验电器技术进行改善,动手修改验电器电路,确保带电使用过程中蜂鸣器报警的完全准确,使工程安全得到了更有效的保证,并由此成功申请了国家新型实用专利。2019年12月,京港地铁已授权国内供应商,将这一具有全回路自检功能的新型一体化直流验电器产品进行生产并推向全国。2020年1

月,京港地铁所辖线路已全部配发新型验电器。

在持续打造一系列围绕企业文化建设活动的同时,京港地铁还会通过员工体验调查,定期了解员工的满意度,了解的维度和指标均从各项细节入手,以追踪和整改为核心目的,切实增强和员工的双向沟通,改善和优化员工体验管理。2020 年的员工体验调查覆盖了 53 个问题,涉及可持续敬业度、留任意愿、员工体验三个维度,其中员工体验又细分为 4 大类 14 个维度,如团队合作、运营效率、文化价值观、客户导向、培训发展等,有效问卷回复率达到 94%以上,员工参与非常积极。从结果来看,2020 年与 2017 年相比,问卷中的多项指标均有所提升。其中,员工对于团队应对工作挑战、鼓励创新和跨部门协作方面的反馈提升幅度最大。

通过参照对比 200 多家中国国家常模数据库、15 家中国制造业数据及中国高绩效企业常模数据,并基于京港地铁自身运营特点和管理模式,调研结果显示,2020 年京港地铁总体效能优于中国常模,过往的管理投入得到了员工积极正向的反馈。京港地铁通过尊重感受,直面问题,大大提升了员工士气和组织效能,不断助力打造轻松愉悦的工作环境,以员工为内部客户,真诚待客、积极服务,深刻诠释了传承自港铁的"Can Do"文化,突出了"愿意做,做得到,做得好,有担当",用积极创新的文化氛围,为新一代年轻员工打造出令人心动的职场环境。

深化打造员工培训与成长体系,勇于创新

作为一家致力于与员工共同成长的企业,京港地铁一贯将人才视为企业发展的根本,并着重强调搭建完善的学习发展体系、开展差异化的人才发展项目,并建设成熟的职业技能鉴定体系,来帮助员工提升自身能力,尽可能激励和保留优秀员工,稳定和建设好人才队伍,形成企业发展的良性循环。

在学习发展体系中,京港地铁着重聚焦提升员工能力,引导员工态度,以适应未来岗位规划,并根据能力模型中管理能力和通用能力的两个维度要求,确定了各职级核心必修课程及实施规则,为员工职业发展提供学习地图规划,同时为储备人才定制个性化培养方案,为各职级员工提供专项培训及不同主题系列课程。京港地铁还通过直播、混合式学习等不同形式实施多样化培训,不断进行知识梳理、经验萃取与学习转化,汇编管理案例集,助力不同职级员工的能力提升与行为改进,不断满足更新迭代的业务需求。

战略落地,人才先行。为了支持公司战略实现和业务发展,京港地铁强调确保持续的人才供应链。在京港 2.0 愿景和使命指引下,公司制订和发布了未来五年发展战略,为所有员工指明了发展方向和目标。其中,围绕对影响战略目标实现的关键岗位进行了盘点梳理,通过考虑业务发展对人员的要求、市场人才供给情况、员工流动性等因素,公司精准确定了五年甚至十年内不同职级、不同专业关键岗位的人才需求,并相应推出了接班人计划,力求针对每个关键岗位实现分级储备。

京港地铁倡导员工是自己发展的主宰者,鼓励其积极参与内部接班人计划。根据接班人计划，公司通过组织定期的甄选或盘点，评定员工目前实际工作表现及个人能力状况，并结合公司需要和个人意愿确定调岗可能性，为每个关键岗位匹配合适的接班人选。此外，优秀员工可能会作为不同岗位的接班人，获得更多发展机会。根据候选人与目标岗位的差距，HR 部门还会不断和业务部门负责人通力合作，协调并提供充足的个人发展资源，为每位入选接班人计划的员工量身定制一份个人发展计划和行动学习项目，通过轮岗和导师辅导等方式，帮助他们定期复盘发展进度，达成发展目标。

此外，在人才甄选方面，京港地铁还推出了能力模型，明确定义人才标准，围绕目标岗位层级所需要的关键能力，通过引入评价中心技术这一综合测评方式，从多种工具组合、多位评委视角，确保甄选出真正有潜力的员工，为后续的人才甄选、发展、绩效管理等工作奠定基础，并已在实战过程中打造出了一支经过培训、富有经验的评估者团队，确保公司范围内达成人才标准的共识。目前，该能力模型已被广泛应用于公司各级管理者后备人才的评估环节中，用以精准识别内部人才，并通过定制化手段培养人才。

以中层经理级接班人的评价中心设计为例，其甄选环节包含网上测试、案例分析、个人呈现、小组讨论环节，确保针对每个能力维度至少有两个工具对其进行评估，而每个工具至少有两位评委共同评估，以最大程度确保甄选的有效性。能力模型的建立，有助于员工清晰了解目前的职业现状和未来发展方向，即公司对于他们目前所在层级的具体期望和要求，以及未来职业上升阶梯的发展标准。

在公司岗位技能培训和鉴定标准编制方面，京港地铁也推动了一系列先进的创新实践，细化了岗位技能鉴定指标，并由此深化了职级体系的不断发展，不断提升并满足公司的人才需求和员工发展的需求。2019 年 10 月，京港地铁启用新职级，形成了 G\S\M\SM 即基层员工序列、专业和初级管理序列、经理级序列、高级管理序列四个序列类别的职级体系。基层序列员工可以凭借职业技能的提升和专业经验的不断积累，从技术路线发展到专业和初级管理序列。随着人员规模的壮大和经营状况的变化，公司也在不断优化调整职级体系，以期在吸引和留住人才方面推动该体系继续发挥积极的作用。

2020 年，京港地铁与标准制定权威机构合作，按照先进性、协调性、适用性的原则制订出 16 个京港地铁现有岗位技能培训和鉴定标准，并已经形成对 29 个工种进行鉴定的体系，每个鉴定工种分为初级工、中级工、高级工、技师、高级技师五大级别，有效打造出完整、严明、科学、连贯的职业培训与鉴定体系，用科学现代的归纳体系诠释了工匠精神和管理精神，并为各类专业人才的事业发展留出了充足的发展机遇与成长空间，通过配合建立有吸引力的薪酬策略，以事业留才，而非以职业留才，显著提升了雇主品牌吸引力和员工发展的长期价值。

在提升员工技能水平的同时，京港地铁的职业技能鉴定体系也正在逐步得到行业及政府相关部门的认可。2020 年，北京市职业技能鉴定管理中心向京港地铁下发了《关于同意北京京港地铁有限公司开展职业技能等级认定工作的函》，同意京港地铁开展 15 个工种的技能等级认定，通过认定的员工可以获得国家认可的技能等级证书。

与此同时，2021年，京港地铁投入运营培训精英团队，与中国城市轨道交通协会达成合作，与成都、武汉、西安、苏州、青岛、大连市轨道交通企业（会员单位）及协会单轨分会、有轨电车分会、相关职业院校共同承担第二批"城市轨道交通人才培养职业技能标准、培训标准、鉴定标准的研究与编写"任务，积极统筹整个编制工作的进展。

从15年前扎根北京至今，京港地铁借鉴港铁及全球轨道交通领域的成熟经验，结合本地特点，持续创新、不断提升运营管理与乘客服务水平，为城市轨道交通发展积极贡献力量。

参考文献

[1] 莫露全. 城市公共交通运营管理[M]. 北京：机械工业出版社，2004.

[2] 交通运输部道路运输司. 城市公共交通管理概论[M]. 北京：人民交通出版社，2011.

[3] 闫平，宋瑞. 城市公共交通概论[M]. 北京：机械工业出版社，2011.

[4] 冯树民. 城市公共交通[M]. 北京：知识产权出版社，2012.